Bericht

über die 4. Sachverständigen-Konferenz des Deutschen Vereins zur Fürsorge für jugendliche Psychopathen e.V.

Hamburg

13.—15. September 1928

Berlin
Verlag von Julius Springer
1929

ISBN-13: 978-3-642-94052-1 e-ISBN-13: 978-3-642-94452-9
DOI: 10.1007/978-3-642-94452-9
Herausgegeben von der Geschäftsführung des
Deutschen Vereins zur Fürsorge
für jugendliche Psychopathen e. V.
Berlin W 35, Potsdamer Str. 118 c.
Softcover reprint of the hardcover 1st edition 1929

Vorwort.

Der Deutsche Verein zur Fürsorge für jugendliche Psychopathen E. V. hatte zu seiner vierten Konferenz vom 13.—15. September 1928 nach Hamburg eingeladen, um in einem über das Deutsche Reich hinaus erweiterten Kreise von Sachverständigen grundlegende Fragen der Psychopathenforschung und der Psychopathenfürsorge zu erörtern.

Die Eindrücke, die der Vorstand des Deutschen Vereins zur Fürsorge für jugendliche Psychopathen durch Verfolgung der einschlägigen Literatur, durch vielfache persönliche Rücksprachen, die auf der Geschäftsstelle des Vereins mit Besuchern aus dem Auslande stattgefunden hatten, sowie durch die amerikanische Studienreise seines Vorsitzenden von den ausländischen — insbesondere amerikanischen — Arbeitsweisen gewonnen hatte, ließen vermuten, daß der grundsätzlichen Betrachtungsweise des Problems der Psychopathenfürsorge und -erziehung in allen Ländern gleichartige Erfahrungen und Erkenntnisse zugrunde liegen, daß aber die Durchführung der Arbeit vielfach, den Verhältnissen des einzelnen Landes sowie dem Entwicklungsstand der allgemeinen Jugendwohlfahrt entsprechend, verschiedenartig sei[1]. Wichtig erschien es vor allem, einen solchen Austausch in dem augenblicklichen mehr oder minder fortgeschrittenen Entwicklungsstadium der Psychopathenfürsorge und -erziehung herbeizuführen, wo die Arbeit noch elastisch, einer Formung von außen zugänglich ist. Nur in diesem Stadium ist es möglich, die Anregungen und Erfahrungen der einzelnen Länder für Forschung und Praxis zu verwerten.

Es waren zahlreiche Vertreter aus dem Ausland erschienen. (Vertreter aus Frankreich — mit Dr. *Heuyer*-Paris waren bei der vorjährigen Sachverständigenkonferenz persönliche Beziehungen angeknüpft worden — waren leider im letzten Augenblick am Erscheinen verhindert.) Besichtigungen und gemeinsame gesellige Veranstaltungen gaben Gelegenheit zu persönlicher Fühlungnahme und engerem Erfahrungsaustausch. Einzelnen der ausländischen Gäste konnte der Deutsche Verein zur Fürsorge für jugendliche Psychopathen dann noch als Er-

[1] Vgl. „Zeitschrift für Kinderforschung“, 31. Bd., Heft 1/2 u. 6, und den Referatenteil der „Zeitschrift für Kinderforschung“, in dem laufend auch die ausländische Literatur berücksichtigt wird.

gänzung zur Konferenz einiges aus seiner praktischen Arbeit in Berlin als Illustration zu den theoretischen Ausführungen zeigen, was wiederum zu einer Vertiefung der persönlichen Beziehungen führte.

Reich und Bundesstaaten hatten ihr Interesse an der Konferenz durch Entsendung von Vertretern bekundet.

Die Vorträge wurden im vorliegenden Druckbericht angeordnet entsprechend der ursprünglichen Tagesordnung, die durch Zusammentreffen des Pädiater-Kongresses mit der Sachverständigenkonferenz des Deutschen Vereins zur Fürsorge für jugendliche Psychopathen dahingehend verändert werden mußte, daß Prof. *Homburgers* als Einführungsvortrag vorgesehene Ausführungen an den Schluß der Tagesordnung gerückt werden mußten, und daß Dr. *Villinger* sich liebenswürdigst bereit erklärte, seine ursprünglich als Schlußreferat gedachten Ausführungen als Einführungsreferat zu halten.

Die Diskussion wurde in der Veröffentlichung zusammengefaßt, um dadurch dem Leser einen besseren Überblick über den Verlauf der Diskussion sowie deren Ergebnisse zu geben.

Die Geschäftsführung.
Ruth v. der Leyen.

Inhaltsverzeichnis.

Eröffnung der Sachverständigen-Konferenz.

Prof. *Siegmund-Schultze* eröffnet die vierte Sachverständigenkonferenz und führt einleitend folgendes aus: Die Psychopathenfürsorge ist eine Großstadtpflanze. Berlin, Hamburg, Frankfurt a. M., Paris, New-York haben sie seit einigen Jahren ausgebaut. Wir sind daher gern in den Heimatstädten der Arbeit zu Gaste. Wir danken der Freien und Hansestadt Hamburg für die großzügige Gastfreundschaft, die uns gewährt wird. Wir danken insbesondere dem Ortsausschuß, der mit freundlicher Hilfe des Jugendamtes die Tagung vorbereitet hat. Die Hauptlast der Arbeit hat auf Herrn Dr. *Villinger* geruht. Neben ihm schulden wir besonderen Dank Herrn Prof. Dr. *Weygandt*, der uns zugleich die Gastfreundschaft der Universität vermittelt hat. Wir gedenken auch des Mitgliedes des Ortsausschusses, das so plötzlich aus unserer Mitte gerissen ist, des von uns allen verehrten und geliebten Geheimrats Prof. Dr. *Liepmann*.

Wir haben die Ehre, neben den Vertretern des Senats der Stadt Hamburg andere Vertreter des Reiches und der Länder in unserer Mitte begrüßen zu dürfen. Wir sind vor allem dem Reichsministerium des Innern für die durchgreifende Hilfe dankbar, die unserm Verein ständig gewährt wird. Aber wir stellen mit Freuden aus der Anwesenheitsliste und anderen Anzeichen fest, daß auch die Länder, Provinzen und Städte des Deutschen Reiches sich in immer stärkerem Maße für unsere Sache einsetzen.

Wir haben die Freude, bei dieser Sachverständigen-Konferenz führende Forscher und Sozialarbeiter anderer Länder unter uns zu sehen. Wir begrüßen die Vertreter der Psychopathenarbeit aus den Vereinigten Staaten von Amerika, Dänemark, Holland, Lettland, Rußland, Schweden, der Schweiz.

Wir haben Sachverständige der Psychopathenfürsorge zu dieser Tagung zusammengerufen. Wir sind erfreut, daß so viele Berufsarbeiter gekommen sind. Wir wollen uns über die Fortschritte unserer Arbeit klar werden, um so mehr, als es sich für unsern Verein um eine Zehnjahr-Versammlung handelt. In diesen zehn Jahren ist manches erreicht worden in der deutschen Psychopathenfürsorge. Zu Beginn unserer Verhandlungen sei ein Dreifaches aus der Fülle der Ereignisse dieses Nachkriegsjahrzehnts hervorgehoben.

Erstens: Wohl auf keinem Gebiete der Jugendwohlfahrt hat sich eine so enge Zusammenarbeit zwischen Psychiater und Sozialarbeiter ergeben als auf dem Gebiet der Psychopathenfürsorge. Durch die Zusammenarbeit von *Theodor Ziehen* mit der Deutschen Zentrale für Jugendfürsorge sind die ersten Berliner Arbeiten, die der Gründung unseres Vereins vorangingen, geschaffen worden. Geheimrat *Bonhoeffer* hat jenes erste Heilerziehungsheim weiter beraten, Prof. *Stier* ist unser „Hausarzt" gewesen, Prof. *Kramer* hat bis in die neueste Zeit unsere Berliner Arbeit beraten. Eine so weitgehende Zusammenarbeit, wie sie in Berlin zustande gekommen ist, ist vielleicht in wenigen deutschen Städten sonst Wirklichkeit geworden. Aber für unsere Gesamtarbeit in Deutschland ist die Tatsache, daß neben unserem 2. Vorsitzenden Prof. Dr. *Gregor* so viele psychiatrische Wissenschaftler ständig an unseren Aufgaben mitarbeiten, ein sicheres Zeichen dafür, daß die sozialpädagogische Arbeit für die Psychopathen ständig aus der psychiatrischen Wissenschaft Anregung und Hilfe erfährt. Andererseits hat aber auch die psychiatrische Wissenschaft Anregungen aller Art aus der Psychopathenfürsorge erhalten, sei es aus der freien Fürsorgearbeit, sei es aus bestimmten Zweigen der Jugendwohlfahrt, wie z. B. der Jugendgerichtshilfe. So ist eine intensive Forschungsarbeit auf dem Gebiet der Erkennung psychopathischer Konstitutionen in diesem Jahrzehnt zustande gekommen, zum Teil in enger Verbindung mit unserem Verein. Für diese unsere Arbeit befruchtende Forschung und für alle Hilfe, die wir sonst erfahren haben, sagen wir den Männern der psychiatrischen Wissenschaft, die uns in diesen Jahren unterstützt haben, unseren wärmsten Dank.

Ich vermute, daß unsere Hamburger Verhandlungen bestätigen werden, was wir uns öfter schon in diesen Jahren gesagt haben, daß nämlich jene Periode psychiatrischer Forschung, in der die psychopathische Konstitution entdeckt wurde, von einer anderen abgelöst worden ist, die in mancher Hinsicht für die praktische Arbeit noch fruchtbarer geworden ist. Nordamerika befindet sich jetzt in der zweiten Periode, in der alle von der psychiatrischen Wissenschaft aufgestellten Schemata unsicher geworden sind, in der man an die Probleme von der Praxis aus herangeht und in der weder ein so spezialisiertes Einteilungsschema wie das Kräpelinsche noch ein so allgemeiner Begriff, wie „Haltlosigkeit" als ausreichend für pädagogisch-therapeutische Aufgaben angesehen wird. Auf die zweite Periode der Auflockerung jener festen Einteilungen folgt heute eine dritte Periode, in der durch Zusammenarbeit von psychiatrischer Forschung und sozialer Praxis neue Typen entstehen, die nicht so fest liegen wie die der ersten Periode, die es aber der Praxis ermöglichen, nach dem Rat der Psychiater die erzieherische Arbeit erfolgreich aufzunehmen. Wir haben das Gefühl, daß wir in Deutschland in diese Periode eingetreten sind und zu einer immer fruchtbareren Arbeit gelangen. Das ist der Fortschritt dieser zehn Jahre, soweit er sich mit wenigen Worten darstellen läßt.

Ein *zweites* Gebiet des Lernens und des Erfolges, das ich berühren möchte, ist das Gebiet der praktischen Arbeit. Wer die programmatischen Forderungen, die vor zehn Jahren von uns aufgestellt wurden, liest, wird feststellen, daß die Arbeit sich so entwickelt hat, wie sie damals vorgeschlagen wurde. Wenn wir heute unsere praktischen Arbeiten zusammenzählen, so ist es im wesentlichen dasselbe, was damals in Vorschlag gebracht worden ist: Heime, Horte, Spielnachmittage, Erholungsfürsorge, offene Fürsorge usw. Nur in einem Punkte wüßte ich eine wesentliche Wandlung meiner Meinung anzugeben, nämlich die, daß ich heute von der Koedukation psychopathischer Kinder mehr halte als damals. Aber ebenso wie damals versuchen wir die Fürsorge für die psychopathischen Kinder in die allgemeine Jugendwohlfahrtsarbeit einzuordnen. Wir suchen soweit wie möglich den Unterschied zwischen psychopathischen und anderen Kindern hintanzuhalten, sie in Normalheime, -horte usw. einzuordnen. Und nur, wo es um der einzelnen Kinder selbst oder um des Herausarbeitens des Grundsätzlichen willen absolut notwendig ist, heben wir die Psychopathen aus der Reihe der andern heraus.

Eine Arbeit ist aber zu erwähnen, die nicht in dieser Weise vorgesehen war: Es sind zu unserer Freude in den letzten Jahren die Unterrichtsmöglichkeiten für psychopathische Kinder schärfer ins Auge gefaßt und herausgearbeitet worden. Man hat gefunden, daß auf dem Wege der Errichtung besonderer Klassen für Schwersterziehbare Erfolge erzielt werden, die mit anderen Methoden nicht zu erreichen sind. Wie die Hilfsklassen und Hilfsschulen längst ihre Bedeutung erwiesen haben, sind seit zwei Jahren „Erziehungsklassen“ (E-Klassen) eingerichtet worden, die von größter Bedeutung sind. Keiner von uns, der mit Psychopathen zu tun hat, zweifelt daran, daß das psychopathische Kind, das nicht schwachsinnig ist, durch nichts mehr geschädigt wird als durch eine Gleichstellung mit Schwach- und Stumpfsinnigen. Die psychopathischen Kinder, die uns überwiesen werden, sind zum Teil die begabtesten Kinder, mit denen wir überhaupt zu tun haben. Diese Kinder, die in ihrem Gefühls- und Triebleben abnorm sind, in Hilfsschulen zu geben, wäre der größte Mißgriff, der bewußt und unbewußt begangen werden kann. Wir haben gesehen, wie diese Kinder in E-Klassen erstaunlich schnell gefördert und schulfähig gemacht werden können. In Wilhelmshagen haben wir Erziehungsklassen eingeführt und gefunden, daß Kinder, nachdem sie Schulkindergärten und unterste Erziehungsklassen durchlaufen hatten, in der Normalschule Aufnahme finden konnten, während Lehrer und Schulärzte es vorher für ausgeschlossen erklärt hatten, daß sie mit normalen Kindern zusammen unterrichtet werden könnten.

Diese Versuche mit Kindern, die als absolut schulunfähig bezeichnet worden waren, berechtigen uns dazu, zu raten, daß man überall in Großstädten diese Versuche fortsetzt. Die bisherigen Erfolge freilich sind auf der Grundlage einer gleichzeitigen Heimerziehung erzielt worden, während die in Berlin mehr im Rahmen des Volksschulsystems durchgeführten Versuche noch keine endgültige Bewährung gefunden haben.

Ich möchte von der praktischen Arbeit übergehen zu einem *Dritten*: der Herausarbeitung der Grundsätze. Schon bei der Erwähnung der anderen Punkte habe ich Grundsätzliches hervorgehoben; aber das Wesentlichste ist vielleicht, daß in diesen zehn Jahren die Mitarbeiter der Psychopathenfürsorge selbst die größten Fortschritte in der Erfassung der Notwendigkeit einer Herausarbeitung von Grundsätzen gemacht haben. Wenn man noch vor einigen Jahren sagte, es sähe in der Psychopathenfürsorge so aus, als könne man mit „etwas Liebe alles machen", so hat die Arbeit bei uns zu der Überzeugung geführt, daß Ausbildung und Vorbildung hier noch wichtiger sind als in irgendwelcher Arbeit sonst. Ebenso sind wir auch weiter gekommen in der Frage, welche Menschen am geeignetsten für die Erziehungsarbeit innerhalb der Psychopathenfürsorge sind. Früher konnte es manchmal so scheinen, als ob diejenigen sich besonders dafür eigneten, die auf Grund ihrer Eigenart und einer Vorliebe für eigenartige Kinder am meisten Verständnis für psychopathische Konstitutionen zeigten. Heute wird allgemein erkannt, daß wir in der Psychopathenfürsorge die gesündesten Menschen und erfahrensten Erzieher haben sollten, wenn wir weiter kommen sollen. Wir müssen alles tun, um die sichersten, ruhigsten, gefestigsten Persönlichkeiten für die Arbeit zu gewinnen. Nur diejenigen halten die Arbeit in Psychopathenheimen aus, die stets von neuem aus äußerer Kraft und innerer Stille schöpfen können. Deshalb sei auch eins erwähnt, was mir in den letzten Jahren aufgefallen ist, aber sich wahrscheinlich noch nicht allgemein durchgesetzt hat, nämlich, daß in der Psychopathenpädagogik mehr noch als bisher durch Wege der Vertiefung gegangen werden müßte: Wenn wir früher geglaubt haben, mit technischen Methoden sehr viel leisten zu können, so hat gerade das Miterleben der weiteren Entwicklung unserer Schutzbefohlenen gelehrt, daß die Charakterbildung, die pädagogische Beeinflussung immer mehr in den Vordergrund gestellt werden muß. Ich persönlich bin der Überzeugung, daß ohne religiöse Vertiefung der Arbeit die letzten Erfolge in den schwierigsten Fällen nicht zu erzielen sind. Aber hierüber werden wir vielleicht bei einer späteren Gelegenheit etwas sagen.

Der Vorsitzende schließt, indem er das Programm der Tagung entwickelt.

Direktor Dr. *Hertz*-Hamburg begrüßt im Auftrage des Hamburger Ortsausschusses und weist besonders auf die Notwendigkeit einer engen Zusammenarbeit zwischen Psychologen, Pädagogen, Sozialfürsorgern und Juristen hin. Prof. Dr. *Weygandt*-Hamburg begrüßt im Namen der Universität Hamburg und der Deutschen Gesellschaft für psychische Hygiene und schildert kurz die Einrichtungen der Stadt Hamburg im Interesse der psychopathischen Kinder und Jugendlichen. Prof. *Siegmund-Schultze* dankt für das Interesse, das Stadt und Universität der Psychopathenfürsorge und insbesondere der Arbeit des Deutschen Vereins zur Fürsorge für jugendliche Psychopathen entgegenbringen.

Die Begrüßungsrede des Herrn zweiten Bürgermeisters und die Antwort des Vorsitzenden gelegentlich des Empfangs der Konferenzteilnehmer durch den Senat der Freien und Hansestadt Hamburg seien an dieser Stelle veröffentlicht:

Meine sehr geehrten Damen und Herren!

Als gegen Ende des Krieges der Deutsche Verein zur Fürsorge für jugendliche Psychopathen ins Leben trat, wurde eine Lücke im Gesamtgebiet der sozialhygienischen Organisation ausgefüllt, die gerade in jener Zeit besonders deutlich empfunden wurde. War doch durch die Auswirkungen des Krieges die heranwachsende Jugend in körperlicher und seelischer Beziehung stärksten Gefährdungen ausgesetzt und demgemäß die Zahl der in ihrem Seelenleben erschütterten oder erkrankten Jugendlichen in erschreckender Weise gestiegen.

Zwar sind die Probleme dieser im eigentlichen Sinne gefährdeten Jugend ja nicht erst während des Krieges aufgetaucht, sondern in der einen oder in der anderen Form schon immer vorhanden gewesen. Aber das mit der Fortdauer des Krieges zahlenmäßig immer größere Anwachsen jener Grenzfälle zwischen seelischer Gesundheit und seelischer Erkrankung hat doch wohl in entscheidender Weise die Einsicht gefördert, daß diese krankhaften Abweichungen nicht nur erblich verursacht sein können, sondern daß sie in hohem Maße auch aus Umweltbedingungen, insbesondere aus ungünstigen sozialen Verhältnissen resultieren.

Damit aber erhalten diese Fragen neben ihrem medizinischen Charakter Bedeutung als sozialpolitische Aufgaben und als Aufgaben der Erziehung.

Was in den ersten zehn Jahren des Bestehens Ihres Vereins von ihm geleistet worden ist durch wissenschaftliche Arbeiten, insbesondere auch auf Ihren Sachverständigenkonferenzen, zu deren vierter Sie jetzt in Hamburg zusammengetreten sind, durch die praktische Arbeit in den Sonderheimen und durch die tägliche Pflichterfüllung jedes einzelnen von Ihnen, das alles hat den von Ihnen betreuten Jugendlichen zum Segen gereicht.

Gilt es doch, diesen jungen Menschen günstige Umweltbedingungen zu schaffen, in ihnen das Bewußtsein des eigenen Wertes wie der Gemeinschaftswerte zu wecken, ihnen damit Lebensfreude zu schenken und sie zu nützlichen Gliedern ihres Volkes zu erziehen, oder wenn das alles nicht möglich ist, ihr schweres Los zu erleichtern in der Erkenntnis, daß letzten Endes die Gesamtheit doch immer irgendwie verstrickt ist in das Schicksal des einzelnen.

Hamburg, das durch die Arbeit seines Jugendamtes mit Ihrem Verein stets besonders enge Beziehungen unterhalten hat, steht ja auch sonst diesen Arbeiten seit jeher nahe. Ich darf daran erinnern, daß die hamburgischen Regelungen auf dem Gebiet der Jugendfürsorge das Reichsjugendwohlfahrtsgesetz bestimmend beeinflußt haben, daß die Anstalten unserer Jugendbehörde, insbesondere das Waisenhaus, das demnächst ein eigenes Psychopathenheim einrichten wird, sich ja schon früh eines guten Rufes erfreute. Und wenn ich darauf hinweise, daß unserem Jugendamt als erstem deutschen Jugendamt ein hauptamtlicher Jugendpsychiater beigegeben wurde und es schon seit Jahren heilpädagogische Beratungsstellen unterhält, dann mögen Sie daraus entnehmen, daß wir bemüht sind, Ihre Bestrebungen nach besten Kräften zu unterstützen.

Aber, meine Damen und Herren, wir sind uns auch bewußt, daß, so wichtig diese Arbeiten sind, ihr Erfolg doch letzthin davon abhängt, daß wir das Übel an seinen Wurzeln packen. Möge es uns doch bald gelingen, gesunde Wohnungen in ausreichendem Maße für alle Volksgenossen zu schaffen, immer mehr Gelegenheit zu Sport und Spiel, Stätten frohen Gemeinschaftslebens und lohnende Arbeit für jeden einzelnen.

Ich weiß keine besseren Wünsche als diese für Ihre Tagung und für den Willkommensgruß, den ich Ihnen hiermit namens des Senats auszusprechen die Ehre und die Freude habe.

Euer Magnifizenz!

Im Namen des Deutschen Vereins zur Fürsorge für jugendliche Psychopathen darf ich Einem hohen Senat der Freien und Hanse-Stadt Hamburg für die überaus geneigte Begrüßung des Vereins unsern aufrichtigen Dank sagen.

Die Sache, in der wir stehen, wirft uns täglich auf die Grundlagen zurück, von denen ein Gedeihen unserer Arbeit abhängig ist. Wenn unsere Großstadtkinder wieder in hellen Wohnungen leben werden, wenn gerade unsere psychopathischen Kinder wieder ihr Stück Erde lieben und bearbeiten lernen, wenn sie die Möglichkeit und Gelegenheit zum Wandern und Spiel finden, dann erst ist der Boden für unsere Aufbauarbeit bereit. Wir sind in der Hand derer, die heute an der neuen Stadt bauen.

Wir sind aber der Stadt Hamburg nicht nur für ihre Förderung dieser äußeren Grundlagen dankbar, sondern wir empfinden seit Jahren die volkserzieherische Arbeit, die sich auf dieser Grundlage aufgebaut hat, als eine ungemein wertvolle Hilfe für unsere Sache. Nachdem schon in früheren Jahrzehnten hier ein weitgehendes Interesse von Senat und Bürgerschaft an den Nöten der Großstadt eingesetzt und das Hamburger Volksheim die soziale Arbeit auf neue Wege gewiesen hat, hat in neuerer Zeit der Ausbau einer modernen Wohlfahrtspflege uns allen, die wir in sozialpolitischer und sozialpädagogischer Arbeit stehen, Anregung und Ermutigung gebracht. Das Hamburger Jugendamt hat unsere Arbeit kraftvoll gefördert und neuerdings ein System heilpädagogischer Arbeit ausgebaut, das nur in wenigen Städten seinesgleichen hat.

Wenn auf diese Weise heute die schweren Schäden von Konstitution und Milieu, die die moderne Großstadt in sich verkörpert, durch heilpädagogische Arbeit wirksam bekämpft werden, so dürfen wir vielleicht auf eine Tatsache hinweisen, die in neuester Zeit eine überraschende Übereinstimmung unserer theoretischen und praktischen Erfahrungen zeigt. Ebenso wie die mit uns zusammenarbeitenden Psychiater stellen wir fest, daß neben den Gegebenheiten von Veranlagung und Umwelt eine dritte Größe vorhanden ist, die bei jeder sozialpädagogischen Arbeit Beachtung finden muß: die Eigenart der betreffenden Persönlichkeit, die irgendwie nicht völlig auf jene beiden andern Größen zurückzuführen ist. Die Beachtung dieser dritten Größe, der Appell an den Willen, das erzieherische Element im engsten Sinne ist es, das durch die neuere heilpädagogische Arbeit wieder ins rechte Licht gestellt wird. Durch Forschung und Praxis, die in unserm Verein in so fruchtbarer Weise zusammenarbeiten, werden wir wieder dazu geführt, auf der äußeren Grundlage sozialer Reformen unsere geistige Arbeit, unsere eigentliche Aufgabe mit neuem Mut aufzunehmen.

Daß das Verständnis für diese Aufgabe wächst, daß wir in Hamburg wohlvorbereiteten Boden für unsern Kongreß finden, daß uns ein Kreis gleichgesinnter Freunde unserer Sache hier trägt. ist für uns Grund zu aufrichtiger und tiefer Dankbarkeit.

Über Typenbildung in der Psychopathie.

Von

Professor Dr. **August Homburger**, Heidelberg.

Als die vorbereitende Kommission im Januar dieses Jahres das Thema „Typenbildung in der Psychopathie" als Gegenstand der Verhandlungen dieser Sachverständigenkonferenz aufstellte, hatte sie nicht die Absicht, daß eine *Schilderung* von Psychopathentypen gegeben werden sollte. Sie sah die Aufgabe dieses Referats vielmehr in einer Darstellung der Stellungnahme des Psychiaters zu den Grundsätzen der Typenbildung, zu ihrer Bedeutung und ihrer Notwendigkeit.

Aus dieser Konferenz des „Deutschen Vereins zur Fürsorge für jugendliche Psychopathen" ist aber durch die Teilnahme zahlreicher Vertreter des Auslandes zu unserer Freude eine internationale Zusammenkunft geworden. Wenn ich daher jetzt vor Ihnen, die Sie aus verschiedenen Ländern mit verschiedener geschichtlicher Entwicklung der Psychiatrie hierher gekommen sind, über Typenbildung sprechen soll, so muß ich doch von einer kurzen Übersicht über die Versuche ausgehen, welche gemacht worden sind, um zu einer Gliederung der Formen der psychopathischen Veranlagung zu gelangen; denn wir wollen sehen, wie weit wir miteinander übereinstimmen und inwiefern wir verschiedene Grundsätze haben. Dann wird sich ergeben, ob diese Verschiedenheiten wesentlich sind oder mehr zufällig und nebensächlich.

Fräulein *von der Leyen* hat sich auf meine Bitte an angesehene Vertreter der Psychopathologie des Kindesalters in den verschiedenen Ländern gewandt, und wir sind den Herren und Damen, die uns Berichte über den Stand der Frage in ihrem Lande gegeben haben, zu außerordentlichem Dank verpflichtet.

Unsere Anfragen bezogen sich, und damit treten wir schon in die Besprechung des Themas selbst ein, auf zwei Punkte: 1. die Definition des Begriffes „Psychopathie" und 2. die Typenbildung.

Wir mußten die erste Frage nach der Definition stellen, um sicher zu sein, daß wir dasselbe meinen, wenn wir später von der Typenbildung zu sprechen haben, und daß wir nicht aneinander vorbeireden. Die Antworten, welche wir erhalten haben, zeigen mit ganz wenigen Ausnahmen eine Übereinstimmung darüber, daß wir unter Psychopathien Anomalien auf dem Gebiete des Gefühls-, Willens- und Trieblebens verstehen bei normaler Intelligenz. Wir befinden uns in *diesem* Punkte auf dem Boden der Abgrenzung, die *Th. Ziehen* zuerst vorgenommen hat. Einige Forscher rechnen auch leichte Grade der angeborenen Geistesschwäche zur Psychopathie, unter ihnen *Wilmanns* und *Gruhle*.

Wir werden später sehen, daß wir die psychopathischen Konstitutionen so auffassen müssen, daß sie Abarten der Norm sind, und daß die schwere Abnormität mit der Norm durch Übergänge und Abstufungen verbunden gedacht werden kann. So kann auch die leichte intellektuelle Schwäche, die man Dummheit zu nennen pflegt, als ein Übergang von der normalen Begabung zur ausgesprochenen Imbezillität angesehen werden. Unter diesem Gesichtspunkte einer Übergangsform kann man also auch die leichte Debilität zu den Psychopathien rechnen. Man kann dafür noch geltend machen, daß die Debilen auch in ihrem Trieb-, Gemüts- und Willensleben zumeist von der Norm abweichen.

Ich selbst vermag diesen Standpunkt nicht zu teilen. Er ist der Ausdruck einer zu starken Betonung des Übergangsgesichtspunktes und verwischt das psychologische Wesen der Psychopathien. Man darf nicht vergessen, daß sich intellektuelle Schwachbefähigung mit jeder Form der psychopathischen Anlage verbinden kann, ebenso wie die verschiedensten Arten und Grade der Begabung. Die Frage, ob nur *angeborene* oder auch erworbene Anomalien als psychopathische Konstitutionen bezeichnet werden sollen, ist nicht von allen Stellen eindeutig beantwortet worden. *Ziehen* rechnet auch erworbene Anomalien hierher. Aber diejenigen ausländischen Autoren, die ihren Standpunkt klar zum Ausdruck gebracht haben, insbesondere die Herren *Francotte* und *Vermeylen* in Brüssel, sind mit allen anderen deutschen Forschern darüber einig, daß als psychopathische Konstitutionen *angeborene* Anomalien der seelischen Anlage oder regelwidrige Anlagen der seelischen Persönlichkeit zu bezeichnen sind. Ich selbst schließe mich diesem Standpunkt an und bezeichne die erworbenen psychopathieähnlichen seelischen Verfassungen z. B. nach Chorea oder Encephalitis als Charakterveränderungen oder Verhaltensveränderungen. Wir müssen an dieser Trennung festhalten, um das schwierige Gebiet so klar als möglich abzugrenzen und um der praktischen Folgen willen.

Diese Umschreibung des Begriffes bezieht sich also auch nicht auf den Körperbau und nicht auf den körperlichen Reaktionstypus. Sie hat nichts zu tun mit der Einteilung *Kretschmers* in zykloid-pyknische und schizoid-asthenische, -dysplastische oder -athletische Grundformen und Mischformen. Sie hat auch keine Beziehung zu den tetanoiden und basedowoiden Konstitutionstypen *Jaenschs*. Diese psychosomatische Formenlehre ist nach meiner Ansicht für das eigentliche Kindesalter mit noch viel größerer Zurückhaltung zu beurteilen als für den Erwachsenen. Sie kommt für rein kindespsychologische und pädagogische Zwecke vorerst nicht in Betracht.

Unsere allgemeine Umschreibung des Begriffs berücksichtigt zunächst nur die klinischen und psychopathologischen Gesichtspunkte. Denn Anomalien des Gefühls-, Trieb- und Willenslebens sind klinische Begriffe. Das Interesse aber, welches die Praxis und besonders die Fürsorge an der Lehre von den Psychopathien hat, ist nicht nur ein klinisches, sondern ebenso sehr oder sogar in noch höherem Grade ein sozialpsychologisches und ein soziales. Aus diesem Grunde sind Definitionen aufgestellt worden, welche auch *diesen* praktischen Gesichtspunkten gerecht werden. Ich nenne die folgenden:

Kurt Schneider versteht unter psychopathischen Persönlichkeiten solche abnorme Persönlichkeiten, die selbst an ihrer Abnormität leiden, oder durch deren Abnormität die Gesellschaft leidet.

Kramer nennt psychopathische fürsorgebedürftige Kinder solche, die, ohne schwachsinnig zu sein, Erziehungsschwierigkeiten bereiten, die sich asozial verhalten, und bei denen sich ergibt, daß sie den normalen Erziehungseinflüssen gegenüber sich unzugänglich erweisen.

Thiele stellt in den Vordergrund, daß die Entfaltung der seelischen Anlagen zu einem Zustande mangelnder *Harmonie* der Persönlichkeit in sich selbst oder in ihren Beziehungen zur Gesellschaft geführt hat.

Unter den Vertretern des Auslandes beziehen sich *Tredgold* und *Paul-Boncour* auf eine Definition der Norm als derjenigen Fähigkeiten, welche dem Individuum gestatten, seine Angelegenheiten selbständig zu besorgen und sein Verhalten so einzurichten, daß es sein Leben ohne fremde Aufsicht und Hilfe führen kann, also wirtschaftliche Selbständigkeit und soziale Unschädlichkeit.

Heuyer schließt sich ihnen an; in dem gleichen Sinne haben sich *Pilcz*-Krakau, Herr *Decroly* und Frl. *Monchamps*-Brüssel, ausgesprochen. Diese Bestimmung ist gleichbedeutend mit derjenigen *Kraepelins*, der von der Fähigkeit zur Erreichung allgemeiner Lebenszwecke spricht. Alle Autoren sind stillschweigend der Ansicht, daß Psychopathen keine Geisteskranken sind. Nur Prof. *Ganuschkin*, Moskau, erklärt: „Es gibt eine gewaltige Kategorie *Geisteskranker*, sicher Geisteskranker, die sog. Psychopathen, die mitten unter den sog. psychisch gesunden Menschen leben und in der Öffentlichkeit die verschiedensten Stellungen einnehmen, indem sie bald hohe Ämter bekleiden, bald im Gefängnis gehalten werden.“ Er steht mit dieser Auffassung allein.

Sie sehen also, daß überall sonst, und ich kann ja hier nicht alle Auskünfte einzeln anführen, Übereinstimmung auch darüber herrscht, daß die Träger angeborener seelischer Regelwidrigkeiten, die wir als Psychopathen bezeichnen, in sozialer Hinsicht von früher Kindheit und Jugend an sich dadurch vom normal veranlagten Kinde unterscheiden, daß sie in ihrer Lebensgemeinschaft, in Familie, Schule und im weiteren Menschenkreise Schwierigkeiten machen, daß sie sich nicht anpassen können, daß sie auffällig sind, so daß die anderen und zum Teil auch sie selbst darunter leiden.

Diese soziale Kennzeichnung gehört gewiß auch zum Wesen der Psychopathien, und es ist bemerkenswert und völlig verständlich, daß sie immer mehr im Laufe der letzten Jahre in den Vordergrund gestellt worden ist. Denn aus sozialen und sozialpsychologischen Gründen werden die Psychopathen auffällig im privaten und im öffentlichen Leben. Deshalb suchen sie oder ihre Angehörigen unseren Rat, und deshalb gründen wir Organisationen der Psychopathenfürsorge. Dies ist in ganz besonderem Umfange in den Vereinigten Staaten unter Führung von *Adolf Meyer*, *Beers*, *Williams*, *White*, *Campbell* und *Healy* geschehen. Prof. *Siegmund-Schultze*[1] und Frl. Dr. *Frankenstein*[2] haben uns in ihren Veröffentlichungen damit bekannt gemacht. Sie werden darüber einen ausführlichen Bericht von Herrn *Williams* selbst entgegen nehmen, den ich zu meinem großen Bedauern zu hören verhindert sein werde.

Diese sozialen und erzieherischen Schwierigkeiten, welche die psychopathischen Kinder verursachen, sind zwar der Anlaß unserer Studien; ihre Kenntnis ist aber keine Erkenntnis. Es wäre also eine große Täuschung, wenn wir glauben würden, wir hätten *wissenschaftlich* mit ihrer Betonung etwas Wesentliches gewonnen. Es entspricht nur der allgemeinen Geistesrichtung unserer Zeit in allen Ländern, das Soziale so stark herauszuheben, weil es den Ausgangspunkt der Fürsorge, also des praktischen Handelns bildet.

Wir haben aber *wissenschaftlich* festzustellen, daß die verschiedenen Psychopathen diese Schwierigkeiten aus ganz verschiedenen Gründen machen, und daß sie auch, weil sie verschiedene seelische *Anlagen* haben, verschiedene *Arten* von Schwierigkeiten machen. Wir stellen fest, daß sie ferner sich in Kindheit und späterem Leben nicht gleich, sondern verschieden verhalten, und daß sie nach ihren verschiedenen seelischen Anlagen verschieden erzogen, geleitet und beraten werden müssen.

Sie sehen also, daß erst die *psychologische* Erfassung und Kennzeichnung der einzelnen psychopathischen Persönlichkeit auch diese Verschiedenheiten erkennen und richtig in ihrem Zusammenhang mit dem Leben verstehen lehren kann.

Wir wissen auf der anderen Seite sehr wohl, und ich brauche in Ihrem Kreise darüber nicht viele Worte zu machen, daß die Anlage das Schicksal eines Menschen nicht allein entscheidet, und daß auch

---

[1] *F. Siegmund-Schultze*: Arbeit an jugendlichen Psychopathen in den Vereinigten Staaten von Amerika. Z. f. Kinderforschung **33**, 503, 1927.

[2] *G. Frankenstein*: Psychiatrische Sozialarbeit in den Vereinigten Staaten von Amerika. Z. ges. Neur. u. Psych. **110**, 325, 1927.

seine spätere Persönlichkeit von ihr nicht allein bestimmt wird. Wir sind einig darüber, daß die Einflüsse der Umwelt, des Milieus, eine große, in einzelnen Fällen die entscheidende Bedeutung haben. Denn wir kennen die *Bildsamkeit,* die Plastizität der kindlichen Seele und wissen außerdem, daß die Umwelteinflüsse mindestens ebenso verschieden und mannigfaltig sind als die Formen der Anlage.

Je tiefer wir bis in die Einzelheiten in die Verhältnisse der Umwelt bei den Kindern eingedrungen sind, um so deutlicher haben wir erkannt, daß es neben den psychopathisch veranlagten Kindern auch sehr viele falsch erzogene und durch die Umwelt geschädigte, nicht abnorm veranlagte Kinder gibt, die jenen sehr ähnlich sich entwickeln können.

Außerordentlich häufig kommen regelwidrige Anlage und schädliches Milieu zusammen, um die *Entwicklung* eines Kindes zu einer schwer abnormen zu machen. Es wird dann außerordentlich schwierig sein, aus diesem Gesamtergebnis den Anteil der psychopathischen Anlage zu erkennen.

Wir haben die Tatsachen, die Begriffe und Grundanschauungen festgestellt, über die wir keine großen und wesentlichen Meinungsverschiedenheiten haben werden und kommen jetzt zu dem Hauptteil, zur Typenbildung selbst. Wir wollen aber den Blick auf die Tafel noch für einige Minuten aufschieben, die wir der Frage widmen wollen, was denn Typenbildung ist, und warum wir uns für sie interessieren. In dem, was wir hierüber zu sagen haben, beschränken wir uns auf die Kindheit. Kein Erwachsener gleicht irgendeinem anderen Erwachsenen, aber auch kein Kind gleicht ganz und gar einem anderen Kinde. Die Verschiedenheit der Individuen ist unendlich. Aber auch jedes einzelne Individuum körperlich und seelisch völlig erschöpfend zu erfassen und mit den Mitteln unserer Sprachen zu beschreiben ist eine unendliche und in Wirklichkeit unerfüllbare Aufgabe. Aber wenn wir auch alle Eigenschaften eines Kindes, die sich irgendwann in seinem bisherigen Leben einmal gezeigt haben, aufzählen würden, würde ihre Summe uns nicht das wirkliche Ganze, das lebensgetreue Bild dieses Kindes liefern. Denn die Eigenschaften sind ja in jedem Kinde in verschiedener Stärke vorhanden, sie treten bald mehr, bald weniger hervor, und vor allem, sie sind psychologisch untereinander in verschiedener Art verbunden zu den verständlichen Zusammenhängen einer- und den ursprünglichen Verknüpfungen andererseits, deren Gesamtheit wir mit dem Worte Charakter und Persönlichkeit bezeichnen. Der *Kern* des Charakters ist in der *Anlage* gegeben; der Charakter aber *entwickelt* sich unter dem Einflusse des Lebens. Aber die Anlage, der Kern des Charakters, bestimmt die Grundrichtung der Gestaltung des Lebens.

Für die naiven Beschauer ist die Fülle der Charaktere, ihre Mannigfaltigkeit unübersehbar groß. Wir aber, die wir die Aufgabe haben, die Fülle und Menge zu ordnen, damit wir sie übersehen und dadurch verstehen lernen, müssen uns wissenschaftliche Hilfsmittel schaffen für eine tiefere Erkenntnis. Alle Wissenschaft beruht auf Vergleichen und Ordnen, auf der Feststellung des Gleichen, Ähnlichen, Gemeinsamen und Unterscheidenden. Diesen Zweck verfolgt auch die Typenbildung, und diesen Weg geht sie. Sie will die häufigsten und dann auch vielleicht noch seltenere Abarten und Spielarten der Charakteranlage herausheben und psychologisch einander gegenüberstellen. Sie will dies aber nicht nur einfach, um Ordnung zu schaffen und aufzuräumen, wie eine sorgsame Hausfrau es tut, und dann jede Sorte in einem gesonderten Fache einschließen, damit sie ganz voneinander getrennt sind und nicht mehr zusammen kommen können. Im Gegenteil, sie will, da sie es mit dem *Lebendigen* zu tun hat, zwar ordnen und sondern, aber auch zeigen, welche Beziehungen die eine Art wiederum mit der anderen verbinden, und wie sie alle mit der Norm, mit dem gesunden seelischen Wesen in Beziehung stehen.

Wollen Sie jetzt sich unserer Übersichtstafel zuwenden. Entsprechend der Geschichte von der Lehre der Psychopathien enthält sie in erster Linie eine Übersicht über die in Deutschland aufgestellten Typen. Sie sind nach ihrer psychologischen Zusammengehörigkeit geordnet. Wir haben die Aufstellungen unserer französischen und belgischen Kollegen so angereiht, daß die Beziehungen möglichst deutlich werden, in erster Reihe diejenigen von *Heuyer*[1] und *Paul-Boncour*[2].

In Dänemark, Skandinavien, England, Holland und den Vereinigten Staaten hat man sich bisher einer speziellen Typologie nicht bedient, zum Teil aus der Besorgnis vor einem allzu großen Schematismus. Unter dem Einfluß der Psychoanalyse und der Individualpsychologie wird die allgemeine Bezeichnung Psychoneurosen besonders in den Vereinigten Staaten für die Äußerungen der verschiedensten Anlageformen angewendet. Die Asozialen werden zum größten Teil ohne charakterologische Sonderung gern als Haltlose zusammengefaßt. Mit Ausnahme *Jungs* hat die Psychoanalyse keine typologischen Versuche gemacht. Die Individualpsychologie spricht aber der Anlage überhaupt eine wesentliche Bedeutung ab.

Vielleicht erscheint Ihnen die Zahl der unterscheidenden Bezeichnungen auf unserer Tafel noch immer verwirrend groß. Aber bei näherem Zusehen begegnen Sie, auch bei Autoren des Auslandes, einer gewissen Anzahl übereinstimmender Anlageformen.

---

[1] *Heuyer*: L'Examen médico-psychologique des enfants délinquants. La Prophylaxie mentale **3**, 295, 1927. — Buts et methodes de la neuropsychiatrie infantile. Archives de médecine des enfants **30**, 441, 1927.

[2] *Paul-Boncour*: La selection psychomorale des anormaux en vue de leur adaptation sociale. Progr. méd. **51**, 520, 1923. Ref.: (Gregor) Zbl. ges. Neur. u. Psych. **40**, 101, 1925.

Ausländische Typologie

Frankreich: Heuyer, Paul-Boncour, (Régis)						Belgien:	
Heuyer	Heuyer	Heuyer	Paul-Boncour	Paul-Boncour	Régis	Monchamps	Vermeylen
			nach deutschem Ref.	nach deutschem Ref.			
Instables	Dépressifs	Perverses	Depressive	Gefühlsarme	Instabilité	Emotifs	Emotifs
Konstit. Nervöse:	Freudlose		Echte endog. Verstimmte				
Unruhige Ablenkbare Ermüdbare	Herabgestimmmte Stille	Gemütlose rohe, kalte Naturen Tierquäler Streitsüchtige	Asthenisch-Depressive	Gemütsstumpfe	Excitabilité	Inémotifs	Cyclothymes
			Nervöse				
Unbeständige Unstete	Einsame	Lügner Verleumder Diebe	Stimmungslabile	Aktiv Bösartige	Obsessivité	Passivité morale	Schizoïdes
			Ausgelöst Verstimmte	Lügner, Diebe			
Disziplinlose Herumtreiber Schulschwänzer	Ungesellige	Geschlechtlich Abnorme	Haltlose				
			Umtriebige	Gemütlose, Rohe, Zerstörungssüchtige			
Emotifs	Esprits faux (Paranoïaques)	Bien doués	Unbeherrschte		Impulsivité	Perversion morale	Mythomanes
Selbstunsichere		Überdifferenzierte	Reizbare				
Empfindliche	Mißtrauische	Stimmungslabile	Affektmenschen	Sexuell triebhaft Abnorme			
Sensitive	Rechthaberische	Ungleichbegabte	Rebellische			Inversion morale	Perverses
Erwartungsängstliche		Frühreife	Paranoisch-mißtrauische				
	Eifersüchtige						
Gehemmte	Unzufriedene	Normaux pervertis	Aufgeregte			Pseudo-Psychopathes	Pseudo-Psychopathes
Allgem. Ängstliche		Milieuabnorme	Hypomanische				
Zwangsveranlagte	Gekränkte u. Verletzte	Fehlerzogene	Erethiker, Impulsive				

Psychopathische Konstitutionen.

Gruppe 1: Abarten der einfachsten formalen Persönlichkeitsanlagen				Gruppe 2: Abarten der Anlagen der einfacheren Ich-Umweltbeziehungen		Gruppe 3: Abarten der Anlagen der komplexeren Ich-Umweltbeziehungen		Asoziale Sonderformen „Lebensformen“
Abarten der Anlage der Lebensgrundstimmung	Hyperthymische Hypomanische Frohgestimmt-aktive Depressive Trübgestimmte Freudlose	Quantitative Abarten des Leistungsantriebs und Qualitative Abarten des Leistungsablaufs im Sinne des Lebenstempos	Impulsive Antriebsreiche Regsame Antriebsreiche Unruhige Erethische Hastige Indolente Antriebsarme Torpide Träge	Abarten des Wirklichkeitssinnes Abarten der Anlage zum Bilden und Festhalten von Lebenszielen	Phantasten Lügner Schwindler Willensschwache Haltlose Fanatiker	Abarten vorwiegend der Leistungsfähigkeit, Tragfähigkeit und Ausgleichsfähigkeit	Asthenische Reizbar-Schwache-Neurasthenische Gemütsweiche Ängstlich-Unsichere Infantile Psychasthenische (Zwangskranke, Hypochonder)	Triebhaft Abnorme „Geborene“ Dirnen Hochstapler
Endogene und Exogene Abarten des Stimmungsablaufs	Periodiker Zyklothyme Verstimmte Epileptoide Stimmungslabile Verstimmbare	Abarten der Reagibilität (Reaktionsbereitschaft und -intensität)	Explosible Reizbare Epileptoide Primitive Gewalt- und Affektmenschen	Abarten der Anlage der sozialen Gefühlsbeziehungen	Gemütsarme Gemütlose Gesellschaftsfeinde Geltungssüchtige Hysterische	Abarten vorwiegend der Differenziertheit und Einheitlichkeit des seelischen Gefüges	Überdifferenzierte Sensitive Einseitig Begabte Frühreife	Landstreicher Verbrecher Abenteurer Herrenmenschen

Von diesen wollen wir ausgehen. Es sind die Hyperthymiker, die Verstimmten, die Phantasten, die Reizbaren, die Antriebsreichen und die Antriebsarmen, die Gemütsarmen, die Hysterischen, die Triebhaften und triebhaft-Abnormen und die Nervösen.

Vergleichen wir diese Formen mit den Eigenschaften, die normale Kinder, wenn auch in verschiedener Ausprägung haben, so finden wir bei ihnen eine *gehobene lebensfrohe Stimmung*, eine Lebenslust, in der das Kind zunächst keine Hemmung hat, sondern der es sich überläßt. Wir kennen das besondersartige kindliche *Phantasieleben*; es gibt den Dingen im Spiel wechselnde Bedeutung, trennt die Gebilde der Einbildungskraft nicht von der Wirklichkeit, spielt mit ihnen nach Wunsch und augenblicklichem Bedürfnis und geht mit ihnen und mit den Menschen der Umgebung um, ohne den Ernst zu kennen oder anzuerkennen. *Verstimmt* ist zeitweise jedes Kind, wenn man ihm den Willen nicht tut, wenn es verzichten muß, wenn es sich unterwerfen und fügen soll; aber seine Verstimmung ist flüchtig, schnell folgt dem Weinen wieder das Lachen. Daß ein Kleinkind in sich noch nicht *Halt und Linie,* in seinem *Willen* noch nicht bestimmtes Festhalten an Ziel- und Zwecksetzung hat, sondern suggestibel, von der Umgebung und ihren Einflüssen abhängig ist und außerdem Augenblicksregungen sich hingibt, das ist ja gerade im guten wie im schlechten Sinne Angriffspunkt der Wirkungen, die Umwelt und Erziehung ausüben. Der *Antriebsreichtum* der Kinder ist verschieden groß. Verschieden ist ihr Bewegungs- und Betätigungsbedürfnis, ihre Einfälle, ihre Neigung in Lust und in Unlust sich zu äußern, etwas zu treiben, mit den Dingen und Menschen sich zu befassen, sie in ihren Dienst zu stellen und sie zu stören; verschieden ist ihr *Lebenstempo.* Auch *geltungsbedürftig* ist jedes Kind, aber nicht um jeden Preis, nicht geltungssüchtig; jedes Kind ist egozentrisch und neigt zu *primitiven Reaktionen,* zum Schreien, zum Strampeln, zum Schlagen, zum Hinwerfen und Toben, zur Unbeherrschtheit in seinen Affekten und schließlich mehr als Erwachsene auch zu leichteren und schwereren Krampferscheinungen.

So können wir die Hyperthymiker, die Verstimmten, die Haltlosen und Willensschwachen, die Phantasten, die pathologischen Lügner und Schwindler, die Reizbaren, die Hysterischen, auch die Triebhaften vom normalen kindlichen Wesen aus als einseitige Ausprägungen bestimmter Seiten verstehen, denen die normalen Gegengewichte in der Anlage und daher der normale Ausgleich zu einer harmonischen Entwicklung fehlen. Wie aber steht es mit den Antriebsarmen und den Gemütsarmen? Hier liegen wirkliche Mängel vor, aber nicht einseitige Ausprägungen. Der Antriebsarme ist eben wirklich arm, es geht wenig in ihm vor und von ihm aus; er ist gleichgültig und unregsam. Den Gemütsarmen verbindet kein normales, echtes und lebendiges Gefühl mit anderen Menschen und mit der menschlichen Gemeinschaft. Sein Tun und Lassen zeigt ihn als außerhalb ihrer stehend, als den Störer ihres Friedens, als ihren Feind, als asozial oder antisozial. Die triebhaft Abnormen treibt es entweder mit abnormer Stärke zum normalen Ziele oder aber in abnormer Richtung zum abnormen Ziele. Dann fehlen ihm in erster Linie die normalen Zuneigungsgefühle aus der Sphäre des Liebeslebens im weitesten Sinne. Wir müssen aber betonen, daß die Stellung des Triebhaften im seelischen Gesamtgefüge noch ganz ungenügend geklärt ist. Wir müssen die Möglichkeit, ja sogar die wissenschaftliche Forderung anerkennen, in jeder normalen und jeder abnormen Anlage seine Stellung den anderen seelischen Bereichen gegenüber und seine Abwandlungen herauszuarbeiten. Anfänge hierzu sind von *Kretschmer* und *Ewald* gemacht worden. Die Grundfrage dreht sich um die biologisch-ursprüngliche und in diesem Sinne auch schicksalsbestimmende Bedeutung der Triebhaften.

An dieser Stelle wollen Sie mir eine kurze Bemerkung über die „geborene" Dirne, den „geborenen" Landstreicher, den „geborenen" Berufsverbrecher und den „geborenen" Hochstapler gestatten. Ohne sie in ihrem *psychologischen Gesamtwesen* als nächste Verwandte anzusehen, betrachte ich sie als „Lebensformen" im Sinne *Sprangers* und ich möchte sie aus praktischen Gründen unter der Bezeichnung der asozialen Sonderformen zusammenfassen. Ich stimme in der Beurteilung dieser Persönlichkeiten durchaus mit den Ausführungen *Gruhles* auf der Berliner Konferenz[1] überein: Es gibt 1. solche, die z. B. als Proletarier zur Welt gekommen, auf dem Durchschnittsniveau des Proletariers Landstreicher werden mußten; 2. solche, die ebenso geboren, durch Versetzung in ein besseres Milieu von dieser Entwicklung abgehalten werden konnten; 3. solche, die auch in günstigen Umweltsbedingungen Landstreicher, Hochstapler, Prostituierte werden und bleiben, und wir dürfen hinzufügen, 4. solche, welche nur durch besonders sorgsame Fürsorge und günstige Bedingungen verhindert werden, es zu werden.

Die praktische Bedeutung für unsere Arbeit an Kindern liegt darin, daß wir in manchen Fällen schon in und vor der Pubertät die Haltlosigkeit, die Unstetheit, die Gemütsarmut und die triebhafte Sinnlichkeit in einem charakterologischen *Gesamtverbande* auftreten sehen, der bereits mit großer Wahrscheinlichkeit voraussagen läßt, in der Richtung welcher dieser Gruppen die Entwicklung sich vollziehen wird.

Gewisse Schwierigkeiten bereitet die Umschreibung der Nervösen. Zu ihnen gehören vor allem diejenigen, die zugleich abnorm erschöpfbar

[1] Bericht über die Sachverständigen-Konferenz der Deutschen Vereinigung für Jugendgerichte und Jugendgerichtshilfen. Zeitschrift f. Kinderforschung Bd. 34, S. 631.

und abnorm erregbar sind, dann die seelisch Unbeständigen, Launenhaften, Wechselvollen und viele Unruhige, welche man in Frankreich unter der Bezeichnung *Instables* zusammenfaßt. Hierher gehören schließlich die seelisch Bedenklichen, die Grüblerischen, die zu Zwangszuständen und Phobien neigen, also das Gebiet der Psychasthenie und der Obsessions, die *Janet* so meisterhaft geschildert hat.

Ich hoffe, keinem ernsten Widerspruch zu begegnen, wenn ich in bezug auf diese Typen Einigkeit, oder wenn ich mich sehr vorsichtig ausdrücken will, die Anerkennung voraussetze, daß diese Arten der Anlage existieren, daß sie verhältnismäßig häufig sind, und daß sie sich in den *ausgeprägten* Fällen deutlich voneinander unterscheiden.

Wenn wir aber gewissenhaft vorgehen und sorgfältig beobachten, so merken wir bald, daß viele einzelne Fälle und auch Gruppen von Fällen in diesem Rahmen keinen Platz finden. Sogar eine ganz besonders wichtige Anlagegruppe ist von uns noch gar nicht berücksichtigt worden. Ich meine diejenigen, die durch periodisch auftretende Abnormitäten gekennzeichnet sind. Die einen gehören der manisch-depressiven Konstitution, der Zyklothymie an, die anderen sind Periodiker, die durch ihre teils endogen, teils exogen bedingte, zeitweilig auftretende Reizbarkeit und Mißgestimmtheit mit dem Formenkreis der Epilepsie eine gewisse Ähnlichkeit haben, ohne Epileptiker zu sein. Aber auch diese Typen sind der Norm nicht so fremd, als es auf den ersten Blick scheint. Denn wir alle sind, unabhängig von äußeren Einwirkungen seelischer Art, mehr oder weniger starken periodischen inneren Schwankungen unserer körperlichen und geistigen Frische, unserer Schlaffähigkeit und Erholungsfähigkeit, unserer Stimmungslage und unserer Empfindlichkeit für äußere Reize und Störungen unterworfen. Wir verstehen diese Schwankungen nicht oder nur zum Teil; wir haben sie hinzunehmen als ein *biologisch* begründetes Geschehen, das wir mit der übrigen Organismenwelt teilen.

Lassen Sie uns jetzt einmal fragen, wie es denn mit den Abarten und Spielarten steht, die außer den bis jetzt genannten von einzelnen Autoren aufgestellt worden sind. Aufstellen, das heißt sagen, daß solche Abarten der Anlagen als typische vorkommen, angeboren, daher unverlierbar, wenn auch abwandlungsfähig. Da finden wir die Sensitiven, die Überdifferenzierten und Überfeinerten, die Frühreifen. Sie sind vielgestaltig ansprechbar, hochreaktiv, sehr stark persönlich zugespitzt und in mannigfaltiger Hinsicht anspruchsvoll. Den Ängstlich-Unsicheren fehlt ein gesundes Selbstgefühl, vor allem Neuen sind sie mit Angst erfüllt oder doch bewegt; sie leiden unter Minderwertigkeits- oder Unzulänglichkeitsgefühlen, sind gequält, anlehnungs- und hilfsbedürftig. Die Infantilen reifen nicht aus; sie bleiben in vieler Hinsicht Kinder und sind darin in einem gewissen Grade harmonisch; aber sie haben ein mehr oder minder klares Bewußtsein ihrer objektiven Verschiedenheit vom reifen Menschen. Die ausgeprägt Disharmonischen sind zwie- und vielspältig. Intellekt-, Gefühls- und Willensleben passen nicht zueinander, weil sie auf verschiedenen Ebenen der Entwicklung stehen, verschiedene Grade der Lebendigkeit haben und verschiedene Richtungen, zu denen sie hindrängen. Das Gefühl der inneren Zerrissenheit und ein immer von neuem widerspruchsvolles Verhalten im praktischen Leben bringt sie mit sich und anderen in Konflikte und Zerwürfnisse. Man kann die ganze Reihe der hier verzeichneten Anlageformen nach ihrem Kern, nach ihrem psychologischen Mittelpunkt charakterisieren. Über die psychologischen Gesichtspunkte der Gruppierung gibt die Übersichtstafel selbst Auskunft. Ich muß mich mit diesen Andeutungen begnügen. Wir haben jedoch genug darüber gesagt, um einige Schlußfolgerungen aufbauen zu können.

Die Vertreter der Typen der ersten Gruppen heben sich von ihren normalen Altersgenossen nicht nur um so stärker ab, je ausgeprägter die Anlage ist; das ist ja selbstverständlich. Sie heben sich von ihnen auch um so stärker ab, je älter sie werden. Sie stehen ja, wie wir gesehen haben, gerade in dem Kernpunkte ihrer Regelwidrigkeit dem Kinde besonders nahe, in der naiven Lebenslust, der Ungehemmtheit, der Unbedenklichkeit, in dem Mangel an innerem Halt und zielbewußtem Willen, in der Unbeherrschtheit und der Neigung zu Kurzschlußhandlungen, zu primitiven Reaktionen, in Egoismus und Egozentrizität, dem freien Phantasiespiel und in der Unbeständigkeit ihrer Gefühlsäußerungen. Hier muß man aber eine Einschränkung machen. Es gibt nämlich bei manchen eine Spätreife. Im vierten Jahrzehnt kann eine gewisse Beruhigung, eine größere Besonnenheit, ein besserer Sinn für die Erfordernisse des Lebens und die Pflichten gegen die Allgemeinheit sich einstellen. Dann nähern sie sich der Norm in einem gewissen Grade an.

Die zweite und dritte Gruppe verdankt ihre Herausarbeitung nicht so elementaren Lebensäußerungen und seelischen Verhaltensweisen, sondern den verschiedenen Abarten der Ich-Umweltbeziehungen. Die Unterschiede sind feiner, und je mehr wir versuchen, neue Gruppen und Untergruppen aufzustellen, desto feiner werden die Unterschiede.

Je feiner aber wiederum die Unterschiede werden, um so größer wird die Annäherung an die Norm. Und noch ein anderes: je feiner die Unterschiede werden, um so mehr zeigen sich die Beziehungen der Typen und Untertypen untereinander. *Kurt Schneider* hat dies in seiner Bearbeitung der Psychopathien im *Aschaffenburg*schen Handbuch der Psychiatrie sehr schön gezeigt. Er weist z. B. auf die Beziehungen der Ängstlich-Selbstunsicheren zu den Sensitiven und Zwangskranken, der konstitutionell Depressiven zu den Mißmutigen und Verdrossenen, den

Mißtrauischen und den Unsteten hin. Er zeigt, wie andererseits auch die Stimmungslabilen verbunden sind nicht nur mit diesen Unsteten, sondern auch mit den Zyklothymen und Epileptoiden, mit den periodischen Trinkern, den Impulsiven und den Willensschwachen. Unter den Hyperthymischen findet er Streitsüchtige, Schwindler, Haltlose und er verfolgt die Linie zu den Rechthabern, den Pananoikern und Querulanten, die seinerzeit *Specht* zuerst unter diesem Gesichtspunkte betrachtet hat. *Kramer* hat uns vor zwei Jahren in Düsseldorf eindrucksvolle Studien über die Haltlosen mit Analysen solcher Beziehungen in jedem einzelnen Falle vorgetragen.

Je enger wir uns mit unseren Bemühungen an den einzelnen Fall halten, um so klarer werden uns also, nicht aus irgendeiner Theorie heraus, sondern aus dem unmittelbaren Erleben zwei Einsichten: 1. Alle Spielarten können, wie es *Wilmanns* zuerst klar ausgesprochen hat, durch Übergänge verbunden gedacht werden. Die *Abgrenzung* der Typen bleibt immer in einem gewissen Grade willkürlich, wenn auch ihr Kern etwas Wesentliches, eine objektive Gegebenheit, herausstellt. 2. Wenn wir immer weiter gliedern, kommen wir von den Typen zu Untertypen. Außerdem aber erkennen wir Mischformen, in denen sich um einen Hauptzug, der dem seelischen Ganzen das Gepräge gibt, andere Züge gruppieren, welche anderen Typen angehören. Von den Mischformen aber kommen wir zum einzelnen Menschen. Der Weg führt also vom Typus als Ordnungsgehilfe zum Individuum als Wirklichkeit und von der typologischen zur charakterologischen Betrachtungsweise. Er vereinigt sie natürlich nicht; er verbindet sie, aber sie stehen sich selbständig gegenüber, und wir bedürfen der einen so gut wie der anderen. Richten wir dort den Blick auf den unveränderlichen Kern der Anlage, so hier *außerdem* auf das entwicklungsfähige und bildsame und in diesem Sinne veränderliche Gefüge des Individuums. Je eindeutiger ein Typus durch eine Abart der einfachen Persönlichkeitsgrundlagen gekennzeichnet ist, um so enger ist der Kreis der Abwandlungsmöglichkeiten durch das Leben; er ist um so weiter und mannigfaltiger, je differenzierter und verwobener mit den Umweltbeziehungen die typologische Grundstruktur an sich schon ist.

Wir sehen dies, sobald wir den Weg in umgekehrter, in natürlicher Richtung gehen, vom Individuum, vom einzelnen Kinde aus. Gegeben ist uns, noch bevor wir von seiner Eigenart etwas wissen können, seine Umwelt. Vorhanden ist die menschliche, die wirtschaftliche Lage, die Eltern, die soziale Schicht, vielleicht auch schon Geschwister. Vorhanden ist eine gewisse Lebensstimmung in diesem Kreis von Menschen, von denen jeder auch seine persönliche Eigenart, auch bereits sein persönliches Schicksal hat. Vom Tage der Geburt an wirkt dieser Lebenskreis auf das Kind; aber das Kind wirkt auch vom ersten Tage an durch sein *Dasein* auf die Menschen und das Leben seiner Umgebung. Mit der Geburt kommt schon der Austausch der *Reaktionen* mit der Welt in Gang, in denen sich unser Wesen äußert, und aus denen wir es erkennen. Er begleitet unser ganzes Leben, vielfach beherrscht er es und bestimmt es, und er kann sich dauernd wandeln. Auch die Umwelt des Kindes wandelt sich, ändert sich, wird mit ihm älter, vermehrt oder verringert ihren Bestand, wird seiner Entwicklung günstiger oder ungünstiger, wird mannigfaltiger oder eintöniger. Auf welche Anlagen jedes einzelnen Kindes wirkt seine Umwelt fördernd, auf welche hemmend, auf welche wirkt sie am stärksten, auf welche am schwächsten und wie verteilen sich ihre Einwirkungen im Laufe der Zeit? So fragen wir in Wirklichkeit im Leben. Da zeigt es sich, daß psychopathische Anlagen eines Kindes gesteigert werden, wenn es von Menschen gleicher Art umgeben ist. Gleich und gleich zieht sich sehr stark an und steigert sich oft gegenseitig. Nehmen wir ein Beispiel: Vater und Sohn sind hyperthymisch, der Junge wird umtriebig, voll lustiger und dummer Streiche; er macht sich beliebt durch sein heiteres Wesen, unbeliebt durch sein vorlautes und störendes Benehmen. Ist die Mutter dumm und lässig oder schwerfällig und ängstlich, dann bleibt sie auf ihn ohne Einfluß. Es gibt kein Gegengewicht, keine Führung. Ist die Mutter klug, fest, lebenstüchtig, dann wird sie, wenn die hyperthymische Anlage des Kindes nicht sehr hochgradig ist, verstehen, es zu interessieren, sein Interesse auf nützliche Dinge hinzulenken, ihn Rücksicht und Kameradschaftlichkeit zu lehren, sein Mitfühlen zu entwickeln und seine Lebenslust und Aktivität in angemessene Grenzen zu verweisen.

Ein ängstlich-selbstunsicheres Kind wird in rauher Umgebung und in Not und Entbehrung des Lebens nicht froh; es wird immer von neuem gedemütigt. Verständige Eltern und Lehrer aber können geduldig und beharrlich sein Selbstgefühl heben, es von Leistung zu Leistung, von einer kleinen Freude zur anderen, von Abhängigkeit zu größerer Selbständigkeit führen.

Reizbare Kinder sind in gebildeten Familien nie so unbeherrscht wie in ungebildeter und zuchtloser Umgebung.

So hoch wir aber die Wirkung von Vorbild und Beispiel und von Sitte und Gewohnheit, von Lehre und Führung einschätzen mögen, auch sie haben ihre Grenzen. Wir sehen, daß Kinder bis in kleinste Einzelheiten ihren im Felde gefallenen Vätern, ihren an ihrer Geburt gestorbenen Müttern nacharten, die sie nicht gekannt haben. Oder wir sehen, daß sie, je älter sie werden, den Großeltern, die sie kaum kannten, mehr gleichen als den eigenen Eltern. Wir kennen andererseits Zwillinge, gleich aufgezogen, gleich geliebt, gleich ausgebildet, die in Gemüt und Begabung sehr verschieden geartet sind und im Leben immer verschieden bleiben. Wer über Adoptivkinder Erfahrungen besitzt, der kennt *auch* solche, die im Säuglingsalter oder in dem ersten Lebensjahre aus verwahrlosten Verhältnissen in die günstigsten Lebensbedingungen versetzt wurden. Es fehlte ihnen nichts an Sorgfalt, Vorbild und Verständnis. Sie erfuhren nichts von ihrer unehelichen Geburt und ihrer Annahme an Kindes Statt. Bis zu einem gewissen Alter ging alles gut. Die günstige Umwelt schien den Weg des Kindes ganz und gar zu bestimmen. Dann aber brach die Natur der triebhaft-unbeherrschten Mutter oder die des ihm ganz unbekannten asozialen Vaters durch, und es gab kein Halten mehr.

Lassen Sie es mit diesen Hinweisen genug sein und lassen Sie uns, bevor wir zum Schlusse kommen, noch zwei weitere Tatsachen feststellen. Die eine knüpft an die Bedeutung der Umwelt an und läßt sich so formulieren: Ein ganz oder fast ganz normal geartetes Kind kann in einer ungünstigen Umwelt schwere Verbildungen seines Charakters erleiden. Es kann trotzig, reizbar, unwahrhaftig, neidisch, mißgünstig, eigensüchtig, diebisch, sittenlos, geschlechtlich unbeherrscht werden, und was Sie sonst an ungünstigen Eigenschaften und Formen der Verwahrlosung, an kindlichem Leiden, kindlicher Entgleisung noch nennen wollen. Diese Kinder sind neurotisiert, aber es sind keine Psychopathen in unserem Sinne. Es wird zweckmäßig sein, sie als Pseudopsychopathen, Milieuabnorme oder Fehlerzogene abzutrennen, wie sich dies auch in Frankreich und Belgien bereits eingebürgert hat.

Die zweite Tatsache knüpft an die Bedeutung der Typenlehre an. Sie läßt sich so ausdrücken: Die gleiche in der Anlage begründete abnorme Erscheinung hat ganz verschiedene Bedeutung je nach dem Typus, dessen Äußerung sie ist. Als Beispiel wähle ich die umtriebige Unruhe. Wir finden sie bei den Hyperthymischen als Auswirkung hemmungsarmer Hochgestimmtheit; bei den Mißvergnügten, Antriebsreichen ist sie Äußerung des impulsiveren Wesens eines freudlosen Kindes, bei den Unsicheren ein Zeichen ängstlich-unruhigen Suchens nach Behagen und Geborgenheit, die sie nicht finden können, bei konstitutionell Nervösen ein Symptom der übererregbaren und ermüdbaren Schwäche, die immer neuen Wechsel, immer neue Reize sucht, ohne die Kraft, sie lustvoll zu verwerten und zu genießen. Würden wir alle diese Kinder als „Unruhige“ kennzeichnen und sie gleich behandeln, indem wir die Unruhe, also eine äußere Erscheinung in derselben Weise zum Angriffspunkt unserer Bemühungen machen, so begingen wir einen großen Fehler und kämen nicht zum Ziele.

Im Rahmen dieser Übersicht bleibt uns jetzt noch die Aufgabe, kurz zusammenzufassen, was die Typologie für die Erkenntnis der Psychopathien und für die Psychopathenfürsorge leistet, und wo ihre natürlichen Grenzen liegen.

1. Ohne den Versuch der Typenbildung gibt es keinen Überblick über die mannigfaltigen angeborenen psychopathischen Anlagen. Die Typologie sucht das Wesentliche zu erfassen, was den einander ähnlichen Psychopathen gemeinsam ist, und wodurch sie sich von anderen Psychopathen und von den seelisch Ausgeglichenen und Unauffälligen, den Normalen unterscheiden. Die Typologie schafft also eine Ordnung nach psychologischen und sozialpsychologischen Gesichtspunkten, welche den Kern der seelischen Regelwidrigkeiten bezeichnet. Sie schafft damit auch ein wichtiges Hilfsmittel internationaler Übereinkunft und Verständigung.

2. Mit Hilfe der Typologie bestimmen wir zugleich eine der wesentlichen Grundrichtungen, in welcher sich das Leben des psychopathischen Kindes aus seiner Anlage heraus entwickelt. Wir erkennen seine bevorzugte Reaktionsart auf die Reize und Schädigungen des Lebens und das Grundgesetz seiner Entwicklung. Wir gewinnen so die wichtigsten Anhaltspunkte für die soziale Prognose und Prophylaxe.

3. Es genügt aber nicht, ein Kind nach seinem Typus abzustempeln. Innerhalb seines Typus ist und wird ein jedes Kind ein besonderes Individuum mit einer persönlichen qualitativen Mischung von einzelnen Anlagen und mit der persönlichen quantitativen Ausprägung derselben unter dem Einfluß seiner Umwelt.

4. Diese Einsicht bewahrt uns davor, von der Typologie mehr zu verlangen, als sie ihrem Wesen nach leisten kann. Wir dürfen die Typen nicht als in der Wirklichkeit scharf abgegrenzt vorkommende Gebilde betrachten. Sie sind Spielarten, Varianten menschlicher Artung mit fließenden Grenzen.

5. Erst aus der Konvergenz von Anlage und Umwelt verstehen wir die Entwicklung des einzelnen Kindes und die Gestaltung seines Lebens. Auf dieser Grundlage können wir ihm um so besser und sicherer helfen, je genauer wir beides kennen. Wir geben weder dem einen noch dem anderen Faktor grundsätzlich den Vorrang; denn wir wissen, daß er in einem Falle der Anlage, in einem anderen der Umwelt zuerkannt werden muß. Im Individuum verschmilzt beides zu einem geschlossenen Ganzen im Laufe des Lebens.

6. Die individuelle Charakterologie ist ein Ziel auch des Studiums des psychopathischen Kindes, die psychologische Typologie eines ihrer fundamentalen wissenschaftlichen Hilfsmittel. Denn in jede Äußerung und jede Handlung geht der Grundtypus irgendwie ein, aber auch die gesamte Einheit dieser psychophysischen Persönlichkeit, so wie sie gerade in diesem Augenblick ihrer Lebenskurve Gestalt gewonnen hat.

Aussprache.

Auf eine Bemerkung von *Cimbal*-Altona, daß es sich bei der von Prof. *Homburger* zusammengestellten Typologie nicht um eine Typologie der Strukturen, sondern um eine Verständigungstypologie handle, sowie auf eine Bemerkung von Dr. *Margarete Böhner*-Düsseldorf, daß bei einer Typologie die Anlage, nicht das Verhalten berücksichtigt werden solle, erwidert *Homburger* zunächst, daß diese Typologie nicht von ihm „erfunden" sei, sondern daß er sie zusammengestellt habe aus den im In- und Auslande gebräuchlichen Typologien für psychopathische Persönlichkeiten. Dadurch sei auch die Vermischung von Verhaltungsweisen und Konstitutionen, wie sie in der Tabelle enthalten sei, entstanden. In Übereinstimmung mit dem Vorsitzenden betont *Homburger*, daß es sich um eine Typologie handelt, die aus den gemeinsamen Erfahrungen von Psychiatrie und Psychologie im Laufe der Jahrzehnte entstanden sei, und daß es sich nun erweisen müsse, welche Tragfähigkeit diese „primitive" Typologie für Wissenschaft und Praxis besitzen werde. „Die Gesichtspunkte, nach denen diese Gliederung erfolgt ist, sind insoweit einheitlich, als eine Gruppe von einfachen formalen (primitiven) Persönlichkeitsanteilen einer anderen Gruppe von Ich-Umweltbeziehungen gegenübergestellt wird, die gleichfalls nach möglichst einfachen psychologischen Merkmalen gegliedert ist."

Neurath-Düsseldorf wünscht eine scharfe Trennung zwischen Psychopathen und Schwachsinnigen.

Kramer-Berlin und *Stern*-Hamburg betonen bei aller Wichtigkeit des Versuches einer Typologie die Schwierigkeit, die Anlageform aus der Persönlichkeit des Kindes sauber herauszuschälen. Die Frage sei noch nicht hinreichend geklärt, inwieweit Dinge, die im Verhalten eines Kindes nach außen hin unabhängig voneinander scheinen, doch psychologisch in gemeinsamer Grundlage fundiert sind. Wenn wir z. B. bei einem psychopathischen Kinde zwei Züge zusammenfinden, die Veranlassung dazu geben, es zwei verschiedenen Typen zuzuordnen (etwa mißtrauisch und erregbar), so wissen wir noch nicht, inwieweit in diesen beiden Zügen *eine* psychologische Grundlage zum Ausdruck kommt, oder inwieweit diese beiden Eigenschaften, ohne eine gemeinsame psychologische Grundlage zu haben, nebeneinander herlaufen. *Kramer*-Berlin weist gerade in diesem Zusammenhang erneut darauf hin, daß die Milieueinflüsse angesichts der Plastizität des psychopathischen Kindes so stark umgestaltend wirken können, daß es außerordentlich schwer sei, den ursprünglichen Typus überhaupt zu erkennen. Lange Forschungen seien nötig, um dahin zu gelangen, daß der Grundtypus, der konstitutionelle Typus, durch den Mantel, der durch die Milieueinflüsse geschaffen wird, erkannt werde.

Stern-Hamburg weist als Beispiel für die Milieubedingtheit vieler Verhaltensweisen auf das Adoptivkind hin. Es gäbe Fälle, in denen Kinder, obgleich in ein vorzügliches Adoptivmilieu gebracht, späterhin doch Rückfälle in die „ungünstige erblich bestimmte Antisozialität" zeigten. „Ich halte es nicht für ganz berechtigt, hierfür allein den Durchbruch von angeborenen Eigenschaften verantwortlich zu machen, denn auch das Adoptivmilieu selbst ist doch, so günstig es sein mag, in gewisser Hinsicht abnorm für das Kind. Es fehlen die Blutsbande, und die Adoptiveltern sind geneigt, in der Erziehung viel stärker auf vielleicht geringfügige Anzeichen charakterlicher Mängel zu achten und zu reagieren, eben weil sie hierin Spuren der zu überwindenden Erbmasse sehen. Dadurch kann Bewußtheit und Befangenheit bei Adoptiveltern und -kind entstehen"[1].

Stern regt an zu einer gründlichen individual- und sozialpsychologischen Durchforschung dieses Problems.

Dr. *Margarete Böhner*-Düsseldorf teilt hierzu aus den Erfahrungen der Düsseldorfer Adoptionsvermittlungsstelle mit, daß von etwa 3000 vermittelten Kindern

---

[1] Vgl. auch *E. Hapke*: Über die Bedeutung des Anlagefaktors im verbrecherischen Charakter. Leipzig 1929.

noch nicht zwei in ihrer Praxis vorgekommen seien, bei denen bei gutem Adoptivmilieu sich später Rückfälle in „erblich bestimmte Antisozialität“ bemerkbar gemacht hätten.

Auf eine Anfrage *Sterns*, ob es nicht gefährlich sei, in einem Heim für psychopathische Kinder mehrere Vertreter eines Typus gleichzeitig unterzubringen, ob sich diese Vertreter nicht in ihren Schwierigkeiten gegenseitig steigern, erwidert *Homburger*, daß die Umtriebigen, Unruhigen, Hyperthymischen und Phantasten sich gegenseitig steigern, die andern im großen und ganzen nicht oder viel seltener. „Es ist klar, warum: wer nach außen hin äußerungsreich ist, regt zur Nachahmung an, wer äußerungsarm ist, nicht. Die *Extro*vertierten im Sinne *Jungs* können sich steigern, die *Intro*vertierten nicht. Kinder mit Depressionen sind im großen und ganzen nicht ansteckend, man kann sie auch isolieren, aber zwei Hyperthymische oder zwei reizbare Phantasten zu trennen ist ungeheuer schwierig.“

Goldbeck-Löwe-Neustadt und *Lewandoski*-Berlin weisen auf die bedeutsame Rolle, die die Capillarmikroskopie bei der Erkennung des Anlagefaktors spiele, hin; *Kramer*-Berlin warnt davor, im augenblicklichen Stadium dieser Forschung schon praktische Schlußfolgerungen für die Psychopathenforschung daraus zu ziehen. „Wir sind noch nicht in der Lage, ein einheitliches System darauf aufzubauen.“

Die Bedeutung der Bestrebungen der psychischen Hygiene für die Psychopathenfürsorge.

Von

Professor Dr. phil. et med. **W. Weygandt**, Hamburg-Friedrichsberg.

Die Idee der psychischen Hygiene ist nichts ganz Neues, sondern vor Jahrzehnten schon brachten manche psychiatrische Lehrbücher Absätze über Vorbeugung der Geistesstörungen und Hinweis auf Hygiene der Zeugung, Kindheit und Erziehung, Pubertät, Berufswahl und auf die Spezialprophylaxe, besonders hinsichtlich der Genußgifte und Geschlechtskrankheiten. Auch *Kraepelin* schuf in seinen psychologischen Studien und den Schriften „über geistige Arbeit“ (1894), „zur Hygiene der Arbeit“ und „zur Überbürdungsfrage“ wertvolle Vorarbeiten.

Eine besondere Bewegung erstand erst auf Grund der Anregung von *Clifford Beers* in Amerika mit seinem Buch „A mind that found itself“, in das eigene Erlebnisse hineinverarbeitet sind. Er und Professor *Adolf Meyer* in Baltimore haben zunächst in Amerika die Gesamtheit aller Möglichkeiten einer Hebung der Hygiene in psychischer Hinsicht zum Gegenstand ihrer Bestrebungen gemacht. Es erstand eine internationale Organisation, deren deutsches Glied der Verband für Psychische Hygiene darstellt, den Professor *Sommer* in Gießen in das Leben gerufen und geraume Zeit allein vertreten hat.

Der Aufgabenbereich der psychischen Hygiene ist in den verschiedenen Ländern nicht gleich. Gerade in Amerika und auch in romanischen Ländern harren vielfach hygienische Forderungen gegenüber der regelmäßigen Irrenpflege noch der Erfüllung. In Deutschland, wo im allgemeinen die gesetzlich verpflichteten Instanzen, wie die preußischen Provinzen, die bayrischen Kreise, die einzelnen Länder und einige Großstädte ihrer gesetzlichen Aufgabe, die asozial gewordenen Geisteskranken in ärztlich geleiteten Anstalten zu bewahren und zu behandeln, mit Eifer und großem Aufwand von Mitteln nachkommen, sind manche Forderungen längst erfüllt, die anderswo noch berechtigt sind. Aber unsere bisherige Organisation des Anstaltswesens berücksichtigte nicht ausreichend, daß es nicht nur die asozialen, internierungsbedürftigen Geistesabnormen gibt, sondern daß der ganz allmähliche Übergang von der Vollwertigkeit zum seelischen Mangel eine große, ja die größere Zahl der geistig Abnormen außerhalb der eigentlichen Anstaltsbehandlung läßt. Außerdem aber, und das betrifft das höchste Ziel der psychischen Hygiene, wurde auf psychischem Gebiet nicht energisch genug betont und betätigt, daß Vorbeugen besser ist als heilen. Für diesen Gesichtspunkt, der in Amerika zu energischen gesetzgeberischen Aktionen, wie Eheverboten oder Unfruchtbarmachung Minderwertiger geführt hat, bleibt bei uns noch vieles nachzuholen.

Nach diesen zwei Richtungen hat der deutsche Verband zu arbeiten. Auf seiner ersten Tagung am 20. September 1928 wird er eine Übersicht der Arbeitsgebiete geben, über deren jedes von einem besonders kompetenten Kenner referiert werden wird.

In gewissem Sinne gilt für die psychische Hygiene und für die Psychopathenfürsorge der Grundsatz des getrennten Marschierens und vereinten Schlagens. Allerdings ist der deutsche Verband als eine Art Mantelorganisation aufgebaut, der zahlreiche Verbände mit verwandten und teilweise spezielleren Zielen sich bereits angeschlossen haben.

Das Programm spiegelt die sehr mannigfachen Richtungen psychohygienischer Betätigung wider, wobei hervorzuheben sind die in Verbindung mit dem Anstaltswesen stehenden Bestrebungen, so die Familienpflege, die offene Fürsorge, die Hilfsvereine für entlassene Geisteskranke. Weiterhin die Fürsorge für Schwachsinnige, Epileptiker, jugendliche Psychopathen, sittlich Gefährdete, Trinker, Kriminelle. Sodann die eigentliche Vorbeugung, hinsichtlich der Psychotechnik und der Berufseignungsprüfung, der Beziehungen zwischen der Arbeit und Erholung, Leibesübungen, der Großstadteinflüsse, des wieder so bedrohlich angewachsenen Alkoholismus und der Rauschgifte, des Sexuallebens, der Vererbung; schließlich die Aufklärung auf psycho-hygienischem Gebiet.

Verfolgt man nun die Anamnese der im späteren Leben Entgleisten, der Kriminellen, zahlreicher Alkoholisten, Rauschgiftsüchtigen, Sexualpsychopathen usw., so ergeben sich oft schon in früher Jugend auffallende Züge. Je eher und zweckdienlicher die Fürsorge für die jugendlichen Psychopathen einsetzt, um so mehr läßt sich günstiges hinsichtlich der Lebensführung dieser Kandidaten erwarten.

Die klinische Psychiatrie bemüht sich in zunehmendem Maße, die prämorbide Persönlichkeit festzustellen. Der frühere große Sammeltopf jugendlicher Schwachsinniger, der Idioten und Imbezillen, ist längst nicht mehr zeitgemäß, so daß in diesen Fällen erst nach der speziellen Art und Ursache geforscht werden muß, wobei sich eine große Reihe von Sondergruppen jugendlicher Defektzustände, gegen 50 mindestens, feststellen lassen.

Ähnlich verhält es sich mit den jugendlichen Psychopathen, wenn schon das Zurücktreten körperlicher Symptome bei ihnen die Aufgabe erschwert. Viele, die in der Jugend schlechtweg als Psychopathen bezeichnet wurden, können im späteren Leben die allerverschiedensten Störungen aufweisen. Darunter finden sich zahlreiche Schizophrene, die in der Kindheit und Jugend manchmal durch auffallende psychische Züge, etwa Reizbarkeit, Gemütsflachheit, Absonderlichkeit, Bizarrerie, Maniriertheit, Menschenscheu, Autismus, Negativismus auffielen, während andere wieder als Musterschüler galten, aber gerade in dieser Eigenart oft einen Mangel an Einfühlung, eine Weltfremdheit, eine einseitig intellektuelle Einstellung erkennen liessen. Andere wieder zeigten in der Jugend schon leise Andeutungen von Zyklothymie, wieder andere von Pseudologie. *Meggendorfer* hat beispielsweise in Familien von Huntingtonscher Chorea, dem furchtbaren, erblich familiären progressiven Veitstanz, der auf dominant erblicher Basis meist im fünften Jahrzehnt hervorzutreten pflegt, Jugendformen beschrieben, die zunächst lediglich einen psychopathischen Eindruck erwecken.

Angesichts dieser großen Mannigfaltigkeit in den Grundlagen der Jugendpsychopathie ist es dringend erwünscht, derartige Spezialformen möglichst früh zu erkennen, auch um die therapeutische Beeinflussung und die Vorhersage danach zu richten.

Zu diesem Zweck wurde in Hamburg schon vor dem Kriege beschlossen, ein Jugendhaus in Friedrichsberg einzurichten. Die Insassen dieses Hauses sollen nicht unter das Irrengesetz fallen und somit nicht bei der Aufnahme der Kontrolle eines Physikus unterstehen. Das Haus 23 (auch genannt nach dem früheren langjährigen Mitglied des Krankenhauskollegiums „Haus Deseniß“) liegt unweit des Vorortbahnhofes Friedrichsberg, doch bedeutet dessen Nähe für die Großstadtjungen nichts Ungemütliches. Das Haus ist in freundlichem Stil erbaut mit zwei hohen Dachgiebeln und einem Mittelteil, von dem eine durch ein Glasdach geschützte Veranda vorspringt. Im Untergeschoß sind zwei Tagesräume, die auch als Eßzimmer dienen, dann ein helles Schulzimmer und ein Lehrmittelzimmer mit umfangreichen Sammlungen, auch von Bildern, Präparaten, Mustern, ausgestopften Tieren, sowie Aquarium, weiterhin ein großer Saal für handwerkliche Beschäftigung, woselbst auch Handwerksmeister sich dem Unterricht und der Überwachung der arbeitenden Jungen widmen, insbesondere Tischlerei, Flechterei, Buchbinderei. Außerdem sind dort Arztzimmer, Badezimmer und Anrichteküche. Im oberen Stockwerk sind vorwiegend Schlafräume, im Dachgeschoß ein Magazin. Vor dem Haus ist ein geräumiger Ziergarten angelegt; aus einem kleinen Teich mit zwei Springbrunnen erhebt sich eine in Stein gehauene Figur, Putto mit einem Hund; geeigneten Jungen werden Beete zur selbständigen Bepflanzung überlassen. Der rückwärtige Gartenplatz ist mit Rücksicht auf etwaige fluchtverdächtige Elemente mit einer sogenannten versenkten Mauer umgeben, indem eine Drahtgeflechteinfriedigung von 1,50 m Höhe nach innen unten in eine senkrechte Betonwand von etwa 1,50 m übergeht, von der sich eine bewachsene Böschung nach dem eigentlichen Gartenplatz erhebt. Dieser Teil ist ausgestattet mit Turngeräten, einem Planschbecken, einer Sandkiste, Ställen für Kaninchen und Meerschweinchen, sowie einem großen Vogelkäfig. Neben dem Haus findet sich ein größerer Platz für Ballspiele. Im Dachboden ist ein Taubenschlag untergebracht.

Das Haus nahm ursprünglich die verschiedensten Fälle jugendlicher Defektzustände auf und ging auch in der Altersgrenze ziemlich hoch, bis zu 19 Jahren. Die intellektuellen Schwachsinnigen, darunter viele organisch Kranke, auch Fälle von luigenem Schwachsinn, Mongolismus, Athetose usw. sind später meist auf andere Krankenabteilungen verlegt worden, so daß das Haus jetzt immer mehr seine eigentliche Aufgabe erfüllt: psychopathische Jugendliche sollen hier mit allen Mitteln der Psychiatrie und Heilpädagogik untersucht, beobachtet und begutachtet werden. Dazu dient die ausgiebige Möglichkeit eingehendster körperlicher Prüfung, unter Heranziehung der Prüfungen auf Syphilis, auf Abbaureaktionen des Nervensystems und der innersekretorischen Drüsen, auf experimental-psychologisch festzustellende Eigentümlichkeiten usw. Oberarzt Dr. *Villinger*, der Hamburger Jugendamtspsychiater, wirkt hier als beratender Jugendpsychopathologe, und Hauptlehrer *Gerhardt*, der viele Jahre die Schule der Alsterdorfer Anstalten für schwachsinnige und epileptische Jugendliche geleitet hat, ist als Heilpädagoge tätig. Es ist zweifellos, daß die dadurch ermöglichte Differenzialdiagnose doch vielfach zu einer präziseren Prognose und einer geeigneteren Auswahl der Unterbringung zahlreicher Jugendlicher beiträgt. Die Behandlungs- und Beschäftigungsgelegenheiten sind an sich mannigfach, doch kann, da die fertig untersuchten und beobachteten Jungen ja dann gewöhnlich von seiten der Jugendfürsorgebehörde in eine andere, dauernde Unterkunft gebracht werden, die Therapie gewöhnlich nicht sehr lange ausgedehnt werden, so daß die Heilerfolge in der Regel nur Ansätze bieten.

Erwähnt sei, daß neben diesem meist gutbesetzten, im ganzen 30 Plätze fassenden Hause auch noch eine Reihe anderer jugendlicher Defektfälle in Friedrichsberg untergebracht sind, in geeigneten Pavillons, eine größere Gruppe weiblicher in einem der Häuser zusammengelegt, einige auch in den offenen Nervenstationen, so daß die im ganzen etwa 1900 Betten aufweisende große Anstalt für Geistes- und Nervenkranke sozusagen eine Psychopathen-, eine Schwachsinnigen- und eine Epileptiker-Anstalt einschließt. Zur Zeit sind 113 Epileptiker, 42 Idioten, 95 Imbezille, 6 Debile, 33 jugendliche Psychopathen und 21 ältere Psychopathen untergebracht. Anzufügen ist, daß in den letzten zehn Jahren von Friedrichsberg 35 wissenschaftliche Arbeiten aus dem Gebiet der Jugendpsychopathologie veröffentlicht worden sind.

So arbeitet die erste Anstalt Hamburgs für Geistes- und Nervenkranke eifrig mit an dem Problem der Fürsorge für jugendliche Psychopathen. Vor allem soll sie auch eine Vermittlung darstellen zwischen den verschiedenartigen Gruppen psychisch Gestörter, und zwar gerade auch zwischen den asozial erkrankten, geschlossener Behandlung bedürftigen Fällen und den so viel zahlreicheren, die außerhalb der Anstaltsinternierung in der Großstadt leben, aber doch als Objekt einer psychopathologischen Fürsorge in weiterem Umfange gelten müssen. Gewiß sind noch nicht alle Ratschläge hinsichtlich einer zweckmäßigen Organisation und Arbeitsgemeinschaft sämtlicher sich dem Dienste an den psychisch Minderwertigen widmenden Persönlichkeiten und Instanzen erfüllt, aber es ist doch auch in Hamburg schon viel geschehen, was für die allgemeinen Bestrebungen der psychischen Hygiene, wie auch das spezielle Problem der Fürsorge für jugendliche Psychopathen von Bedeutung ist.

Maßnahmen zur Verhütung der Straffälligkeit in Amerika.

Von

Dr. **Frankwood E. Williams**, New York.

Medical Director, The National Comitee for Mental Hygiene, New York City.

Zunächst muß ich um Geduld und Nachsicht bitten. Dies ist das erstenmal, daß ich versuche, einen Vortrag in deutscher Sprache zu halten. Vor mehreren Monaten und einige dreitausend Meilen von hier entfernt, gehörte kein besonderer Mut dazu, zu sagen, daß ich deutsch sprechen würde. Mit dem Heranrücken des Zeitpunktes jedoch ist mein Mut allmählich immer mehr zusammengeschmolzen und jetzt, wo ich vor Ihnen stehe, scheint mir die Aufgabe, die ich mir gestellt habe, ein wenig kühn. Ich hatte gehofft, daß ich, wenn ich deutsch spreche, von einer größeren Zahl von Ihnen verstanden werden würde; aber es könnte sich herausstellen, daß mein bedauerlicherweise recht armseliges Deutsch schwieriger zu verstehen ist, als wenn ich englisch gesprochen hätte. Aber, indem ich nochmals um Nachsicht bitte, will ich den Versuch doch wagen. Meine Absicht ist jedenfalls gut gewesen, wenn auch die Ausführung dahinter zurückstehen mag.

Ich schätze es als einen Vorzug und als ein ungewöhnliches Vergnügen, wenn ich zu Ihnen sprechen und versuchen darf, einiges von unseren Maßnahmen in den Vereinigten Staaten zur Verhütung der Straffälligkeit zu berichten. Ich komme nicht hierher, um stolz mit diesen Bemühungen vor Ihnen zu paradieren, sondern weit eher, um Ihnen zu berichten, was wir versucht haben, aus dem Erbe zu machen, das wir von Ihnen erhalten haben. Denn auf einem Erbe von Ihnen beruht alle Arbeit, die wir getan haben. Amerikanische Neurologie ist inspiriert worden von englischer, französischer und deutscher Neurologie. Die amerikanische Psychiatrie ist jedoch fast gänzlich auf deutscher Psychiatrie aufgebaut. Viele deutsche Gelehrte haben zu unserem Wissen in Amerika beigetragen, aber ganz besonders sind wir in unserer Arbeit beeinflußt und geleitet worden von *Kraepelin* in München, *Bleuler* in Zürich, *Freud* in Wien und in neuerer Zeit besonders auf dem Gebiet, das wir Child Guidance Work genannt haben, von *Otto Rank* aus Wien, jetzt in Paris. Von diesen Männern und ihren deutschen Kollegen kommt unser Wissen, unsere Bezeichnungen, unsere Methoden, unsere Ansichten, unsere Denkweise, der Geist unserer Arbeit. Ich will damit natürlich nicht sagen, daß wir sklavisch jede Äußerung aus München, Zürich oder Wien übernommen haben. Wir selbst haben hier und da etwas hinzugefügt, wir haben modifiziert, verworfen, aber die Tatsache bleibt bestehen, daß die amerikanische Psychiatrie wesentlich deutsch gewesen und auch geblieben ist. Und daß wir in einer Schuld stehen, die niemals bezahlt werden kann; es sei denn durch freie und offene Anerkennung, Achtung, freundschaftlichen Geist und durch den würdigen Gebrauch des Gelernten.

Amerika hat bisher noch keinen großen Psychiater hervorgebracht, groß im Sinne origineller pathologischer Forschung, die wesentlich zur Bereicherung der allgemeinen Menschenkenntnis beigetragen hätte. Wir haben außerordentliche fähige Psychiater, die Kliniken und Heilanstalten von hoher Vollendung begründet haben. Die Originalität jedoch, die sich bisher gezeigt hat, liegt nicht so sehr auf dem Gebiet der klinischen und der experimentellen Forschung, sondern auf dem Gebiete der sozialen Forschung, d. h. in der Anwendung des psychiatrischen Wissens, seiner Methoden und Gesichtspunkte auf die Lösung schwieriger sozialer, pädagogischer und wirtschaftlicher Probleme wie Straffälligkeit, Gefährdung, Verwahrlosung usw. In Amerika werden diese verschiedenen Bestrebungen zusammengefaßt unter der Bezeichnung „Sozialpsychiatrie“ oder „mental hygiene“[1]. Wie es oft bei der Bezeichnung von Dingen der Fall ist, ist keine von beiden eine völlig befriedigende, aber jede ist brauchbar. Jeder Psychiater von einiger Bedeutung in Amerika ist an diesen Problemen interessiert und widmet in irgendeiner Weise ihrem Studium einen beträchtlichen Teil seiner Zeit. Einige von ihnen haben außergewöhnlichen Scharfsinn gezeigt in der Anwendung psychiatrischer Methoden auf soziale Probleme und in dem Ausbau öffentlicher, klinischer Einrichtungen oder Spezialkliniken für die Behandlung dieser Probleme. Es ist mein Eindruck, obwohl ich nicht so gut unterrichtet bin, wie ich wünschte, daß wir wahrscheinlich in Amerika auf diesem Gebiet mehr tun als irgendwo anders. Wenn dies wahr ist, so sollten wir uns dessen nicht besonders rühmen; denn der Hauptgrund dafür liegt zu offensichtlich in äußeren und zufälligen Umständen. Wir hatten zum Glück für uns die Geldmittel, um diese Dinge zu tun. Da unsere Gedanken auf dem Gebiete der Psychiatrie so direkt von Ihren Gedanken befruchtet sind, kann man nicht erwarten, daß uns Dinge begegnet sind, die nicht auch schon von den Führern der Psychiatrie in Deutschland bemerkt worden wären; und ich glaube sicher, daß ich nicht imstande sein werde, Ihnen irgend etwas von hervorragender Bedeutung zu berichten, das Ihnen neu sein wird. Wenn es wahr ist, daß wir in den letzten Jahren imstande gewesen sind, Ideen und Pläne in größerem Maße zu verwirklichen, als Sie dies hier tun konnten, dann könnten Ihnen vielleicht einige unserer praktischen Erfahrungen nützlich sein. Von diesem Gedanken geleitet, werde ich versuchen, Ihnen, so einfach ich kann, den Weg zu beschreiben, auf dem wir zu unserer jetzigen Arbeitsweise gekommen sind: die Arbeit, wie wir sie jetzt ausführen, und die Richtung, in der unsere Gedanken, belehrt durch vergangene und gegenwärtige Erfahrung, gehen, wenn wir an die Zukunft denken.

Unsere heutige Arbeit stand natürlich nicht mit einem Male fertig da. Sie ist vielmehr entstanden aus einer Reihe von Einflüssen und hat sich langsam Schritt für Schritt und Jahr für Jahr als Resultat der gemachten Erfahrungen entwickelt. Ich werde hier in der Haupt-

[1] Ich weiß nicht, wie der Ausdruck „mental hygiene“ auf Deutsch übersetzt werden sollte. Der eine übersetzt es mit „seelischer“, ein anderer mit „psychischer“, noch ein anderer mit „Geistiger Hygiene“. Meiner Meinung nach vermittelt keine einzige von diesen Übersetzungen unsere volle Bedeutung; der englische Ausdruck umfaßt etwas von allen diesen Wörtern. [Es wird deswegen im Folgenden von mental hygiene gesprochen werden. Anm. d. Herausgebers.]

sache die psychiatrischen Einflüsse aufzeigen, obwohl ich versuchen werde, von Zeit zu Zeit auch die anderen Kräfte anzudeuten, die am Werke gewesen sind.

Das Eingreifen des Psychiaters auf sozialem Gebiet war ein sehr natürliches und logisches und wuchs hervor aus einem ursprünglichen Interesse, ja mehr aus einer Verantwortung, die ausgesprochen die seine war, nämlich die Verhütung geistiger und nervöser Erkrankungen. Als er sich an diese Aufgabe machte, hatte er keine vorgefaßte Meinung bezüglich sozialer Probleme. Er war wahrscheinlich weit eher schlecht als gut informiert hinsichtlich der sog. sozialen Probleme, und er ahnte kaum, daß diese in irgendeiner Weise ihn oder seine Arbeit angingen, es sei denn, in seiner Eigenschaft als Staatsbürger. Er nahm an, wie die meisten guten Bürger, daß der Jurist, der Erzieher, der Fürsorger (social-worker), die Eltern wohl wußten was sie tun, und daß sie, abgesehen von einer gewissen menschlichen Schwäche, die er ja auch in seiner Arbeit erkannte, ihre soziale Funktion, so gut wie nur möglich, erfüllten. Sein Arbeitsgebiet lag ganz für sich da mit wenig Beziehungen zu diesen. Er wünschte nur seine Aufgabe gut zu erfüllen, so wie die anderen die ihre erfüllten. Ohne in irgendeiner Weise in die beruflichen Vorrechte anderer eingreifen zu wollen, ja fast naiv wie es uns jetzt erscheint, unternahm er es, die Möglichkeiten zur Verhütung geistiger und nervöser Erkrankungen zu untersuchen. Sein Interesse war in erster Linie medizinisch; sozial nur insofern, als geistige und nervöse Erkrankungen an sich ein bedeutendes soziales Problem darstellen.

Daß nervöse und geistige Erkrankungen ein bedeutendes soziales Problem sind, davon war er überzeugt. Es gibt in den Vereinigten Staaten etwa 200 öffentliche Hospitäler für Geisteskranke die von den verschiedenen Staaten oder von der Bundesregierung unterhalten werden. Diese nehmen nur begutachtete Geisteskranke auf, nicht aber Schwachsinnige und Epileptiker — bis auf gewisse Ausnahmen — noch an Neurosen Leidende. In diesen Heilanstalten ist ein Kapital von 246348925,52 Dollar investiert (165 Hospitäler)[1]. Die jährlichen Unterhaltungskosten belaufen sich auf annähernd 63673159,60 Dollar (165 Hospitäler)[1]. Jedes Jahr werden in diesen Hospitälern etwa 70000 *neue* Patienten aufgenommen. Im Staat New York allein beträgt der jährliche Nettozuwachs an Patienten 1891 (1927). Obgleich New York jetzt etwa 16 staatliche Hospitäler für Geisteskranke hat — eins von ihnen beherbergt über 7000 Patienten — würde es für den Staat New York nötig sein, alle 2 Jahre ein neues öffentliches Hospital zu errichten, um mit der steigenden Zahl von Patienten

[1] U. S. Census Report on Patients in Hospitals for Mental disease, 1923.

Schritt halten zu können. Selbstverständlich kann dies nicht geschehen, und daraus ergibt sich eine bedenkliche Überfüllung, die 30% beträgt. Fast alle staatlichen Hospitäler im ganzen Lande sind beträchtlich überfüllt.

Die Betrachtung dieser Zahlen sollte einen jeden zum Nachdenken veranlassen. Selbst die Leiter von Hospitälern, die keinen Blick für soziale Dinge hatten, wurden durch die einfachen Tatsachen der bestehenden Lage gezwungen, die Sache zu untersuchen, während Heilanstaltsleiter mit sozialem Verständnis — und glücklicherweise haben wir einige mit sehr bedeutendem sozialen Verständnis — sahen, daß hier ein soziales Problem von großer Bedeutung vorlag.

Das „National Commitee for Mental Hygiene" wurde im Jahre 1909 auf Betreiben von *Mr. Clifford W. Beers* gegründet, dessen bemerkenswertes Buch „The Mind that Found Itself" (1) die Aufmerksamkeit der Öffentlichkeit auf die bedauerlichen Zustände in vielen Heilanstalten für Geisteskranke gelenkt hatte. Das Komitee bestand damals hauptsächlich aus Psychiatern und um das öffentliche Wohl besorgten Männern, die sich zusammengeschlossen hatten, um die Lage der Geisteskranken und die Fürsorge für sie zu verbessern. Das Interesse dieses Komitees wandte sich bald den weiteren Problemen zu, Mittel und Wege zu finden und zu organisieren, um nervöse und geistige Erkrankungen zu verhüten. Heilstätten für Psychopathen wurden für die Behandlung frühzeitiger, akuter geistiger Störungen und für Forschungs- und Lehrzwecke gegründet. Ambulatorien der staatlichen Hospitäler wurden in den Wohnquartieren des Hospitalbezirkes errichtet, die die mit Bewährungsfrist (on parole) entlassenen Patienten leicht und regelmäßig zur Konsultation des Arztes aufsuchen konnten, damit weitere Anfälle verhütet würden. An diese konnte jedermann sich um Rat wenden und auch Privatärzte konnten ihre Patienten hinschicken, wenn sie fanden, daß sie den Zustand und die Nöte des Patienten nicht völlig erkennen konnten. Die Gesetze, die die Unterbringung Geisteskranker betreffen, wurden überarbeitet und Erleichterungen für die Behandlung in der Heilanstalt geschaffen (2). Die Gesetze über die Unterbringung Geisteskranker in Anstalten wurden in vielen Staaten geändert, so daß der Patient freiwillig auf seinen Wunsch ein Hospital aufsuchen konnte (z. B. bedienen sich Hunderte von Patienten dieses Gesetzes jährlich in Massachusetts). Ein Patient kann vorübergehend zur Beobachtung (gewöhnlich 15—30 Tage) in ein Hospital geschickt werden, wenn Richter oder Arzt über seinen Zustand im Zweifel sind. Ohne eine andere Formalität als die Unterzeichnung eines Formulars kann der Privatarzt einen Patienten, über dessen Zustand er im Zweifel ist, und dessen gesetzliche Unterbringung er noch nicht veranlassen will, ehe er ein sorgfältiges Gutachten des Spezialarztes des Hospitals hat, zur zeitweiligen Beobachtung in das Hospital schicken. (10 Tage in Massachusetts.) Alle diese Gesetze haben sich sehr bewährt, werden ausgiebig benutzt und sind niemals mißbraucht worden (3.)

Dies waren alles Schritte auf dem richtigen Wege, die natürlich das Ziel hatten, eine frühzeitigere Behandlung von Patienten, die an geistigen Erkrankungen litten, herbeizuführen. Aber das war noch keine *Verhütung* geistiger Erkrankungen. Es war nur eine Behandlung in einem früheren und daher hoffnungsvolleren Stadium der Krankheit.

Die Frage, die sich der Psychiater zu stellen hatte, war; wo sind die 70000 Personen, die von heute bis in einem Jahre in einem der Hospitäler für geistige Erkrankungen Platz finden werden? Wenn also jedes Jahr 70000 neue Patienten kommen — und er wußte, diese Zahl würde sich nicht so bald verringern, da die Aufnahme für neue Patienten jedes Jahr, solange man die Statistik führte, zugenommen hatte — bedeutete dies, daß in nur 2 Jahren 140000 Personen, in 5 Jahren 350000 Personen im Hospital sein würden. 700000 Menschen gehen in den Vereinigten Staaten in Häusern, Schulen, Universitäten, Bureaus und Fabriken täglich ihrer Arbeit nach, die samt und sonders für das staatliche Hospital bestimmt sind, und die alle im Laufe von 10 Jahren in einem Hospital für geistige Erkrankungen liegen werden. Wo sind diese Personen heute, und wie kann man sie ausfindig machen? Das waren die Fragen, die sich die Psychiater stellten. Da der Psychiater, entgegen der populären Annahme, wußte, daß geistige Erkrankungen selten plötzlich auftreten, sondern sich in einem ziemlich beträchtlichen Zeitabschnitt entwickeln, wußte er auch, daß viele dieser Personen Zeichen und Symptome ihres Zustandes schon jetzt zeigen mußten, und daß, wenn der Zustand nicht erkannt wurde, ernsthafte Schwierigkeiten in ihrer sozialen Einordnung sich herausstellen mußten.

Tatsächlich brauchte er keine Vermutungen über die Schwierigkeiten anzustellen, die viele dieser Patienten in ihrem täglichen Leben hatten, da die Krankengeschichten seines Hospitals ihm zeigten, wie häufig die Patienten immer wieder straffällig geworden waren. Oft handelte es sich um kleinere Vergehen, manchmal um schwerere, die sich über einen gewissen Zeitabschnitt erstreckten. Obgleich ihre Straffälligkeit nur ein Symptom ihres geistigen Zustandes zu sein schien, war dies nicht erkannt worden, und sie waren solange als Verbrecher behandelt worden, bis ihr Geisteszustand zo deutlich wurde, daß ihn auch ein Laie erkennen konnte. Seine Krankengeschichten zeigten ihm auch, wie häufig wieder andere Patienten eine Zeitlang Fürsorgeeinrichtungen in Anspruch genommen hatten, deren gewissenhafte, wohlmeinende, aber nicht gut unterrichtete Mitarbeiter erst nach Aufwendung von viel Kraft, Zeit, gutem Willen und Geld erkannten, daß der Mensch, den sie für faul, willensschwach, halsstarrig oder sonst noch etwas gehalten hatten, in Wirklichkeit ein Mensch war, der ärztlicher Behandlung bedurfte.

So angeregt, fing der Psychiater an, sich außerhalb seines Hospitales umzusehen, erstens auf der Suche nach Personen, die sozusagen auf dem Wege zu ihm waren, und zweitens nach denen, die gewissermaßen als „Patienten" zu ihm gehörten, während sie sich jetzt in den Händen anderer als „Klienten" oder „Gefangene" befanden.

Je nachdem, wie sich die Gelegenheit bot, fingen einzelne hier und dort aus eigenem Antrieb an, in bescheidenem Umfange Untersuchungen, in ihrer näheren Umgebung anzustellen. Die Ergebnisse dieser einleitenden Untersuchungen waren beinahe ein Schock, selbst für die Psychiater, und zeigten klar, daß ein ernsthafteres und umfassenderes Studium unternommen werden müßte. Die erste umfassende Untersuchung wurde von Dr. *Bernard Glueck* im *Sing Sing*-Gefängnis im Staate New York vorgenommen. Sie wurde geleitet von dem National Commitee for Mental Hygiene und ermöglicht durch eine Einladung seitens der staatlichen Gefängniskommission New York und durch eine Beihilfe der Rockefellerstiftung. Eine Klinik wurde im *Sing Sing*-Gefängnis errichtet (1916), und Dr. *Glueck* und seine Assistenten untersuchten 2 Jahre lang alle ankommenden Gefangenen. Dr. *Gluecks* Bericht zeigte (4), daß etwa 59% aller während dieser 2 Jahre aufgenommenen Gefangenen genügend weit von einem normalen Geisteszustand abwichen, um eine Diagnose stellen und die Leute nach psychiatrischen Begriffen klassifizieren zu können. (Obgleich natürlich nicht alle, in der Tat sogar nur verhältnismäßig wenige, als geisteskrank [insane] bezeichnet werden konnten.) Dieser Bericht verursachte ausgesprochene Bestürzung, und seine Genauigkeit wurde von den Juristen und vielen Laien ernsthaft in Frage gestellt. Dr. *Glueck* hatte auch besonders auf den hohen Grad von Rückfälligkeit hingewiesen. Unter Rückfälligkeit verstehen wir in Amerika die zwei- oder mehrmalige Verurteilung zu Gefängnisstrafen.

Die staatliche Gefängniskommission von New York war äußerst interessiert für Dr. *Gluecks* Bericht und ersuchte im Jahre 1918 das National Commitee for Mental Hygiene, eine ähnliche Untersuchung in den New Yorker staatlichen Jugendgefängnissen, den Instituten für jugendliche Rechtsverletzter, durchzuführen. Dies geschah, und wieder war die Zahl geistiger Anomalien der einen oder der anderen Art auffallend hoch (5). Eine andere überraschende Tatsache war die immer wiederkehrende Straffälligkeit einer bedeutenden Anzahl der Insassen der Jugendgefängnisse. Ihre Akten zeigten nicht ein oder zwei Vergehen sondern oft eine ununterbrochene Reihe, die bis in die Kindheit zurückführte. Viele von ihnen waren seit ihrer Kindergartenzeit schwierig gewesen. Sie hatten mit den Strafeinrichtungen der Volksschulen Bekanntschaft gemacht, mit den Jugendgerichten, hatten unter Schutzaufsicht gestanden, waren in Fürsorgeerziehungs- und Besserungsanstalten gewesen, hatten Bewährungsfrist erhalten usw.

Die Berichte über diese beiden Untersuchungen erregten beträchtliche Aufmerksamkeit, und ihre Feststellungen wurden oft angegriffen. Dies führte zu weiteren Untersuchungen in Gefängnissen und Jugendgefängnissen im ganzen Lande, und die Genauigkeit der New Yorker Untersuchungen wurde nur bestätigt. Es herrscht in Amerika unter gut unterrichteten Juristen, Ärzten und Soziologen kein Zweifel mehr, daß wahrscheinlich das Hauptproblem in der Behandlung der Straffälligen die Erkenntnis des Geisteszustandes — der Ausdruck ist im weitesten Sinne gebraucht — des Gefangenen oder des wegen eines Verbrechens Angeklagten ist. Es ist nicht mehr nötig zu beweisen, daß dies wahr ist. Unser Problem ist, Mittel und Wege zu finden, um einem anerkannten Zustande abzuhelfen. Bis 1922 ist eine selten große Zahl von Gefangenen in allen Teilen der Vereinigten Staaten von Psychiatern, die unter den verschiedensten Vorbedingungen arbeiteten, untersucht worden, viele auch von Mitgliedern des Stabes des National Comitee for mental Hygiene anläßlich ihrer Untersuchung des Problems der geistigen Erkrankungen und der geistigen Minderwertigkeit in etwa 30 Staaten der Union. Aber es hatten noch keine umfangreicheren Untersuchungen von Personen stattgefunden, die in Bezirksgefängnissen untergebracht waren: Die Bezirksgefängnisse sind kleine lokale Einrichtungen, in die für kürzere Zeit die Leute geschickt werden, die kleinerer Vergehen schuldig sind wie: Trunkenheit, Müßiggang, Vagabundieren, Erregung von Ärgernis, Schlägereien, kleinere Diebstähle und dergleichen.

Im Jahre 1922 ersuchte die New Yorker staatliche Gefängniskommission, die eine allgemein beratende Aufsicht über diese Bezirksgefängnisse führt, das National Commitee for Mental Hygiene, eine Untersuchung des geistigen und körperlichen Zustandes der Insassen der Bezirksgefängnisse anzustellen. Die Feststellungen dieser Untersuchungen waren nahezu überwältigend; denn sie erwiesen, daß das, was angeblich Gefängnisse waren, in Wirklichkeit — nach der Natur des menschlichen Materials zu urteilen, das sie beherbergten — kleine Hospitäler für Psychopathen waren, deren Insassen in die staatlichen Hospitäler für Geisteskranke und Defektzustände überführt werden konnten, ohne dem Krankenhaus große Schwierigkeiten in der Übernahme dieser Neuankömmlinge zu bereiten, weil sie den schon dort befindlichen Patienten so ähnlich waren. Der Prozentsatz geistiger Abweichungen erwies sich als außerordentlich hoch und die Zahl der Rückfälle als sehr groß (6). Der Prozentsatz an geistigen Abweichungen stieg in den verschiedenen Gruppen der Rückfälligen bis zu 90,3% in der Gruppe, die viermal oder öfter, einige bis zu 50mal verurteilt worden waren. Es war klar, daß wir, soweit die Bezirksgefängnisse in Frage kommen, es im wesentlichen mit abnormen Menschen zu tun hatten, die wieder und wieder ins Gefängnis hinein- und wieder herauskamen, ohne daß sie selbst oder die Gesellschaft auch nur den geringsten Vorteil davon haben konnten. Es war nicht zu erwarten, daß ein schwachsinniger Junge, der wegen Herumtreiberei festgenommen worden war, nach 10 Tagen des Müßigganges im Gefängnis besser imstande wäre sich gut zu halten; oder daß die Reizbarkeit eines Epileptikers, der wegen Streit und Schlägerei eingesperrt worden war, in irgendeiner Weise durch 30 oder mehr Tage Gefängnis gebessert werden würde, oder daß schließlich ein Hebephrener aufhören würde, ein Vagabund zu sein, nachdem er ein paar Tage im Gefängnis gesessen hat.

Die Ergebnisse dieser verschiedenen Untersuchungen waren weitreichend und zerfallen in 2 Kategorien: in solche, die man nicht nach ihrem unmittelbaren Erfolg einschätzen kann und solche, bei denen dies der Fall ist. Die ersteren sind die erzieherischen Ergebnisse, die allmählich eine völlige Neuorientierung im Studium der Straffälligkeit herbeiführen.

Wir haben gelernt, und mit *wir* meine ich: Psychiater, Juristen, Kriminalisten, Strafrichter, Schutzaufsichtsbeamte, Soziologen und Erzieher, daß das Problem der Straffälligkeit nicht durch solche einfachen und naiven Methoden gelöst werden kann wie durch harte unbeugsame Gerechtigkeit mit ihren schweren Strafen auf der einen und durch Vertrauen, Liebe und guten Willen auf der anderen Seite. In der Lösung des Problems möge für „Bestrafung" nach wie vor Raum bleiben, und guter Wille wird immer nötig sein; aber beide müssen vernünftig und den Umständen entsprechend angewendet werden. Es genügt nicht für einen Richter, daß er nur von der Schuld des Angeklagten überzeugt ist. Es ist für ihn ebenso wichtig zu wissen, ob die Behandlung, die er durch sein Urteil im Begriff ist vorzuschreiben, Gutes wirken wird, und was für ein Mensch es ist, mit dem er zu tun hat. Ebensowenig wie ein Arzt kann ein Richter etwas verordnen, ohne zuerst den Zustand dessen zu kennen, für den er sein Rezept ausfertigt. Und wenn ein Richter sein Urteil gefällt hat, dann hat er ein Rezept geschrieben. Die Überzeugung, daß ein Mann ein Dieb ist, genügt selbst für den gelehrtesten Richter nicht, um verordnen zu können, was mit dem Manne geschehen soll, damit er *aufhört* ein Dieb zu sein. Abgesehen vom gesunden Menschenverstand zeigt uns die Erfahrung, daß man von Verordnungen im großen und ganzen bezüglich der Straffälligkeit ebensowenig erwarten kann, wie von medizinischen Engrosverordnungen, durch die ein Arzt 1000 Leute einfach für „krank" erklärt und für alle ein und dasselbe Heilmittel verordnet, nämlich, daß sie 30 Tage, 1 Jahr oder irgendeine Zeit in einem sog. Hospital eingesperrt werden sollen.

Die Annahme daß die Menschen je nach ihrem Wollen entweder gut oder schlecht sind, daß sie, wenn sie nicht wollen, durch Anwendung von Zwangsmaßnahmen gut gemacht werden können, sind rein philosophische Überlegungen, die ihre Grundlage nicht in der Welt der Tatsachen haben. Es sind überkommene und darum ungebührlich respektierte Ansichten, die vor der wissenschaftlichen Beobachtung entstanden. Mit der langsamen Vermehrung unseres Wissens, mit der Entwicklung zuverlässigerer Methoden wird es möglich, das Verhalten des Menschen in seinen verschiedenen Phasen und Äußerungen besser zu verstehen. Daß solch ein Wissen, soweit wir es haben, auf Probleme, wie das der Straffälligkeit, angewendet werden muß, ist selbstverständlich. Selbst wenn unser Wissen noch unvollständig sein sollte, ist es unwahrscheinlich, daß wir schlimmere Mißgriffe tun können, als dies bereits infolge unserer größeren Unwissenheit geschehen ist. Da wir bei unseren Maßnahmen von unserem jeweiligen Wissen ausgehen, bewegen wir uns wenigstens in der richtigen Richtung und können unseren Kurs ändern, wenn neues Wissen, als Ergebnis weiterer Beobachtung und Erfahrung uns dazu veranlaßt.

Die Ergebnisse der Untersuchungen, die hier angeführt worden sind, und durch die ausfindig gemacht werden sollte, was für eine Art von Individuum ein Straffälliger ist, haben uns zu dem Schluß geführt, daß ein Dieb nicht nur ein Dieb, sondern eben ein Individuum ist, daß es sehr viele verschiedene Arten von Menschen gibt, und daß wir, ehe wir irgendeinen Fortschritt in der Resozialisierung dieses Menschen machen können, so genau wie möglich wissen müssen, was für ein Mensch gerade dieser ist. Uns muß bekannt sein, wie weit er körperlich entwickelt ist, wie sein gegenwärtiger körperlicher und geistiger Zustand ist, der Umfang seines Intellektes, seine besondere intellektuelle Begabung oder Minderwertigkeit, seine Erziehung, seine soziale Ausbildung und Erfahrung, seine natürlichen Gewohnheiten und seine Art zu reagieren, die grundlegenden Triebe und Strebungen seines Lebens. All dies scheint heute selbstverständlich genug, und man ist erstaunt über die Anstrengungen, die es gekostet hat, um zu solchen selbstverständlichen Schlüssen zu kommen. Diese Schlüsse, zu denen man schließlich gekommen ist, finden aber jetzt ihren praktischen Ausdruck in unseren Methoden der Behandlung der Straffälligen (7). Mehr und mehr erkennen die Richter der Strafgerichte, der Gerichte der Ehestreitigkeiten und der Jugendgerichte sowohl als auch die Leiter der Institute des Strafvollzugs (der Gefängnisse, der Zuchthäuser, der Jugendgefängnisse), der Zwangserziehungsanstalten, daß es wünschenswert ist, sich in irgendeiner Weise einen psychiatrischen Dienst einzurichten.

Die meisten Gerichtshöfe und Strafanstalten sind noch immer ohne solchen Dienst, aber die Haltung der Juristen hat sich in so großem Maße geändert, daß ein Ausschuß des amerikanischen Richtervereins, der offiziellen Vereinigung der amerikanischen Juristen, der diese Frage im letzten Jahre untersucht hat, in seinem Bericht das Wünschenswerte eines solchen Dienstes anempfehlen will. Eine Untersuchung, die im letzten Jahr von dem National Commitee for Mental Hygiene für die National Crime Commission über die jetzt bei den Gerichten und Strafvollzugsanstalten in den Vereinigten Staaten vorhandenen Möglichkeiten gemacht wurde, zeigte, daß 653 Gerichte von 1168 und 178 Strafvollzugsanstalten von 259 einen psychiatrischen oder psychologischen Dienst, wenn auch nur in geringem Umfang, aufweisen konnten.

Die beiden wichtigsten Schritte wurden jedoch in den Staaten New York und Massachusetts getan. New York ändert allmählich seine gesamte Methode in der Behandlung der Straffälligen. *Sing Sing*, das Hauptgefängnis des Staates, wird in ein ,,clearing house" verwandelt, durch das alle Gefangenen gehen werden, die wegen eines Vergehens verurteilt sind. In *Sing Sing* ist eine ausgezeichnete Anstalt errichtet worden, die als ,,Klassifikationsklinik" dienen soll. In dieser Klinik wird jeder Gefangene, sobald er in das Gefängnis eingeliefert worden ist, um seine Strafe zu verbüßen, untersucht werden. Diese Untersuchungen sollen sehr gründlich sein und körperliche, neurologische, psychiatrische, psychologische Untersuchung umfassen; ebenso wird der Bildungsstand und die soziale Lage des Patienten geprüft werden. Auf das Ergebnis dieser Untersuchungen wird sich dann die endgültige Entscheidung bezüglich dieser Person stützen. Je nachdem wird bestimmt werden: der Typ des Gefängnisses, dem er überwiesen werden soll, die Art der Arbeit, die ihm zugewiesen wird, die medizinische, psychiatrische, erzieherische Behandlung, die angewendet werden soll, die Festsetzung der Bewährungsfrist oder die Frage der dauernden Überführung in eine andere staatliche Anstalt, nicht in ein Gefängnis, sondern eine Anstalt für Individuen seines Typs, die nicht imstande sind, sich einer komplizierten Umgebung anzupassen, die aber hier bequem, zufrieden und, bis zu einem gewissen Grade, produktiv in einer für sie geschaffenen Umgebung leben können. Um eine größere Elastizität in dem Gefängnissystem selbst herbeizuführen, sollen die verschiedenen staatlichen Gefängnisse spezialisiert werden; einige in Gefängnisse, mehr geeignet für Individuen mit geringeren geistigen Fähigkeiten, andere in industrielle Gefängnisse für Gefangene von größerer geistiger Leistungsfähigkeit und mit besonderen Einrichtungen zur Ausbildung.

Es wird natürlich einige Zeit dauern, bis dieser Plan ganz durchgeführt sein wird. Es ist aber ein offizieller Plan. Das Gebäude für die Klassifikationsklinik in *Sing Sing* wird gebaut und eingerichtet, der Kern einer psychiatrischen Klinik ist bereits vorhanden, und es werden schon heute so viele Untersuchungen durchgeführt, wie der jetzige Stab zu leisten vermag.

In Massachusetts sind zwei Gesetze angenommen worden, die wir für äußerst wichtig halten. Eins (1), gemeinhin bekannt als das Briggsgesetz, weil es von Dr. *L. Vernon Briggs*, dem früheren Präsidenten des Massachusetts State Board of Insanity eingebracht worden ist, und das andere (2), bekannt als das Bezirksgefängnisgesetz (County Jail Law). Das erste hat ein zweifaches Ziel: einmal soll das Problem der Rückfälligkeit, das unsere Untersuchungen als Kernproblem des Verbrechens aufgezeigt haben, durch die Anwendung psychiatrischer Hilfsmittel angefaßt werden; zweitens sollen die „Romanholidays" abgeschafft werden, die bei den Gerichten in Fällen von Kapitalverbrechen dadurch entstehen, daß von jeder Seite „Sachverständige" gegeneinander ausgespielt werden. Das zweite Gesetz hat die Aufgabe, das Problem der Rückfälligkeit bei den Bezirksgerichten in Angriff zu nehmen.

Das Briggsgesetz fordert: falls ein Individuum wegen eines Kapitalverbrechens (z. B. Mord) angeklagt wird, oder falls ein Individuum ein zweites Mal wegen eines Vergehens unter Anklage steht, *muß* es *vor* der Gerichtsverhandlung von einer Gruppe von Sachverständigen-Psychiatern, die von dem Staatsdepartement für geistige Erkrankungen ernannt worden sind, untersucht werden, die ihren Befund dem zuständigen Richter und dem Bezirksstaatsanwalt, der die Verfolgung in der Hand hat, mitteilen. Das bedeutet also, daß das Individuum untersucht werden wird, und zwar zweckentsprechend von unbeteiligten Sachverständigen, denen das Gericht und die Gesellschaft Vertrauen schenken kann. Wenn also das Individuum als geistig abnorm befunden wird, so wird dies dem Richter und dem verfolgenden Staatsanwalt *vor* der Gerichtsverhandlung bekannt mit dem Ergebnis, daß das Individuum nicht wegen eines Verbrechens vor Gericht gebracht, sondern beurteilt wird auf Grund seines geistigen Zustandes und demjenigen staatlichen Institut überwiesen wird, in das es für *den* Zeitraum gehört, in dem eine besondere Behandlung oder Internierung wegen seines Geisteszustandes erforderlich ist. Wenn sich herausstellt, daß das Individuum weder intellektuell minderwertig ist noch an einer geistigen Erkrankung leidet, wird es in der üblichen Weise vor Gericht gestellt. (Wenn trotz des Berichtes der unparteiischen staatlichen Sachverständigen, daß die Person „normal" ist, der verteidigende Rechtsanwalt weiter für Unzurechnungsfähigkeit plädieren und zum Beweise seine eigenen Sachverständigen heranziehen will, so kann er das tun, aber tatsächlich geschieht dies nur selten. In den letzten fünf Jahren ist es wahrscheinlich nur zwei oder drei Mal und ohne Erfolg geschehen, weil es sehr schwierig ist, für die Verteidigung unter den obwaltenden Umständen Sachverständige von einem solchen Ruf zu gewinnen, die in der Lage wären, die anerkannt tüchtigen Sachverständigen des Staates ins Unrecht zu setzen; und die bloße Tatsache, daß diese Sachverständigen von privater Seite bezahlt werden und nicht uninteressiert sind, muß sie in den Augen des Gerichtes herabsetzen.) Seit der Einführung dieses Gesetzes hat in Massachusetts keine einzige Gerichtsverhandlung von jener schmählichen Art mehr stattgefunden, die uns unglücklicherweise in Amerika nur zu bekannt ist. (In denen die Gerichtsverhandlung aufhört, eine solche zu sein, und in einen Kampf der Spitzfindigkeiten und Sophismen ausartet; in denen die selbstverständlichsten Tatsachen nicht berücksichtigt werden, während das Publikum unterhalten wird durch einen glänzenden Aufmarsch medizinischer und juristischer Sachverständiger, die Haare spalten über den technischen Begriff der „Unzurechnungsfähigkeit" oder eine rein philosophische Diskussion eröffnen über den Begriff der „Verantwortlichkeit". Die ganze Prozedur ist erstaunlich gekünstelt und von einer abstoßenden Unwirklichkeit endet häufig in einer völligen Entstellung des Rechtes und in einer Entwürdigung sowohl des juristischen wie des medizinischen Berufes.)

Durch dieses Gesetz hat Massachusetts solche Gerichtsverhandlungen abgetan und sammelt dagegen Jahr für Jahr in geeigneten Anstalten die Personen, die durch ihre wiederholten Vergehen die Aufmerksamkeit der Sachverständigen auf sich gelenkt haben und bei denen festgestellt ist, daß sie nicht imstande sind, in der Gesellschaft ein befriedigendes Leben zu führen. Das Gesetz dient anderen Staaten zum Vorbild. Es ist gutgeheißen worden, von der amerikanischen Psychiatrischen Vereinigung, von dem Commitee on the Medical Aspects of Crime der National Crime Commission und wird, wie ich höre, wenigstens grundsätzlich auch von der amerikanischen Richtervereinigung (American Bar Association) auf ihrer Tagung in diesem Sommer gutgeheißen werden. Eine öffentliche Diskusson des Gesetzes durch die National Crime Commission zeitigte die geschlossene Zustimmung der Presse der gesamten Vereinigten Staaten, aus der hervorging, daß es sowohl von der Öffentlichkeit wie von den Sachverständigen gutgeheißen wird. Ohne Frage wird dieses Gesetz oder ähnliche darauf beruhende Gesetze in Kürze in der Mehrzahl der Staaten eingeführt sein.

Das Bezirksgefängnisgesetz in Massachusetts war eine direkte Folge des County Jail Survey im Staate New York. Es setzt fest, daß alle Gefangenen, die zu einer Bezirksgefängnisstrafe von 30 Tagen oder mehr verurteilt werden (diese Einschränkung nur, um die Untersuchung von Personen, die nur als Zeugen in Haft genommen sind, zu vermeiden), von Psychiatern untersucht werden sollen, die für diese Arbeit von dem State Department of Mental Diseases ernannt werden. Um die Vorschriften dieses Gesetzes zu erfüllen, ist es nötig gewesen, in dem Departement of Mental Diseases ein Büro für die Untersuchung von Gefangenen zu errichten, dessen Personal ausschließlich mit diesen Untersuchungen beschäftigt ist. Dieses Gesetz bietet eine weitere Gelegenheit zur Entdeckung derjenigen Personen, die wegen geistiger Defekte oder Erkrankungen nicht imstande sind, sich innerhalb der Gesellschaft in befriedigender Weise zu halten, und die infolgedessen straffällig werden und schließlich immer wieder die rückfällige Mehrheit der Straffälligen ausmachen. Diese Personen werden nicht nur entdeckt, sondern ihre verbrecherische Laufbahn wird abgebrochen, und es wird in entsprechender Weise für sie gesorgt. Ein junger Bursche hat eine kürzere Strafe für irgendein kleines Vergehen wie z. B. Herumlungern erhalten. Es stellt sich jedoch heraus, daß er schwachsinnig (feeble minded), aber noch immer erziehbar ist. Anstatt daß man ihn am Ende seiner Strafe entläßt, wird er in eine der Schulen für Geistesschwache (feeble minded) überführt, wo er verbleibt, bis die Beamten dieser Anstalt glauben, daß er imstande ist, sich unter der Aufsicht der Anstalt in der Gesellschaft befriedigend zu halten. Ein anderer junger Bursche, mit einer kurzen Strafe, aber auch geistig defekt und schon ziemlich häufig straffällig geworden, wird als ein „Defective Delinquent" befunden, ein Ausdruck, der durch das Gesetz definiert ist (1). Er wird auf unbestimmte Zeit, vielleicht lebenslänglich, mindestens aber solange, wie es die Anstaltsbeamten für nötig halten, einer Anstalt für „Defective Delinquents" überwiesen. Dies ist natürlich nicht als Strafe zu betrachten. Es ist im gewissen Sinne eine Vergünstigung für ihn; der Staat tut für ihn, was er nicht für sich selbst tun konnte: er schafft ihm ein gesundes, bequemes und nicht unglückliches Leben in einer einfachen Umgebung unter Menschen seiner Art und verlangt von ihm in seiner Arbeit nur soweitgehend Produktivität, wie er dazu imstande ist. Wenn es sich herausstellt, daß er lebenslänglich interniert bleibt, so ist das sowohl in seinem Interesse wie in dem der Gesellschaft. Es ist nicht erwünscht, daß er lebenslänglich interniert bleibt, wenn er imstande ist, durch die Erziehung der Anstalt, die besonders auf Personen mit so beschränkter Intelligenz zugeschnitten ist, weiterzukommen und zu einem befriedigenden, wenn auch nur bescheidenen Staatsbürger zu werden. Wenn man ihm schließlich Bewährungsfrist zubilligt, wird ihm jede Hilfe durch die Fürsorgerinnen der Anstalt zuteil, damit er Erfolg habe. Eine Person, bei der eine „Dementia praecox" oder eine „Dementia paralytica" festgestellt ist, oder eine Person, die an irgendeiner anderen geistigen Erkrankung leidet, wird in eins der staatlichen Hospitäler für Geisteskranke überführt. Eine Person, die an Epilepsie leidet, wird einer Anstalt für Epileptiker überwiesen. Viele werden so jedes Jahr von den Bezirksgefängnissen, die eigentlich nur die Stelle ihrer Entdeckung waren, zweckentsprechenden Anstalten überwiesen, und ihre immer sich wiederholende Straffälligkeit hat ein Ende.

Die Gruppe, für die am schwersten zu sorgen ist, ist die, die sich zusammensetzt aus denen, die wir noch immer „psychopathische Persönlichkeiten" oder „konstitutionell psychopathisch Minderwertige" nennen müssen. Diese bilden eine sehr beträchtliche Gruppe, und es gibt noch keine recht geeignete Anstalt für sie. In außergewöhnlich schwierigen Fällen wird die Person in ein Hospital für Geisteskranke geschickt, aber dies ist keine befriedigende Regelung. Gegenwärtig werden die meisten dieser Fälle nach Verbüßung ihrer Strafe entlassen und unter die Aufsicht lokaler sozialer Einrichtungen gestellt. Dies ist schließlich ein logisches Vorgehen. Diese Personen unterscheiden sich nur wenig, wenn überhaupt, von Hunderten von Personen, mit denen diese Einrichtungen und ihre sozialen Fürsorgerinnen jährlich zu tun haben. Wäre diese Person eine Woche vor ihrer Inhaftierung infolge irgendeiner anderen sozialen Not zu ihnen gekommen, so würden sie sie vielleicht als einen zwar schwierigen, im großen und ganzen aber doch alltäglichen Fall empfunden haben. Die sozialen Einrichtungen, besonders wenn sie in ihrem Stab psychiatrisch ausgebildete soziale Fürsorgerinnen haben, sind viel sachverständiger, besser unterrichtet und erfahrener in der Behandlung dieser Personen als die Gerichte und Gefängniswärter. Der Plan, diesen Typ von Personen der Aufsicht lokaler sozialer Einrichtungen zu überweisen, hat sich so weit ganz gut bewährt trotz der Tatsache, daß der Stab vieler dieser Einrichtungen nicht gut vorgebildet ist. Da diese Einrichtungen Jahr für Jahr sachverständiger werden durch Aufnahme von besonders psychiatrisch ausgebildeten Sozialfürsorgerinnen, wozu überall die Neigung besteht, so kann angenommen werden, daß sich der Erfolg noch vergrößern wird. Das Verfahren ist jedoch ein Experiment, und wir werden aus unserer Erfahrung zu lernen haben. Wir können nicht erwarten, daß ein so schwieriges Problem mit einem Male gelöst wird. Dies Gesetz ist in Kraft seit 1924, und etwa 5500 Gefangene sind unter die Beobachtung der Sachverständigen des Departement of Mental Diseases gekommen. Die Tatsachen, die durch diese Untersuchungen gesammelt worden sind, werden jetzt sorgfältig durchgearbeitet, und es ist zu hoffen, daß in Kürze ein Bericht herauskommen wird. Einige vorläufige Berichte sind schon veröffentlicht worden (9).

Ich hoffe, ich habe Sie nicht zu sehr gelangweilt mit dieser wahrscheinlich zu langen Erörterung von Dingen, die Sie schließlich nicht in erster Linie interessieren. Sie sind interessiert an der Verhütung der

Straffälligkeit, und es scheint Ihnen, daß alles, was ich gesagt habe, sich nicht so sehr mit der Verhütung der Straffälligkeit als vielmehr mit der Behandlung der Straffälligen selbst befaßt, und dies ist natürlich — wenn auch nicht ganz — wahr. Es schien mir wichtig, die unserer gegenwärtigen Arbeit voraufgegangenen Schritte zu besprechen, da die Bedeutung der heutigen Arbeit im Lichte des Vorhergegangenen besser verstanden werden kann. Die Gründe für das, was wir heute tun, liegen in früheren Erfahrungen, und schließlich sind die Methoden in der Behandlung der Straffälligen, die ich beschrieben habe, in der Tat ein Teil eines Programms für die Verhütung der Straffälligkeit. Solch ein Programm muß zwei Teile haben: einen, der sich mit der Verhütung weiterer Straftaten seitens der schon Straffälligen befaßt, und einen anderen, der sich die Verhütung der Straffälligkeit derjenigen, die noch gar nicht oder wenigstens noch nicht erheblich straffällig geworden sind, zur Aufgabe macht.

Bis jetzt haben wir uns mit der Klassifizierung der Individuen befaßt: Trennung der Personen, die intellektuell defekt sind, von denjenigen, die dies nicht sind; Trennung der Individuen, die eine geistige oder nervöse Krankheit haben, von denen, die dies nicht haben. Eine weitere Trennung erfolgte nach dem Grade des Defektes oder der Art des Leidens derer, die intellektuell defekt sind oder an einer psychischen oder an einer nervösen Krankheit leiden, mit dem Ziel für sie zu sorgen entsprechend dem, was sie sind und nicht dem, was sie getan haben mögen. Bisher hat der Psychiater nur versucht, die Frage zu beantworten: Was für eine Art von Individuum ist dieser Straffällige, dieser Gefährdete oder Verwahrloste, oder was ist er nicht; soll er als Straffälliger, Verwahrloster, Gefährdeter oder als was sonst klassifiziert werden? Und die Vorschläge, die der Psychiater bisher auf Grund seiner Befunde gegeben hat, hatten größtenteils sozusagen mit der „Umquartierung“ der Individuen zu tun: bringe ihn hier nicht unter, es ist nicht geeignet für ihn, sondern bringe ihn dort unter, wo es für ihn geeignet ist.

Wie ich schon andeutete, hatte der Psychiater, als er sein Hospital verließ und anfing, die Linie in die Gesellschaft hinein zurückzuverfolgen in dem Bemühen, den Ausgangspunkt des Weges zu finden, der sich so schnell bis zu seiner Anstalt hinzog, keine vorgefaßten Ansichten bezüglich sozialer Probleme, keine neue soziale Philosophie, ja nicht einmal ein wirklich neues soziales Hilfsmittel. Das Hilfsmittel, welches er mit sich brachte, und welches er anwandte, ist ein Hilfsmittel, das alle Menschen zu allen Zeiten schon benutzt haben: ein Versuch, Menschen und Dinge zu erkennen durch Differenzierung und Klassifizierung. Der Richter, der Gefangenenwärter, der Lehrer, der Geschäftsmann, die Hausfrau, der Staatsmann, der Theologe, der Philosoph, der Mensch überhaupt hat dieses soziale Hilfsmittel immer angewandt. Das Hilfsmittel, mit dem der Psychiater gearbeitet hat, ist nur ein Hilfsmittel von größerer Vollendung gewesen. Da die soziale Brauchbarkeit des Hilfsmittels schon lange erkannt war, konnte sich gegen die feinere, genauere Anwendung desselben durch den Psychiater kaum Widerspruch erheben.

Die Periode der Klassifizierung bedeutet einen wichtigen, wenn auch vorübergehenden Abschnitt in der amerikanischen Psychiatrie und in der Anwendung psychiatrischer Methoden zur Lösung sozialer Probleme. Es gibt Leute, die jetzt geneigt sind, auf diese Art psychiatrischer Arbeit mit einiger Verachtung herabzusehen, und es ist wahr, daß ihre Brauchbarkeit deutlich begrenzt ist; aber sie hat eine bedeutende Rolle in der Entwicklung der Sozialpsychiatrie gespielt und hat noch immer ein Arbeitsfeld, in dem sie von großem Nutzen ist. Zwischen den jetzt gebräuchlichen Methoden und rein beschreibender Psychiatrie ist wahrscheinlich ein ebenso großer Unterschied, wie zwischen dieser Art Psychiatrie und dem ungeschulten klassifizierenden Urteil eines Laien, aber auch dies letzte hat seinen Wert.

Hinter dieser Arbeit steht die Annahme, daß in der Gesellschaft Menschen sind, die „normal" sind, und solche, die geistig defekt oder erkrankt sind, und daß bei der Behandlung sozialer Probleme die Letzteren herausgefunden werden müssen. Sobald man sie entdeckt hat, kann ihre soziale Lage dadurch geregelt werden, daß man für sie eine Umgebung schafft, der sie sich anpassen können, oder die ihnen angepaßt werden kann.

Das Individuum ist eine Art Pfand, ein anvertrautes Gut (pawn) gewesen, und das Problem war, wohin damit. In den extremen Fällen geistiger Erkrankungen und Defekte war es nicht schwierig, zu wissen wo man es unterbringen sollte. Aber wenn man quantitativ und qualitativ die Stufenleiter immer weiter zurückgeht, bleibt dies nicht mehr so leicht. Dies aber führte nicht zur Entmutigung, sondern war weit eher ein Anreiz. Mit dem Erscheinen der psychiatrisch gebildeten Sozialfürsorgerin auf dem Gebiet der Psychiatrie ist die verschiedenartige Unterbringung des „Pfands" bald hier und bald da ausprobiert worden. Der Grundsatz, der bei diesem Hin- und Herverpflanzen maßgebend war, war der, daß man es mit einem mehr oder weniger unveränderlichen Individuum zu tun habe, von dem hinsichtlich der Anpassung an eine Umgebung nicht viel erwartet werden konnte. Daher müssen die Umgebung, das Heim, die Schule, die Arbeitsstelle, gezwungen werden, sich *ihm* anzupassen. Dies alles erscheint heute offensichtlich richtig und natürlich, und es ist zurückblickend leicht zu verstehen, wie wir zu dieser Ansicht kamen. Sie ergibt sich erstens aus unserer Auffassung von der Natur geistiger Störungen und zweitens aus der Tatsache, daß wir in erster Linie Ärzte und nicht Soziologen waren. Wir brachten in unsere soziologische Arbeit unsere ärztliche Ausbildung mit. Der Arzt ist in erster Linie *seinem Patienten* verpflichtet — alles muß dem Wohlergehen des Patienten geopfert werden — ein Grundsatz, dem niemand widersprechen wird in der Situation, in der der Arzt eben in erster Linie als Arzt handelt. Wir hatten die Tatsache noch nicht erkannt, daß wir in der Arbeit, die wir übernommen hatten, nicht nur als Ärzte, sondern auch als Soziologen dienten, vielleicht sogar in erster Linie als Soziologen und erst in zweiter als Ärzte; und daß wir an Stelle einer einzigen Verpflichtung eine doppelte Verpflichtung eingegangen waren: eine gegenüber der Gesellschaft und eine gegen den Patienten.

Eine andere Schwäche unserer Arbeit ist die begrenzte Auffassung gewesen, die wir von ihrer Funktion hatten. Dies ergab sich ebenfalls aus unserer Auffassung von der Natur geistiger Störungen und aus der verhältnismäßigen Unvollkommenheit des Werkzeuges, welches wir auf Grund dieser Auffassung geschaffen hatten. Das Instrument, daß wir anwandten, mag unendlich viel präziser gearbeitet gewesen sein, als das gleiche Werkzeug, das die Laien gebrauchten; aber es war trotzdem ein sehr wenig vollkommenes Werkzeug. Wir wissen jetzt natürlich, daß solch eine Auffassung allzu einfach ist. Aber nur langsam sind wir zu dieser Ansicht gekommen, und ein großer Teil der Arbeit der letzten 16 Jahre, und ein gut Teil dessen, was heute in den Kliniken mit weniger gut ausgebildetem Personal getan wird, geht von dieser Basis aus. Wir glaubten, wir hätten unsere Pflicht getan, wenn wir dem Richter, dem Gefangenenwärter, der Sozialfürsorgerin oder dem Lehrer sagten, diese Person ist zurechnungsfähig oder unzurechnungsfähig, ist geistesschwach oder nicht. Wenn die Person unzurechnungsfähig oder geistesschwach war, konnten wir hinsichtlich der zu treffenden Maßnahmen unseren Rat geben. Wenn die Person jedoch nicht in eine dieser Kategorien fiel, wußten wir in der Regel keinen Rat oder nur einen Rat, der oft banal, zufällig und ohne Sachkenntnis war. Oder aber wir übergaben die Person demjenigen wieder, der sie uns zugeführt hatte mit der vagen Feststellung, daß der Betreffende „neurotisch“ oder eine „psychopathische Persönlichkeit“ oder ein „konstitutionell psychopathisch Minderwertiger“ sei und zuckten die Achseln.

Diese Art der Arbeit wurde zu bedeutender Höhe entwickelt durch das Ambulatorium des Psychiatrischen Hospitals in Boston unter der Leitung von Dr. *Elmer E. Southard*, Professor für Psychiatrie an der Harvard Universität. Das Boston Psychopathic Hospital war das erste Hospital in den Vereinigten Staaten, das in größerem Umfange Sozialfürsorgerinnen anstellte, die, nach der Ausbildung, die sie dort empfingen, als psychiatrisch gebildete Sozialfürsorgerinnen bekannt wurden, und durch die der mögliche Nutzen solcher Mitarbeit in psychiatrischer

Arbeit demonstriert wurde. Die Arbeitsmethoden, die hier entwickelt wurden, beruhten auf modernen sozialen und medizinischen Auffassungen und waren von der Art, wie ich sie beschrieben habe. Sie werden am besten dargestellt in einem Buche: „The Kingdoms of Evil“ (Die Reiche des Bösen) — das von Dr. *Southard* und Miß *Mary C. Jarrett*, der befähigten Leiterin des Sozialdienstes, im Jahre 1922 herausgegeben wurde (10).

Langsam haben wir eingesehen, daß diese Anschauungen, die sozialen sowohl wie die medizinischen, und die Methoden, die darauf beruhten, allzu einfach und ungenügend waren. Und langsam haben sich unsere Ansichten geändert — unsere Auffassungen über unsere soziale Funktion, unsere Auffassungen von der Natur geistiger Störungen und des sich daraus ergebenden Verhaltens — und damit auch unsere Arbeitsmethoden.

Obgleich ich mich hier fast ganz auf einen Bericht über die Arbeit des Psychiaters in bezug auf die Straffälligkeit beschränkt habe, so ist die Straffälligkeit doch nicht das einzige soziale Gebiet, auf dem der Psychiater in den letzten 16 Jahren gearbeitet hat. Es gibt kaum ein Gebiet, auf dem er nicht irgendwie tätig gewesen wäre. Vieles davon ist nur vorläufiger Natur gewesen, aber doch ein Anfang. Vieles hat der Psychiater aus eigener Initiative unternommen, vieles auch auf Aufforderung leitender Persönlichkeiten aus verschiedenen Berufen. Das Auftreten des Psychiaters auf dem Gebiet sozialer Forschung erfolgte zu einem geeigneten Zeitpunkt. Es regte sich bereits manches auf dem Gebiet der Erziehung, der sozialen Fürsorgearbeit, der Jurisprudenz, in den Familienbeziehungen, der Industrie, der Kirche, der Charakterbildung und der sexuellen Aufklärung; man war unzufrieden mit den Ergebnissen und Methoden. Der Psychiater hat seitdem diese Unzufriedenheit bedeutend erhöht, aber sie bestand an sich schon vorher. Von Anfang an und in steigendem Maße erkannte man, welche Hilfe der Psychiater möglicherweise leisten konnte, daß seine Untersuchungen auf all diesen verschiedenen Gebieten fortzusetzen seien und daß er seinen Beistand nach Kräften anderen Berufsgruppen zu gewähren habe. Es gab natürlich auch Opposition. Es gibt Menschen, die glauben, der Psychiater sei sentimental, und seine Bemühungen zielten darauf hin, den Übeltäter straffrei ausgehen zu lassen. Sie sehen dabei nicht, daß der Psychiater wahrscheinlich der am wenigsten sentimentale ist von allen, die mit Übeltätern zu tun haben. Wenn Internierung eine Strafe ist, wird seine Strafe oft härter sein, als die, die der „hart gesottenste“ Richter verhängen würde. Es gibt wiederum Menschen, die glauben, daß er eine Gefahr für die menschliche Freiheit bedeutet, weil er ja in der Tat gewisse Personen, die nur geringfügige Vergehen begangen haben, auf ungewisse Zeit festsetzen lassen kann. Aber diese

Leute sehen nicht, daß nicht der Psychiater, sondern die einfachen Tatsachen des Falles an sich diese Situation geschaffen haben. Weiter glauben manche, daß der Psychiater alle die, deren Ansichten er nicht gutheißt, als „verrückt“ oder geistig defekt einsperren würde, und daß er somit ein Sachwalter des sozialen status quo sei. Diese Leute übersehen aber, daß den Psychiater nicht Ansichten an sich interessieren, sondern vielmehr die Hintergründe dieser Ansichten. Andere wieder sind der Meinung, daß der Psychiater eine Gefahr für den status quo ist, weil er in dem bizarren und drohenden Verhalten des Radikalen den Ausdruck richtiger und vernünftiger Bemühungen sieht. Diese wieder übersehen, daß der Psychiater nicht mit den Meinungen zu tun hat, sondern mit dem Hin und Her der Kräfte im Individuum und in seiner Umwelt. Es gibt auch Leute, die glauben, daß der Psychiater die Heiligkeit des Hauses zerstören, daß er der Laxheit auf sexuellem Gebiet die Tore öffnen, den Einfluß der Kirche hindern, ja daß er ganz allgemein eine Zerstörung herbeiführen wird. Diese Opposition ist oft sehr laut, aber sie ist nicht ernst zu nehmen. Sie hindert manchmal nützliche Arbeit, die gut durchgeführt werden könnte, aber im großen und ganzen ist sie nicht weiter beunruhigend. Da sie auf Mißverständnissen beruht, ist es gut, daß sie an die Öffentlichkeit kommt, wo sie besprochen werden kann, und so Vorurteile durch Tatsachenbelehrung beseitigt werden können.

Als der Psychiater seine Anstalt verließ — sei dies nun ein Hospital für Geisteskranke, eine Schule für Geistesschwache oder ein Gefängnis — und weiter in die Gesellschaft eindrang, um so mehr neues Material fand er vor. Neue Probleme, die nie vorher aufgetaucht waren, erstanden, und Fragen erhoben sich, auf die es keine fertige Antwort gab. Indem er diese Probleme und ihre Beziehungen zueinander studierte, wurden Dinge sowohl auf der sozialen wie auf der technischen Seite offenbar. In erster Linie erkannte er, daß er nicht weiter eine stolze professionelle Haltung einnehmen, nicht wie ein Diktator von der Höhe seines Berufes aus beobachten und Befehle an die unter ihm Stehenden ausgeben konnte, sondern daß er die Tiefen seines Wissens erschöpft, die Grenzen seines Könnens bereits erreicht hatte. Er mußte jetzt bescheiden mit anderen zusammen sich an die Arbeit machen und versuchen, die Grenzen menschlichen Wissens ein wenig weiter hinauszurücken und Lösungen zu finden für Probleme, die bisher in der Geschichte der Menschheit ungelöst geblieben waren. Für dieses Unternehmen war er wahrscheinlich besser ausgerüstet als andere; so gut vielleicht, daß er eine gewisse Führerrolle übernehmen konnte, eine Führerrolle, deren Stärke jedoch in der Erkenntnis der eigenen Schwäche und in der bereitwilligen Anerkennung des Wertes der Mitarbeit anderer liegen mußte. Weiter erkannte er, daß er nicht nur großmütig seine Dienste anbieten und dann warten konnte, bis die Probleme zu ihm kämen — er mußte zu den Problemen gehen. Indem er an die Probleme heranging, zeigte sich, daß er ein weit umfassenderes Wissen brauchte als ein rein technisches Wissen in der Psychiatrie. Er hatte nun nicht mehr mit rein psychiatrischen Problemen zu tun sondern mit psychiatrischen Problemen, die unauflöslich mit anderen Problemen verbunden waren. Er konnte ein Problem in einer Schule nicht erfolgreich anfassen, ohne daß er etwas von den Methoden, Zielen und Gesichtspunkten der Schule wußte. Er konnte sich nicht der Schule einfach überordnen, er mußte mitarbeiten, mußte ein Teil der Schule werden. Allmählich würde er dann Änderungen in der Schule herbeiführen, aber auch die Schule würde Änderungen in seinen Problemen und seiner Technik vornehmen. Die Schule hatte ihn viel zu lehren. Er konnte Probleme sozialer Einrichtungen oder solche in der Industrie nicht erfolgreich bearbeiten, ohne erst die Kräfte zu kennen, die hier tätig waren, und die seine Arbeit je nachdem fördern oder hindern konnten. Er konnte weiter nicht immer vom Lehrer, von der Sozialfürsorgerin, vom Industriellen lernen, sondern bezüglich der technischen Seite seiner Aufgabe mußte er sehen, welche Mitarbeit der Psychologe und die psychiatrisch gebildeten Sozialfürsorgerinnen in der Beschaffung und Bearbeitung eines großen Teiles des Materiales, das zur Lösung bestimmter Fragen nötig war, leisten konnte. Dann war auch die sorgfältigste Beschreibung des vorliegenden Materials und die Klassifizierung jeder Einzelheit noch völlig unzureichend. Solch ein Vorgehen mag nützlich sein vor Gericht, im Gefängnis, in einer Anstalt aber es versagte hier aus verschiedenen Gründen. Zu klassifizieren, eine Diagnose zu stellen, löste das vorliegende Problem nicht. Die Feststellung, daß eine Person geistesschwach war, brauchte noch nicht ihr Verhalten zu erklären und zeigte noch nicht immer, welche Maßnahmen zu ergreifen wären. Nicht ehe weit mehr über diese Person bekannt war, konnten diese Fragen beantwortet werden. Ein Laie mag jemand einen Narren nennen; der Psychiater mag ihn als einen konstitutionell psychopathisch Minderwertigen bezeichnen. Das letzte mag gelehrter klingen, aber es beantwortet nicht mehr Fragen als die plumpe Diagnose des Laien. Vor allen Dingen aber eignete sich das meiste des vorliegenden Materials in keiner Weise zur Klassifizierung. Ein an sich befähigter Junge, der in der Schule versagt, der Junge, der beim Mausen erwischt wird, der Führer oder ein Mitglied einer herumstrolchenden Bande von Gassenjungen, das heranwachsende Mädchen, das seine ländliche Heimat verlassen hat, um sein Glück in der Stadt zu suchen, das junge Mädchen, das sich über seine Eltern lustig macht, alle seine Ersparnisse für Tand ausgibt und abends und vielleicht spät nachts in der Gesellschaft fragwürdiger Burschen auf dem Tanzboden zu finden ist — alle diese lassen sich sehr selten in irgendeine Klasse einordnen; es sei denn, daß man so allgemeine und umfassende Begriffe anwendet, die nicht mehr bedeuten als „gemein", „faul", nichtsnutzig", „dickköpfig", „eigensinnig", „willensschwach" — Bezeichnungen, die bereits vorher von ihren Familien und Freunden auf sie angewendet wurden. Wenn der Psychiater nicht mehr kann, als griechische und lateinische Namen für diese allgemein verständlichen Worte einzutauschen, dann hat er sehr wenig getan; dann bleiben wir fast auf derselben Stelle wie vorher. Mit anderen Worten: Die Untersuchung eines Ausschnittes aus dem Leben einer Person zu einem irgendwie gegebenen Zeitpunkt offenbart nichts über die Gründe ihres Benehmens und zeigt nichts darüber an, wie dieses Verhalten geändert werden kann. Schließlich haben wir es doch nicht mit einem Museumsstück zu tun, sondern mit einem lebendigen Menschen, in dem und durch den das Leben strömt, der irgendwie angefangen hat, der irgendwo im Strom des Lebens treibt, der irgendwo hingeht, und dessen Erscheinen vor uns heute nur ein Glied in einer fortlaufenden Kette von Umständen ist. Nur das Studium seiner ganzen Geschichte, der verschiedenen Faktoren und Kräfte, die diese Geschichte ausmachen, eine Längsschnittstudie seines Lebens — wenn man so sagen will —, ein Studium aller treibenden Kräfte im Leben eines Menschen gibt uns die Tatsachen und Anhaltspunkte, aus denen heraus wir sein Verhalten im gegenwärtigen Augenblick verstehen können und zeigt die Kräfte an, die geweckt werden müßten, um dieses Verhalten zu ändern. Und wieder muß ich sagen: So selbstverständlich uns dies heute alles scheint, so wenig war es früher selbstverständlich.

Die amerikanischen Psychiater kamen nicht ohne Hilfe zu dieser Ansicht; Hilfe kam ihnen aus Österreich. Die Psychoanalyse hat ihre schwierige Zeit in den Vereinigten Staaten wie in allen Ländern gehabt. Sie wurde verachtet und gehaßt, verspottet und verlacht und von hoher Stelle verworfen. Sie hatte ihre Anhänger, nicht immer glückliche. Die Vereinigten Staaten waren zur Annahme der Psychoanalyse nicht besser vorbereitet als andere Länder. Sie konnte in ihrer frühen ungeschliffenen und natürlich unvollkommenen Gestalt nicht verstanden werden. Als Psychoanalyse gewann sie wenig Boden. Aber, was die Psychiatrie in den Vereinigten Staaten ungeheuer beeinflußte, war, wenn man so sagen darf, der psychoanalytische Gesichtspunkt, wie er repräsentiert wurde durch Männer wie Dr. *Adolph Meyer*, Direktor der Henry Phipps Psychiatric Clinic des Johns Hopkins Hospitals in Baltimore, Dr. *August Hoch*, Direktor des New York State Psychopathic Institute, Dr. *C. Macfie Campbell* von der Phipps Clinic in Baltimore, der jetzt Professor für Psychiatrie an der Harvard Universität und Direktor des Boston Psychopathic Hospital ist, Dr. *Thomas W. Salmon*, dem früheren Medical Direktor des National Commitee for Mental Hygiene und schließlich Dr. *Williams A. White*, den Leiter des Government Hospital for the Insane in Washington. Mit Ausnahme von Dr. *White*, war oder ist keiner dieser Männer im strengen Sinne Psychoanalytiker oder „Freudianer". Männer, die verwirrt und ratlos vor ihren Problemen standen, die nicht weiter kamen, weil die Werkzeuge, die sie brauchten, zu keinem weiteren Fortschritt führten, Männer, die oft bei der bloßen Erwähnung der Psychoanalyse oder Freuds fast vom Schlag gerührt wurden, kamen schließlich unter dem Einfluß der vorgenannten Männer dazu, ihre Probleme unter einem neuen Gesichtswinkel zu betrachten und fingen an, sie neu zu verstehen. Langsam machte eine mehr dynamische Anschauung dem früheren mehr statischen Gesichtspunkt Platz, der wenigstens für den Augenblick alles geleistet hatte, was er konnte.

Ich sollte vielleicht noch hinzufügen, daß die Psychoanalyse als solche in den letzten Jahren in den Vereinigten Staaten beträchtliche Fortschritte gemacht hat und heute überall ernst genommen wird. Die Neurologen scheinen am wenigsten imstande zu sein, dies zu verstehen, und es gibt noch immer führende Neurologen, die Strohmänner aufstellen, um sie immer von neuem über den Haufen zu werfen. Aber unter Psychiatern gibt es keinen Prominenten mehr, der nicht wenigstens bereit wäre, zu hören, zu verstehen oder sogar selbst zu versuchen. Zwei unserer wichtigsten und einflußreichsten Hospitäler, Bloomingdale Hospital in White Plains, New York, und Pensylvania Hospital for Mental Disease in Philadelphia, haben im letzten Jahre Mitglieder ihres Stabes zur Ausbildung in der Analyse nach Europa gesandt, einen nach Berlin und den anderen zu Dr. *Otto Rank* in Paris, damit sie später psychoanalytische Forschungen in ihren Hospitälern anstellen können. In den letzten 3 Jahren sind etwa 40 der jüngeren Psychiater — eine nicht unbedeutende Anzahl, wenn man die verhältnismäßig kleine Gesamtzahl in Betracht zieht — zur Ausbildung in der Analyse nach Berlin oder Wien gegangen. Die meisten jedoch gingen zu *Rank* nach Paris, dessen Anschauung, Methode und Technik einen ausgesprochen günstigen Eindruck gemacht haben, besonders auf diejenigen, die im psychiatrischen Außendienst tätig sind, im child guidance work, der Arbeit in den Schulen, in colleges, den sozialen Einrichtungen und dergleichen.

Es ist eine wachsende Strömung vorhanden, besonders unter den psychiatrisch gebildeten Sozialfürsorgerinnen, vor allem aber unter Krankenpflegerinnen und Lehrern, als Teil ihrer Ausbildung eine persönliche Analyse durchzumachen. Die Absicht dabei ist nicht, diese Ausbildung technisch zu verwerten, sondern zu einem besseren Verständnis der Probleme ihrer Klienten zu kommen. Ehe man sich mit den seelischen Problemen anderer befaßt, will man wenigstens tun, was man kann, um mit seinen eigenen seelischen Problemen fertig zu werden, so daß diese nicht unentwirrbar mit denen der Klienten verstrickt werden.

Ich habe auf diesen letzten Seiten versucht, einige der Einflüsse aufzuzeigen, die am Werke gewesen sind, um unser Interesse mehr und mehr auf das Kindesalter zu konzentrieren. Es schien von wenig Bedeutung zu sein, auf welchem besonderen sozialen Gebiet wir arbeiteten. Unsere Untersuchungen jeder beliebigen Situation wiesen uns immer die gleiche Richtung: zur Kindheit.

Wenn wir die Vorgeschichte der Fälle in unseren Hospitälern für Geisteskranke zurückverfolgten, wenn wir Tatsachen sammelten, die uns in unserem Bestreben zur Verhütung geistiger Erkrankungen helfen konnten, fanden wir natürlich immer wieder, daß diese Krankheiten selten plötzlich auftraten, sondern daß sie sich in einem langen Zeitraum entwickelt hatten und bis in die Kindheit zurückreichten. Hier war die ungesunde Entwicklung in vielen Fällen bereits so deutlich, daß sie die Aufmerksamkeit eines geschulten Beobachters sicherlich erregt hätte, wenn nur einer vorhanden gewesen wäre.

In unserer Arbeit mit erwachsenen Straffälligen und jugendlichen Rechtsverletzern fanden wir nur selten, daß die Straffälligkeit eine kürzlich aufgetauchte, isolierte Begebenheit war. Fast immer war es nur ein Ereignis in einer langen Reihe von Entgleisungen, die bis in die Schulzeit und bis zur Kindheit zurückführten. Wenn wir die Probleme der Gefährdung und Verwahrlosung studierten, fanden wir nur selten, daß die gegenwärtige Schwierigkeit plötzlich aufgetreten und etwas Neues war. Manchmal allerdings war dies der Fall als eine Folge von Unfällen oder Krankheit. Weit öfter aber zeigte sich, daß eine Unfähigkeit, sich selbst zu behaupten, eine Abhängigkeit von anderen schon immer, bis zurück zur Kindheit, mehr oder weniger deutlich vorhanden gewesen war. Wenn wir den Berufswechsel, die wirtschaftliche Bedrängnis, sowie die Unzufriedenheit und Unzulänglichkeit des Patienten untersuchten, fanden wir, daß wir es in den meisten Fällen mit Personen zu tun hatten, die schon während ihrer Kindheit und seither immer Schwierigkeiten gehabt hatten, sich dem Gemeinschaftsleben in befriedigender Weise anzupassen. Wir kamen daher zu der Ansicht, daß wir es bei der Behandlung dieser verschiedenen Probleme im Grunde doch nicht mit verschiedenen getrennten Problemen zu tun hatten, sondern vielmehr nur mit verschiedenen Äußerungen eines und desselben Problemes. Womit wir auch immer zu tun hatten, sei es auf dem Gebiete funktioneller nervöser Störungen oder geistiger Erkrankungen, seien es die Fragen der Straffälligkeit, der Gefährdung und Verwahrlosung, der wirtschaftlichen Unruhe, immer war mangelhafte soziale Einordnung infolge mißglückter Gemütsentwicklung, die ihre Wurzeln in der Kindheit hatten, der wahre Grund. Um der praktischen Arbeit willen mag es nötig sein, dieses Problem in seine verschiedenen Teile zu zerlegen, aber wenn wir über soziale Begriffe nachdenken, hier Pläne machen und Ideen entwickeln, wird es gut für uns sein, nicht so sehr in Begriffen zu denken wie: Verhütung nervöser und geistiger Erkrankungen, Verhütung der Straffälligkeit, Verhütung der Gefährdung und Verwahrlosung, Verhütung wirtschaftlicher Unruhe, sondern vielmehr in den Begriffen der Entwicklung des Gemütslebens und mangelhafter sozialer Anpassung.

Da die psychischen Gewohnheiten und die Art zu reagieren sich offenbar in der Kindheit bilden, war die Kindheit, wie Dr. *Williams A. White* es genannt hat, das „goldene Zeitalter der Mental Hygiene". Die Mental Hygiene hatte aber nicht allein mit den Problemen nervöser und geistiger Erkrankungen und den Beziehungen dieser besonderen Zustände zu sozialen Problemen zu tun, wie dies zuerst den Anschein hatte, sondern auch noch mit anderen Dingen. Und diese Gedanken führten uns noch weiter. Schließlich fanden sich psychische Fehlentwicklungen nicht nur in Fällen funktioneller nervöser und geistiger Erkrankungen und bei den sozial Abhängigen und wirtschaftlich Unzulänglichen. Wahrscheinlich gab es keinen unter uns, der nicht bis zu einem gewissen Grade eine ähnliche unzulängliche oder ungesunde Entwicklung zeigte. Und warum sollte es anders sein? Denn wer wußte schließlich in unserer Jugend etwas von diesen Dingen oder leitete unsere seelische Entwicklung, wie er unsere körperliche und intellektuelle Entwicklung leitete? Die Schwierigkeiten, die wir selbst im Leben hatten, und die Schwierigkeiten, die wir offensichtlich anderen bereiteten, mit denen wir zusammen lebten und arbeiteten, durch unsere unberechenbaren und nicht vorauszusehenden Reaktionen, durch unsere Widerhaarigkeit, unsere Weichheit und unsere Härte, unsere Begeisterung und unsere Abneigung, unsere Liebe, unseren Haß und unsere Eifersucht, konnten die nicht alle auf die gleichen Ursachen zurückgeführt werden wie die Reaktionen und Schwierigkeiten unserer Patienten? Und wenn wir uns mit unseren Patienten vergleichen: Wer von uns hatte die größeren Möglichkeiten, soziales Unheil anzurichten? Offenbar doch wir! Schließlich war das Unheil klein, das einer unserer Patienten anrichten konnte, wenn er Amok lief und anderer Leute Angelegenheiten störte als persönlichen Protest gegen etwas, was er selbst nicht genau wußte. Wenn man alle diejenigen zusammenzählte, die aufgehört haben, zum Gemeinwohl beizutragen und durch Flucht in funktionelle nervöse und geistige Erkrankung, in Straffälligkeit, Verwahrlosung oder wirtschaftliche Unselbständigkeit der Öffentlichkeit zur Last fallen, so ergibt sich eine große Zahl, und die wirtschaftliche Belastung ist erheblich. Aber verhältnismäßig ist diese Zahl klein, und alle zusammen können uns weder wirtschaftlich noch sozial ruinieren. Der soziale Schaden, den sie anrichten können, ist begrenzt. Der soziale Schaden aber, den der Herausgeber einer großen Tageszeitung anrichten kann, der sich in guter, einflußreicher, sozialer Stellung befindet, wirtschaftlich unabhängig, intellektuell tüchtig und auf unserer besten Universität gut ausgebildet, aber in seinem Gemütsleben so belastet ist, daß er das Leben oder größere Ausschnitte des Lebens nur durch eine Brille sehen kann, die er aufsetzen muß, um sich vor den ungelösten oder schlecht oder halb gelösten seelischen Problemen zu schützen — das Unheil, das solch ein Mann: Schriftsteller, Politiker, Staatsmann oder wie man ihn nennen mag, ein Richter, Geistlicher, Lehrer, Industrieller, Arbeiterführer, Wirtschaftler, Soziologe, Psychologe, Sozialfürsorger, Psychiater anrichten kann, ist unbegrenzt, ist unberechenbar.

Während wir selbstverständlich nicht verzagen dürfen in dem, was wir für die Wiederanpassung der offensichtlich sozial Schwierigen, die in der Minderheit sind tun können, sollte doch unsere größte Sorge die geistige Gesundheit — geistige Gesundheit im weitesten Sinne, — die gesunde psychische Entwicklung derjenigen sein, die einmal berufen sein werden, in einer oder der anderen Weise Führer der Gesellschaft zu sein. Das bedeutet, daß unsere Arbeit nicht auf Hospitäler für Geisteskranke, auf Gefängnisse und soziale Einrichtungen beschränkt sein kann, sondern daß der wichtigste Teil der Arbeit in den höheren Schulen und an der Universität zu leisten ist (11). Hier sind wieder nicht diejenigen unsere größte Sorge, die nicht mitkommen oder offensichtlich schwierig sind als Studenten, sondern diejenigen, die ausgezeichnete Schüler sind, über deren hochgradige Intelligenz kein Zweifel besteht, aber deren heuchlerische und schiefe psychische Einstellung sehr beunruhigend sein kann. Nicht wegen der Gefahr, daß dieser Mensch ein Verlust für die Gesellschaft dadurch wird, daß sich bei ihm eine geistige oder nervöse Erkrankung entwickelt (obgleich diese Möglichkeit besteht), auch nicht, weil er ein Dieb werden könnte, sondern wegen der Gefahr, die ein glänzender Intellekt im Dienste eines zerfahrenen Gemütsleben bedeutet. Dies führt uns aber weiter in dem geschichtlichen Überblick, den ich zu geben versuche.

Im Jahre 1922 wurde beschlossen, den Commonwealth Fund (Gemeinwohlfond) von New York, eine der mit reichlichen Mitteln versehenen Stiftungen in den Vereinigten Staaten, der die Mittel für die Durchführung sozialer Untersuchungen zur Verfügung stellt, für 5 Jahre für eine Untersuchung zur Frage der Verhütung der Straffälligkeit nutzbar zu machen. Bis zu dieser Zeit war klar geworden, daß Verhütungsarbeit Arbeit an Kindern notwendig war. Die beiden Stellen, von denen man sich am meisten produktive Arbeit versprechen konnte, waren die Visiting Teachers und die Fürsorgerinnen an psychiatrischen Kliniken. Unter Visiting Teacher versteht man in den Vereinigten Staaten eine Person, die Ausbildung und Erfahrung einer Lehrerin an der Volksschule hat, die aber weiter als soziale Fürsorgerin und neuerdings auch psychiatrisch ausgebildet ist. Sie gibt keinen Unterricht, sondern ist ein Bindeglied zwischen Elternhaus und Schule. Infolge ihrer Vertrautheit mit den Methoden und Arbeitsplänen der Schule kann sie das Wesen der Schule den Eltern nahebringen, und, infolge ihrer größeren Kenntnis und ihres Verständnisses für die Nöte des Kindes, kann sie der Anwalt des Kindes sowohl den Eltern wie dem Lehrer gegenüber sein. Ihre Bedeutung in einem großen Volksschulsystem wird immer offenkundiger.

Der Visiting Teacher Association of America wurde ein Betrag zur Verfügung gestellt, um bestimmte Untersuchungen und Demonstrationen auf dem Gebiete der Schulpflege durchzuführen. Das NCMH. (National Committee for Mental Hygiene) erhielt Mittel, um Untersuchungen durchzuführen und die Anwendbarkeit und Nützlichkeit psychiatrischer Kliniken bei der Behandlung von problem children (schwieriger Kinder) zu demonstrieren. Durch diese Beihilfe war die Visiting Teacher Association von Amerika in der Lage, einer bestimmten Anzahl von Gemeinden eine Visiting Teacher auf 1 Jahr oder noch länger zur Verfügung zu stellen, um den örtlichen Schulbehörden die Methoden der Schulpflege vorzuführen. Es wurde vereinbart, daß wenn sich die Nützlichkeit der Einrichtung herausstellte, die Schule selbst ein solches Departement einführen und unterhalten werde (12).

Der Plan des NCMH. in bezug auf seinen Anteil an dem Programm war zunächst einfach. Wir waren der Ansicht, daß der strategische Punkt für die Einrichtung psychiatrischer Kliniken das Jugendgericht sei. Wir waren zuerst der Meinung, daß die Methoden, die Nützlichkeit, ja die Notwendigkeit einer psychiatrischen Klinik in der Jugendgerichtsarbeit in ein paar Monaten bewiesen werden könnten. Wir glaubten daher, daß wir vier oder sogar fünf oder sechs solcher Vorführungen in verschiedenen Städten im Laufe eines Jahres würden durchführen können (s. Anmerkung des Verfassers auf S. 84).

Die erste Klinik dieser Art wurde in Verbindung mit dem Jugendgericht von St. Louis errichtet. Wir lernten aus diesem Versuch eine Anzahl wichtiger Dinge, die die Richtung unserer Arbeit änderten. Das Wichtigste war, daß das Jugendgericht nicht die Stätte war, an der eine Arbeit zu beginnen hatte, die die *Verhütung* der Straffälligkeit zum Ziele hatte. Die Kinder vor dem Jugendgericht mögen *junge* Übertreter sein, aber sie sind keine *neuen* Übertreter. Ihr Erscheinen vor Gericht konnte ihr erstes offizielles Auftreten als Straffälliger sein. Aber dies bedeutete wenig. In der Tat waren die meisten von ihnen in ihrer Nachbarschaft, ihren Schulen und Elternhäusern schon seit längerer Zeit als schwierige und störende Elemente bekannt. Man konnte hier viel tun für die Verhütung weiterer Straffälligkeit, wie man das ja auch noch in den Instituten für jugendliche Rechtsverletzer oder sogar noch unter Erwachsenen kannte. Wenn man aber wirklich dem Anfang der Entgleisungen nahekommen wollte, mußte man noch vor der Arbeit des Jugendgerichtes eingreifen. Das bedeutete Arbeit in der Gemeinde selbst, in Verbindung mit der Schule, dem Elternhaus und anderen Gemeinschaftsorganisationen, die mit dem Leben des Kindes in enger Berührung standen (13).

Während der fünf Jahre wurden außer in St. Louis noch andere Demonstrationen durchgeführt in Dalls (Texas), Los Angeles (Cal.), Minneapolis (St. Paul), Cleveland (Ohio) und Philadelphia (Penn.). Aus sehr kleinen Anfängen in St. Louis mit verhältnismäßig einfachen Zielen, mit einem kleinen, aber gut ausgesuchten Stab von Psychiatern, Psychologen und psychiatrisch gebildeten Fürsorgerinnen wuchs die Arbeit in dem Maße, in dem wir Erfahrungen machten. Die Mitarbeiter bereicherten ihre Methoden und ihre Technik. Eine solche Vorführung wurde schließlich ein Unternehmen, das für die ganze Gemeinde von großer Bedeutung war, das das Leben der Gemeinde an fast allen vitalen Punkten berührte. Die Zeitdauer einer solchen Demonstration, die in St. Louis erst drei, dann sechs Monate betrug, wurde verlängert. In Cleveland dauerte die Demonstration anderthalb Jahre, in Philadelphia zwei Jahre. Aus der langen Zeitdauer darf man nicht auf einen Unterschied zwischen diesen beiden Gemeinden und St. Louis schließen, wo nach sechs Monaten eine dauernde Klinik eröffnet wurde. Sie ist aber bezeichnend für die Gründlichkeit der Arbeit und der verwickelten Natur der Probleme in den Gemeinden, die angeschnitten worden waren, und die irgendwie gelöst werden mußten, ehe eine solche Demonstration abgeschlossen werden konnte. Der Stab in St. Louis setzte sich zusammen aus Psychiatern, Psychologen und psychiatrisch gebildeten Sozialfürsorgerinnen. Der Stab in Cleveland bestand aus Psychiatern, Psychologen, psychiatrisch gebildeten Sozialfürsorgerinnen und Statistikern. In Philadelphia arbeiteten Psychiater, Psychologen, psychiatrisch gebildete Sozialfürsorgerinnen und Statistiker. Jeder Stab hatte natürlich die nötige Zahl von Stenographen und Bureauarbeitern. Ferner waren bei jedem Stab außerdem ortsansässige Internisten, Kinderärzte, Endokrinologisten tätig, die zeitweilig oder nur beratend mitarbeiteten.

Anfangs waren wir der Ansicht, daß für eine Demonstration fast jeder Jugendgerichtshof in Frage käme, wo der Richter genügend Verständnis für die Natur unserer Arbeit hätte, um sie willkommen zu heißen. Daß weiter jede beliebige Gemeinde recht war, vorausgesetzt, daß eine genügende Anzahl einflußreicher und gut unterrichteter Leute in der Gemeinde vorhanden war, die unser Unternehmen fördern konnten. Wir mußten völlig umlernen. Die Wahl einer Stadt für eine Demonstration — es entbrannte bald ein eifriger Wettbewerb unter den Städten — wurde eine Angelegenheit von großer Bedeutung.

Wir lernten mit fortschreitender Arbeit, daß eine child guidance clinic nicht einfach eine weitere soziale Einrichtung war, die einer Gemeinde angegliedert werden konnte, um sich mit gewissen Problemen zu beschäftigen, die offenbar ihre Aufgabe waren. Eine solche Klinik war viel eher ein hochmodernes Instrument, das für erfolgreiche Arbeit solche Gemeinden erforderte, die auf allen anderen Gebieten fast ebenso modern organisiert waren wie es selbst. Guter Wille allein genügte nicht. Der Erfolg der Klinik beruhte auf dem Erfolg in der Behandlung des einzelnen Kindes. Der Erfolg in der Behandlung des Kindes beruhte wiederum auf den Hilfsmitteln, die in der Gemeinde für solche Behandlung zur Verfügung standen. Wenn die Schulen veraltet und fast ohne alle moderne Einrichtungen waren, wenn die soziale Fürsorgearbeit laienhaft und noch immer auf einer veralteten, amateurhaften Wohltätigkeitsbasis beruhte, wenn keine genügenden Erholungsmöglichkeiten vorhanden waren, wenn, mit anderen Worten, die Gemeinde ihre verschiedenen sozialen Hilfsmittel nicht bereits zu einer gewissen modernen Höhe entwickelt hatte, war eine child guidance clinic viel zu sehr behindert. Sie konnte nicht alle diese fehlenden Einrichtungen ersetzen. Das Wesen einer child guidance clinic und besonders psychiatrischer sozialer Arbeit ist eine Verfeinerung gewöhnlicher sozialer Fürsorgearbeit, eine Verfeinerung der Pädagogik, der Jugendgerichtsarbeit, der Schutzaufsichtsarbeit, der Erholungsfürsorge. Und wenn diese Dinge an sich noch nicht bereits in irgendeinem modernen Sinne existieren, können sie auch nicht verfeinert werden (14). Ich hoffe, es ist deutlich, was ich meine. Eine child guidance clinic kann in jeder beliebigen Gemeinde arbeiten. Aber die Feinheit ihrer Arbeit ist abhängig von der Höhe, auf der sich die anderen sozialen Einrichtungen befinden, mit denen sie in Berührung kommt, und von denen sie oft in der Durchführung ihrer Behandlung abhängig sein wird. Wenn diese Einrichtungen rückständig sind, wird die Klinik viel Kraft aufwenden müssen, um sie auf eine moderne Höhe zu bringen. In gewissem Sinne muß dies in jeder Gemeinde geschehen und ist so schließlich eine relative Angelegenheit. Zu Forschungs- und Demonstrationszwecken mußten wir uns aber notwendig solche Gemeinden aussuchen, in denen die Hauptkraft der Klinik direkt auf ihre eigene Arbeit verwandt werden konnte.

Ehe eine Stadt gewählt wurde, verschafften wir uns durch einen sachverständigen Stab von psychiatrisch gebildeten Sozialfürsorgern zunächst einen genauen Überblick über die sozialen Einrichtungen, die bereits der Gemeinde zur Verfügung standen und über den Standard der Arbeit, die in diesen verschiedenen Instituten getan wird. Wir wählten dann solche Städte, die bereits in einem modernen Sinne gut durchorganisiert waren und die daher die besten Gelegenheiten für brauchbare Mitarbeit boten. Wir berücksichtigten auch die strategische Lage einer Stadt, die möglichst im Zentrum eines größeren Gebietes sein sollte. (Den Süden, die Pazifikküste, den Nordwesten, den mittleren Westen, den Osten.)

Die child guidance clinic ist ein kooperatives Unternehmen der Gemeinde (15). Die Aufforderung, eine solche Klinik zu eröffnen, sollte bedeuten, daß diejenigen, von denen diese Einladung ausging, der Ansicht seien, daß es sich um eine intelligente und fortschrittliche Gemeinde handele, deren kommunale Einrichtungen bereits gut und modern organisiert seien. Die Einladung sollte besagen: in den verschiedenen Zweigen unserer kommunalen Arbeit gebrauchen wir bereits die technisch besten und neuesten Methoden, die entwickelt worden sind. Es gibt aber auch auf all unseren Arbeitsgebieten Probleme, die ungelöst geblieben sind, weil wir sie nicht verstehen. — Wir erwarten nicht, daß ihr sie löst, aber wir glauben, daß viele dieser Probleme von euch gelöst werden können, oder daß ihr uns helfen könnt, sie zu lösen. Und wieder andere werden wir durch eure Hilfe besser verstehen können. Und so werden wir schließlich den Weg finden, der zur Lösung führt. Bei der Bearbeitung dieser Probleme versprechen wir euch die weiteste Mitarbeit.

Die child guidance clinic wird daher der Mittelpunkt eines Netzes kooperativer Beziehungen, die in alle Teile der Gemeinde reichen und alle ihre Arbeitsgebiete berühren, die mit dem Leben des Kindes zu tun haben. Sie bringt in der Zusammenarbeit mit ihr protestantische, katholische, jüdische und nichtreligiöse soziale Fürsorgeeinrichtungen, die Schulen,die Kirche, die Gerichte, die Vereine für öffentliche Gesundheitspflege, die Eltern und die Lehrervereinigungen, die Ärzte, die Juristen und die große Anzahl von Stellen, die in der Regel vorhanden sind, und die mit irgendeiner Phase des kindlichen Lebens zu tun haben; alle diese bringt die Klinik in kooperativer Zusammenarbeit miteinander in Berührung. Von diesen Stellen bekommt sie ihr Material über die einzelnen Fälle zur Untersuchung und zur Bearbeitung. Um für die Gründung einer dauernden Klinik die nötige Unterstützung zu finden, sucht man auch die Verbindung mit den Verbänden der Geschäftsleute, den Frauenvereinigungen, den Verbänden der Journalisten und ähnlichem.

Nach vielen Versuchen setzte man, wie ich bereits angedeutet habe, den hauptberuflichen Stab einer child guidance clinic zusammen aus Psychiatern, Psychologen und psychiatrisch gebildeten Sozialfürsorgerinnen. Andere medizinische Spezialisten sind immer im Stabe entweder hauptamtlich oder nebenamtlich vertreten durch Arbeitsgemeinschaft mit den lokalen spezialärztlichen Instituten, wie Kinderkrankenhäuser, Laboratorien usw.

Der Direktor der Klinik ist ein Psychiater, weil er für die Arbeit eine größere Erfahrung und zweckentsprechendere Ausbildung mitbringt als andere. Der Psychologe und die psychiatrisch gebildete Sozialfürsorgerin arbeiten jedoch nicht als seine Assistenten, sondern als seine Kollegen. Jeder von ihnen gibt unabhängig seinen fachlichen Beitrag bei der Untersuchung der vorkommenden Probleme. Die Schlüsse, zu denen man kommt, und die Behandlung, zu der man sich entschließt, sind das Resultat gemeinsamer Beratungen, bei denen alle die Tatsachen berücksichtigt werden, die bei den verschiedenen Untersuchungen gefunden worden sind. Arbeitsbesprechungen des Stabes, bei denen das Material über die Fälle vorgelegt und besprochen wird, finden in einigen Kliniken täglich, in anderen dreimal wöchentlich statt. Die Art der Untersuchung eines Kindes hängt von der Art der vorliegenden Schwierigkeit und von den Gründen ab, aus denen das Kind zur Untersuchung in die Klinik gekommen ist. Es hat sich als nötig erwiesen, dreierlei Arten von Dienst einzurichten: 1. einen beratenden Dienst, in dem eine Untersuchung vorgenommen wird, die zur Stellung einer Diagnose und zur Erteilung allgemeiner Anweisung genügt, 2. eine Aufsichtsbehandlung und 3. die Vollbehandlung. In den beiden letzteren Fällen werden sehr vollständige Untersuchungen angestellt über das Kind selbst und alle Kräfte, die es beeinflußt haben können, z. B. die Schule, das Elternhaus, die Nachbarschaft. Bei der Aufsichtsbehandlung wird von dem Stab der Klinik im Einverständnis mit der um Rat fragenden Stelle ein Behandlungsplan aufgestellt. Das Kind wird dann dieser Stelle zurückgegeben, die die Behandlung unter Aufsicht des Stabes durchzuführen hat. Im Verlauf der Behandlung finden häufige Besprechungen zwischen den Mitgliedern des Klinikstabes und den Mitarbeitern der Stelle, der der Fall anvertraut ist, statt, so daß in der Behandlung Änderungen, die im Verlauf der Dinge nötig oder wünschenswert werden, vorgenommen werden können. Die Behandlung der Fälle, die ganz in die Klinik aufgenommen werden, wird von dem Stab der Klinik ausgeführt. Von den drei verschiedenen Diensten wird etwa in folgendem Verhältnis Gebrauch gemacht:

Die kurze Untersuchung zur Stellung einer Diagnose wird nicht so gern gesehen. Sie ist nötig, um solchen Situationen zu begegnen, in denen sie von Nutzen sein kann. Die Aufsichtsbehandlung wird sehr gefördert, da sie nicht nur die Arbeitsmöglichkeiten der Klinik erweitert, sondern auch einen ausgesprochenen erzieherischen Wert hat. Die Erklärung des Befundes der Untersuchung, der Plan für die Behandlung, bei dem für jeden Schritt die Gründe angegeben werden, die häufigen Beratungen und weiteren Erklärungen im Verlauf der Behandlung zeigen den Mitarbeitern der um Rat fragenden Stelle neue Gesichtspunkte und geben ihnen neue Hilfsmittel an die Hand, die ihnen nicht nur in dem besonderen Fall, in dem sie um Rat gefragt haben, sondern für ihre Arbeit überhaupt von Nutzen sind. Dies führt allmählich dazu, daß alle Stellen, die so mit der Klinik zusammenarbeiten, nach und nach ganz mit dem, wie wir sagen, „psychiatrischen Gesichtspunkt“ durchdrungen werden, was natürlich ihre weitere Arbeit nachdrücklich beeinflußt (16).

Die Zahl von Fällen, die in dieser Weise behandelt werden können, hängt natürlich von der Höhe ab, auf der die verschiedenen lokalen Einrichtungen stehen. Wie ich schon gesagt habe, ist die Klinik eine kooperative Einrichtung der Gemeinde, und jede Stelle hat daher ein Recht, einen gewissen Dienst zu erwarten. Wenn die Sache ganz den „hungrigen Einrichtungen“ überlassen werden würde, würde die Klinik in einer Woche überschwemmt sein. Jede Stelle würde all ihre schwierigen und ungelösten Fälle der Klinik zuführen. Es wird daher von vornherein klargestellt, daß die Anzahl von Fällen, die besonders in Aufsichtsbehandlung von irgendeiner Seite übernommen werden kann, u. a. in der Hauptsache davon abhängt, ob die Klinik zu der in Frage kommenden Stelle das Vertrauen haben kann, daß sie imstande sein wird, die vereinbarte Behandlung durchzuführen. Das bedeutet natürlich, daß festgestellt werden muß, auf welcher Höhe die hauptberufliche Arbeit steht, die solch eine Stelle leisten kann. Von einigen gut organisierten und sachverständig geleiteten Stellen mit erfahrenen, gut ausgebildeten Mitarbeitern können, besonders wenn sie wie das schon vielfach geschehen ist psychiatrisch vorgebildete Mitarbeiter in ihrem Stabe haben, viele Fälle angenommen werden. Von anderen Stellen desselben Arbeitsgebietes, die beschwert und belastet sind mit den gleichen Fällen, können doch nur wenige im Laufe eines Jahres angenommen werden. Die Gründe werden dann deutlich angegeben. Der Stelle wird mitgeteilt, daß sie für die erforderliche Arbeit nicht genügend vorbereitet ist und daß sie, ehe solche Arbeit ordentlich unternommen werden kann, sich neuorganisieren und modernisieren muß. Bei der Behandlung solcher Fälle entstehen natürlich unerfreuliche Situationen. Ich glaube aber, daß man sagen kann, daß die ausführenden Organe der Klinik ihre psychiatrische Einsicht und ihr Verständnis ebensogut zur Anwendung bringen, wenn sie mit den Vertretern dieser Einrichtungen zu tun haben, als wenn sie ihre Patienten behandeln. In der Regel werden dann auch bei den in Frage kommenden Stellen Änderungen vorgenommen, die ein besseres Zusammenarbeiten im Rahmen einer Aufsichtsbehandlung möglich machen.

Bei Beginn eines solchen Unternehmens muß man den in Frage kommenden Stellen zunächst klarmachen, mit welchen Fällen die Klinik sich beschäftigen will (17). Nicht die Erwachsenen, sondern die Kinder, und vorzugsweise jüngere Kinder, interessieren die Klinik. Die Altersgrenze wird gewöhnlich auf 16 Jahre festgesetzt, obgleich auch etwas ältere Halbwüchsige unter besonderen Umständen angenommen werden können. Weiter muß die Klinik wegen der beschränkten Anzahl von

Fällen, die sie behandeln kann, unter allen Umständen alle Kinder ausschließen, die intellektuell defekt, geistesschwach sind, und weiter ein für allemal die, die wir psychopathische Kinder nennen würden. Wir stellen klar, daß das Kind, mit dem wir es zu tun haben, das sogenannte intellektuell normale Kind ist, welches bei seinen Schwierigkeiten, sich in das Gemeinschaftsleben einzuordnen, in unsozialer oder ungesunder Weise reagiert, so daß es ein sogenanntes „schwieriges Kind", ein „problem child" geworden ist. Die mangelhafte soziale Anpassung (maladjustment) eines solchen Kindes kann sich in verschiedener Weise offenbaren: Enuresis, Mäkeln beim Essen, Idiosynkrasien und Zornausbrüche bei jüngeren Kindern, Lügen, Stehlen, Ausrücken, Streitsüchtigkeit, unerklärliches Versagen in der Schule, Toben, Eigensinnigkeit, Ungehorsam, unbegründetes Sichabsondern und weiter eine lange Liste von Reaktionen, mit denen wir alle bei älteren Kindern vertraut sind.

Die Frage der Terminologie in den verschiedenen Sprachen ist natürlich schwierig. In den Vereinigten Staaten würden wir den Ausdruck „psychopathische Kinder" in bezug auf die Arbeit der child guidance clinic nicht anwenden. Für uns würde diese Bezeichnung auf ein Kind deuten, dessen geistiger Zustand und dessen Affektleben ganz geregelt und festgelegt sind, nämlich schon soweit, um eine psychiatrische Diagnose zu gewährleisten. Von einem epileptischen Kinde, bei dem sich behavior disorders (Störungen im Benehmen) zeigen, würden wir wohl als von einem „psychopathischen" Kinde sprechen; ebenso auch von einem Halbwüchsigen mit einer genügend festgelegten Art der Reaktion, so daß bei ihm eine beginnende dementia praecox, eine „psychopathische Persönlichkeit", ein „konstitutionell psychopathisch Minderwertiger" festgestellt werden kann. Auch ein Kind mit einem post encephalitischen geistigen Zustand würde von uns als „Psychopath" bezeichnet werden. (Diese letzteren Kinder werden, nebenbei gesagt, in den Kliniken zur Untersuchung aufgenommen, da sie ein akutes Problem von großer sozialer Bedeutung darstellen. Die anderen Typen, die ich erwähnt habe, schließen wir aus und verweisen sie an ausgesprochen psychiatrische Kliniken.) Der Ausdruck „psychopathische Kinder" würde weiter für uns bedeuten, daß das Hauptproblem dieses Kindes sein „geistiger" Zustand ist, und daß, wenn eine Lösung gefunden werden soll, diese in der Behandlung und Änderung dieser geistigen Faktoren in diesem Kinde liegen muß. In einem gewissen Sinne trifft das zu für unsere Auffassung von regelwidrigem Verhalten (behavior disorders), aber nicht in dem Sinne, wie ich es hier gebraucht habe, der übereinstimmt mit einer, wie wir glauben, unhaltbaren Ansicht, die früher in der Psychiatrie vorhanden war, und die noch heute bei den Psychiatern herrscht, die vorwiegend „Organiker" sind, oder die keine Erfahrung im Studium der psychiatrischen Probleme im Außendienst haben, wie sie sich in regelwidrigem Verhalten (behavior disorders) offenbaren. Die ganze Erfahrung dieser Leute ist auf das Hospital beschränkt, wo sie mit vollentwickelten psychotischen Zuständen zu tun haben. Unserer Ansicht nach haben wir es nicht nur mit der „Psyche“ des Kindes zu tun, sondern mit dem Kind als Ganzes. Die Psyche ist ein Teil des Kindes, und darum liegt hier ein Problem vor. Aber es ist dies nicht notwendigerweise das Hauptproblem, und die „Psyche“ ist nicht notwendig der Hauptangriffspunkt für eine Behandlung. Bei den Kindern, mit denen wir zu tun haben, ist der geistige Zustand nicht organisch bedingt oder festgelegt. Er läßt sich ändern und wird sich mehr oder weniger in sozialer und gesunder Richtung reorganisieren lassen, wenn eine entsprechende Gelegenheit geschaffen wird. Das Problem und der Angriffspunkt liegen also außerhalb der „Psyche“ des Kindes und vielmehr in den ungesunden Einflüssen, die ungebührlich stark und schädigend darauf einwirken (18). Sie zwingen es in ungesunde Bahnen, verhindern die normale Entwicklung zu dem regelrechten Verhalten der Erwachsenen und legen es unter Umständen auf das für ein früheres Alter normale Verhalten fest. Mit anderen Worten, unsere Arbeit hat mit Kindern zu tun, bei denen wir die Entwicklung zu einer Persönlichkeit, der es schwer oder unmöglich sein wird, sich befriedigend und glücklich dem Gemeinschaftsleben anzupassen, verhindern können, d. h. also zu einem Typus, der in unserem Sinne noch nicht „psychopathisch“ ist, dies aber werden kann.

Und doch scheint mir aus den Definitionen von Prof. *Kramer* und Prof. *Thiele* in Berlin hervorzugehen, daß sie, wenn sie den Ausdruck „jugendliche Psychopathen“ oder „psychopathische Kinder“ anwenden, denselben Typus im Sinne haben wie wir, wenn wir die Ausdrücke „problem children“, „unstable children“ (unbeständige Kinder), „maladjusted children“ gebrauchen. Prof. *Kramer* hat gesagt: „Psychopathische Kinder sind solche, die nicht schwachsinnig sind, die Erziehungsschwierigkeiten bereiten, die sich asozial verhalten, und bei denen es sich ergibt, daß sie den normalen Erziehungseinflüssen gegenüber sich unzugänglich verhalten.“ Prof. *Thiele*: „Von Psychopathen sprechen wir überall da, wo die Entfaltung der seelischen Anlagen zu einem Zustand mangelnder Harmonie der Persönlichkeit an sich oder ihren Beziehungen zur Gesellschaft geführt hat.“ Diese Definitionen würden, wie mir scheint, im großen und ganzen den Typ von Kindern treffen, mit denen wir es zu tun haben, besonders die von Dr. *Thiele*. Ich bin jedoch nicht so sicher, bezüglich der Folgerungen, die diese Definitionen in sich schließen. Wenn ich Prof. *Kramers* Satz richtig verstehe: „daß sie den normalen Erziehungseinflüssen gegenüber sich unzugänglich verhalten“ bin ich nicht sicher, ob dies eine irgendwie beträchtliche Anzahl der Kinder treffen wird, die wir in unseren Kliniken sehen. Es gibt eine Gruppe, von der dies wahr ist. Aber die bei weitem größere Anzahl von Kindern, die wir in den letzten 6 Jahren untersucht haben, waren nicht Kinder, die normalen Erziehungseinflüssen gegenüber *unzugänglich* waren, sondern vielmehr Kinder, die solchen Einflüssen durchaus *zugänglich* waren, die aber nicht in geeigneter Weise mit diesen Einflüssen in Berührung gebracht worden sind. Die Einflüsse, unter denen sie standen, waren nicht normal, oft ausgesprochen abnormal. Manchmal waren sie nur zu offensichtlich, manchmal auch waren sie verborgen, aber sie waren da, und sie waren nicht gesund. Ich möchte feststellen, daß diese Ansicht kein Vorurteil ist und auch ihre Wurzel nicht in Sentimentalität hat. Es ist eine Ansicht, zu der wir langsam als Ergebnis sorgfältiger Studien sowohl des Kindes als auch der Einflüsse, die auf das Kind eingewirkt haben, gekommen sind. Die Behauptung würde weiter einschließen, daß bei einem Vergleich zwischen den „Erziehungseinflüssen", dem Elternhaus, der Schule, der Kirche, der Nachbarschaft, die Erziehungseinflüsse immer gut und richtig und, so wie sie sein sollten, wären, und daß das Kind immer unrichtig und schlecht wäre. Die Erziehungseinflüsse sind etwas Feststehendes, Unveränderliches und, wenn das Kind diesen Einflüssen nicht nachgibt, ist eben mit dem Kinde irgend etwas nicht in Ordnung. Unsere Untersuchungen beweisen dies nicht; wir stellen häufiger fest, daß die unglücklichen, dem normalen Verhalten widersprechenden Reaktionen (behavior reactions) des Kindes nur das zu erwartende Resultat einer falschen Anwendung der sogenannten Erziehungseinflüsse darstellen. Nicht selten ist der Protest des Kindes, der sich in asozialem Verhalten äußert, ein normaler, gesunder und richtiger Protest, obgleich unglücklich im Ausdruck (19). Dieser Protest richtet sich gegen eine unmögliche und ungesunde Situation, selbst wenn diese Situation solche hochachtbaren Namen führt wie: „elterliche Autorität", „Mutterliebe", „Schulpflichten" u. dgl. Dies alles sind „Erziehungseinflüsse", und sie können verderbend wirken oder auch aufbauend, man darf sie aber nicht als das nehmen, was sie scheinen (vgl. Anmerkung des Herausgebers am Schluß des Vortrages).

Wie ich schon gesagt habe, wird jedes Kind, das in die Klinik zur Untersuchung und Behandlung aufgenommen wird, von verschiedenen Seiten studiert. Diese Untersuchungen schließen eine gründliche körperliche Untersuchung und, soweit sie in Frage kommen, auch solche Spezialuntersuchungen ein, wie serologische, endocrinologische, dann auch neurologische, psychiatrische (20) und psychologische Untersuchungen, um den Intelligenzgrad festzustellen und ausfindig zu machen, ob irgendwelche besonderen Fähigkeiten oder Fehler bei dem Kinde vorhanden sind. Eine sehr sorgfältige Untersuchung der persönlichen und sozialen

Geschichte des Kindes wird angestellt. Man kann diese verschiedenen Untersuchungen in ihrer Bedeutung nicht miteinander vergleichen. Sie alle sind ein wesentlicher Teil in der Untersuchung des ganzen Kindes, und jede ist nötig für ein vollständiges Verständnis desselben. Es mag jedoch gesagt werden, daß sich aus der körperlichen Untersuchung verhältnismäßig wenig für das Verständnis des Verhaltens des Kindes ergibt. Es gibt wenig Kinder, bei denen nicht ein oder der andere körperliche Schaden oder eine Schwäche gefunden werden kann; schadhafte Zähne, Anschwellungen der Drüsen oder Mandeln, leichte Verkrümmungen des Rückgrates od. dgl. Aber es kann selten nachgewiesen werden, daß dies in einer Beziehung steht zu dem Verhalten des Kindes. Schäden, die festgestellt werden, werden natürlich wegen der allgemeinen Gesundheit des Kindes behandelt. Gelegentlich werden natürlich auch körperliche Zustände gefunden, die in erster oder wenigstens zweiter Linie als Ursache für mangelhafte soziale Anpassung (maladjustment) des Kindes angesehen werden können. Aber dies ist die Ausnahme und nicht die Regel. Der Psychologe kann häufig bedeutend zur Erklärung des Verhaltens des Kindes beitragen. Dies ist besonders bei Kindern mit großer Intelligenz der Fall, die in der Schule nicht richtig eingeschätzt worden sind, und deren Benehmen zu Schwierigkeiten geführt hat als Resultat der Langeweile, die sie in der Eintönigkeit und Reizlosigkeit der Schulroutine empfinden. Auch auf die Kinder trifft das zu, die schwer benachteiligt worden sind durch besondere Defekte (21), die vorher nicht erkannt worden waren. Die neurologische Untersuchung ergibt wenig. Wenn die psychiatrische Untersuchung auch nur eine routinierte Hospitaluntersuchung ist, bei der der Untersuchende nach bestimmten Zeichen und Symptomen ausgesprochener geistiger Erkrankung sucht, so ergibt auch sie wenig. Aber die psychiatrische Untersuchung verbunden mit einer gründlichen Studie der persönlichen und sozialen Geschichte des Kindes ergibt eine Fülle von Material, dessen Ausdeutung und Verständnis den besten Geistern auf diesem Arbeitsgebiet eine lohnende Aufgabe bieten kann. Hier kommen wir zum Zentrum der Sache. Die Arbeit einer Generation wird noch nötig sein, ehe wir zu einem abschließenden Verständnis von der vollen Bedeutung der Tatsachen kommen werden, die täglich auf diesem Gebiet herausgegraben und an die Oberfläche gebracht werden können. Dieses Material wirft sofort neues Licht auf einige sehr alte Probleme. Es kann auch sofort zur praktischen Anwendung in der Behandlung eines beliebigen Kindes kommen. Aber man wird zuerst oft getäuscht durch die anscheinendeEinfachheit der kausalen Beziehungen, die man gefunden hat, und der Lösung, die sich anbietet. Manchmal scheint, das ist wahr genug, ein kompliziertes Verhalten ganz einfach zu erklären zu sein. Aber der erfahrene Forscher ist beeindruckt von der neuen Welt von Verwobenheiten, die sich vor ihm auftut. Er weiß, daß wir erst am Anfang eines Werkes herumprobieren, das anscheinend tiefe und fundamentale Bedeutung hat. Wie weit es schließlich reichen wird, kann man nicht wissen. Man kann nur wissen, daß es dicht an die Wurzeln führt und daß seine Pflege wahrscheinlich die Hauptaufgabe dieser und der nächsten Generation sein wird. Man braucht nicht zu zögern, dies zu sagen, auch wenn der Vorwurf erhoben wird, daß man einseitige und fachliche Ansichten habe. Es ist dies klar genug und ganz einfach zu verstehen, und wenn Zeit ist, möchte ich diesen Faden gern ein wenig später noch weiter verfolgen.

Die persönliche und soziale Studie des Kindes wird von der psychiatrisch gebildeten Sozialfürsorgerin gemacht, die ich bereits oft genannt habe. Ein paar Worte mehr sollten darüber gesagt werden. Ohne die psychiatrisch gebildete Sozialfürsorgerin würde der Psychiater kein so ausgedehntes Arbeitsfeld in der Gesellschaft bekommen haben, wäre das verhältnismäßig schnelle Wachsen seines Einflusses, das Erkennen gewisser Probleme nicht möglich gewesen. Eine gut ausgebildete, fähige und erfahrene psychiatrisch gebildete Sozialfürsorgerin ist eher Gold wert als irgendein anderer Berufsarbeiter, den ich kenne. Es ist mir klar, daß dies eine extreme Feststellung ist, aber man kann die Bedeutung der psychiatrisch gebildeten Fürsorgerin auf diesem Gebiet kaum überschätzen. Es ist vollkommen klar, daß wir ohne sie die Arbeit nicht tun könnten, die jetzt getan wird. Ein Psychiater in den Vereinigten Staaten ist ein Individuum von etwas mehr als durchschnittlicher Begabung, der eine etwas enge Ausbildung in der Medizin und eine noch engere auf dem Spezialgebiet der Psychiatrie erfahren hat. In seiner ganzen Ausbildungszeit hat es fast immer an Elementen gefehlt, die geeignet gewesen wären, sein soziales Empfinden zu wecken, die ihm einige Kenntnis oder wenigstens ein Interesse an sozialen Problemen vermittelt hätten. Niemand verhalf ihm zu einem Verständnis sozialer Institutionen oder kommunaler Einrichtungen, soweit sie nichts mit Medizin zu tun hatten. Niemand verschaffte ihm einen Einblick in das Leben, wie es die verschiedenen sozialen Schichten führen, und in die Probleme, die das Leben den Individuen in diesen Gruppen bringt. Meistens kennt er das Leben nur wenig und nur aus seiner persönlichen Berührung damit. Er kennt seine Medizin und seine Psychiatrie. In ihnen mag er gute Arbeit leisten und der Mehrheit seiner Kollegen voraus sein, aber seine Philosophie des Lebens, seine moralischen, ethischen, religiösen und sozialen Anschauungen sind meistens nicht mehr als seine persönliche Reaktion auf die bequem zur Hand befindliche Fertigware, die ihm im Laufe seines Lebens angeboten worden ist und die er angenommen, abgelehnt, oder abgewandelt hat, ganz wie dies rein zufällig seinen persönlichen Bedürfnissen entsprach. Die psychiatrisch gebildete Sozialfürsorgerin ist die Lehrerin des Psychiaters geworden. Nicht, daß sie ihre Ansichten über diese Dinge dem Psychiater gebracht hätte. Ganz objektiv und meist unbewußt hat sie für den Psychiater Material gesammelt und diesem vorgelegt, von dessen Existenz dieser nur dunkel oder überhaupt nichts ahnte. Das Leben des Psychiaters und sein Fachwissen ist dadurch bereichert worden, und er neigt eher dazu, ein nachdenklicher Mensch und Staatsbürger zu werden als ein einseitiger Routinist, der sich abschließt, um sagen wir einmal seine „Berufsarbeit" zu tun.

Selbst wenn es hier und da einen Psychiater gab, der nicht von dem Typus war, den ich beschrieben habe, und dessen Ausbildung etwas umfassender, dessen soziales Verständnis und Interesse über das enge Gebiet seines Faches hinausging, so war auch er trotzdem mehr oder weniger hilflos aus dem einfachen Grunde, daß ein Mann nur eines Mannes Arbeit im Laufe eines Tages tun kann. Seine Untersuchungen waren zeitraubend, so daß er nur wenige Patienten sehen konnte. Viele Informationen bezüglich seiner Patienten konnte er nicht erhalten, denn diese Informationen kamen ja nicht von selbst zu ihm, er mußte sie sich besorgen, und er hatte weder Zeit dazu, noch wußte er, wie er sie sich verschaffen sollte. Er gab Richtlinien für die Behandlung, der seine Patienten unterzogen werden sollten. Aber gebunden an sein Bureau, hatte er keine Möglichkeit, das durchzusetzen oder den Verlauf der Behandlung genügend zu verfolgen. Seine Arbeit reichte hinein in das Gemeinschaftsleben, aber es gab keinen Weg für ihn, diese Gemeinschaft zu erreichen.

Die psychiatrisch gebildete Sozialfürsorgerin ist zu einem Bindeglied zwischen dem Psychiater und der Gemeinschaft geworden. Sie ist sein Auge, sein Ohr, seine Hände, seine Beine und tatsächlich ein Teil seines Intellekts geworden. Sie hat ihn vervielfältigt. Sie tut für ihn, was er selber nicht tun kann, sowohl bezüglich der Beschaffung der notwendigen Informationen für ein genaues Verständnis des Patienten als auch hinsichtlich der Aufsicht über die Behandlung, daß diese in Übereinstimmung mit den Plänen des Psychiaters durchgeführt wird. Sie ist das Bindeglied zwischen dem Psychiater, dem Elternhaus, der Schule und der Gemeinde ganz allgemein. Aber noch mehr als ein Bindeglied ist sie ein aktiver, heilender Faktor im Elternhaus, in der Schule und im Gemeinwesen.

Die Arbeit der psychiatrisch gebildeten Sozialfürsorgerin ist in den Vereinigten Staaten ein Beruf, in den man erst eintreten kann nach Absolvierung einer beruflichen Ausbildung, die sorgfältig darauf zugeschnitten ist, ihr die Ausrüstung zu verschaffen, die sie braucht, um mit den Problemen fertigzuwerden, mit denen sie später zu tun haben wird. (In diesem Sinne ist ihre Ausbildung etwas Besonderes. Die Ausbildung in älteren Berufen hat sich mehr oder weniger langsam entwickelt, enthält viele Kompromisse und ist nicht so genau auf die Probleme zugeschnitten, die zu behandeln sind.) Diese Ausbildung setzt das Abiturium voraus; nur die können zugelassen werden, die ihre Arbeiten für einen akademischen Grad an einer anerkannten Universität oder einem college abgeschlossen haben. Gewöhnlich dauert der Kursus zwei akademische Jahre, von denen ein sehr beträchtlicher Teil der praktischen Arbeit unter genauer Aufsicht gewidmet ist. Die Schülerin wird in der üblichen sozialen Fürsorgearbeit ausgebildet und wird daher zunächst vollausgebildete soziale Fürsorgerin. Darüber hinaus erhält sie sorgfältig vorbereiteten Unterricht in sozialer und klinischer Psychiatrie und schließlich ihre praktische Ausbildung auf dem Gebiete des psychiatrischen Außendienstes. (Die Smith College School of Social Work und die New York School for Social Work haben speziell die Ausbildung psychiatrisch gebildeter Sozialfürsorgerinnen aufgenommen, obwohl auch Kurse auf der School of Social Work of Simmons college, Boston, und an der Philadelphia School of Social Work gegeben werden. Praktisch bieten jetzt alle Schulen für soziale Fürsorge in den Vereinigten Staaten irgendwelche Kurse in sozialer Psychiatrie oder geistiger Hygiene, obwohl sie nicht völlig ausgerüstet sein mögen, um eine vollständige Ausbildung für diese Art von Beamtinnen zu geben. Es sollte nicht unerwähnt bleiben, daß es nicht der Wunsch der Smith College School oder der New Yorker Schule ist, ihren Unterricht in sozialer Psychiatrie nur auf solche Studenten zu beschränken, die in besonderer Weise für die psychiatrische Sozialarbeit ausgebildet werden. Man ist vielmehr bemüht, diesen Teil der Ausbildung der psychiatrisch gebildeten Sozialfürsorger in die Ausbildung aller anderen Sozialfürsorger aufzunehmen, d. h. mit anderen Worten: man will den „psychiatrischen Gesichtspunkt“ in alle soziale Fürsorgearbeit einführen, mag es nun Familienfürsorge, Kinderhilfswerk, Krankenpflege, Fabrikpflege oder Erholungsfürsorge sein. Alle Sozialarbeiter, und das soll ausgedehnt werden auf alle ärztlichen, juristischen, theologischen, volkswirtschaftlichen Berufe, auf die Berufe des Lehrers, der Krankenpflege und selbst des Journalisten, sollten — dies ist die Überzeugung — mit psychiatrischem Material, mit psychiatrischen Gesichtspunkten und Methoden vertraut sein, damit sie besser die behavior problems auf ihren Arbeitsgebieten verstehen können, damit sie besser wissen, was sie von dem Psychiater erwarten können und was nicht, wie sie mit ihm am besten zu gegenseitigem Vorteil zusammenarbeiten können, und wie sie selbst mit einigen der einfachsten Probleme fertig werden können, die ihnen täglich in ihrer Arbeit begegnen. Der Psychiater und die psychiatrisch gebildete Sozialfürsorgerin werden dann frei sein, um sich den schwierigeren und mehr technischen Problemen zuzuwenden, die ein Wissen und eine Erfahrung voraussetzen, die man von den auf anderen Gebieten Tätigen nicht erwarten kann.)

Die soziale Untersuchung hat unsere Augen für viele Dinge geöffnet, die wir vorher noch nicht gesehen haben, und hat große Veränderungen in unseren psychiatrischen Methoden und in unserer Technik hervorgerufen. Wir finden, daß wir nicht *ein* Individuum zu behandeln haben, etwa das Kind, was uns vorgestellt wird, daß wir bestimmt nicht nur mit einem *Teil* des Kindes, der Psyche, zu tun haben, sondern mit der Gesamtsituation, die die häuslichen Verhältnisse einschließt und sich auf Eltern, Geschwister, Schule und Nachbarschaft erstreckt. Es ist ein gebräuchliches Wort in der child guidance clinic, daß wir meistens nicht das Kind zu behandeln haben, sondern die Eltern, die Lehrer und andere, die in enger Beziehung zu dem Kinde stehen. Nicht alle Frauen lieben ihre Männer und nicht alle Männer lieben ihre Frauen. Dies schafft eine Lage im Hause, die eine unvermeidlich nachhaltige Wirkung auf die seelische Entwicklung und auf die affektiven Reaktionen des Kindes ausüben muß. Nicht alle Kinder, selbst nicht in gut bürgerlichen Häusern, sind erwünscht oder werden willkommen geheißen, wenn sie erscheinen. Die Eltern mögen tun, was sie wollen, um diese Tatsache vor dem Kinde zu verbergen. Es wird ihnen aber nicht gelingen. Das Durchschauen dieser Situation bedeutet eine schwere Erschütterung für das Kind. Die Eltern mögen behaupten, daß sie keins ihrer Kinder bevorzugen. Aber nur selten ist das wahr. Aber selbst, wenn diese Situationen und noch viele andere nicht vorhanden wären, wenn das Elternhaus das ideale Heim wäre (22), wie wir es uns so gern denken und nur zu oft törichterweise annehmen, daß es so ist, so würde doch die Tatsache bestehen bleiben, daß in einem äußerst schwierigen Unternehmen, nämlich in der Erziehung von Kindern, die Eltern keine Ausbildung haben. Wer Klempnergeselle, Automechaniker, Hausmädchen, Waschfrau, oder wer Arzt, Jurist, Kaufmann, Direktor werden will, muß etwas Entsprechendes lernen. Eltern zu sein ist wenn man so will, der einzige Beruf in Amerika, der ohne bestimmte Lehre und Vorbereitung ausgeübt werden darf. Jedermann kann es werden. Man lernt es daher erst, während man schon an der Arbeit ist. Und dann kann man sich dieser Arbeit noch nicht einmal ungeteilt hingeben, sondern viele andere Aufgaben beanspruchen gleichzeitig unsere Zeit und unsere Kraft. Es gibt einfach keine weniger geeignete und weniger rationelle Art zu lernen als diese. Es ist daher nicht überraschend, daß aus dieser Situation heraus in ihrem Gemütsleben verschlossene und mißratene Kinder kommen. Einige protestieren heftig durch ihre Rechtsverletzungen, die anderen aber werden überwältigt, geben den Kampf auf oder gehen ihm aus dem Wege dadurch, daß sie sich selbst in sich zurückziehen. Dies letztere ist wohl ein uns angenehmerer Typ von Kindern, aber wahrscheinlich ein weniger gesunder als jener erste. Es kann daher nicht überraschend sein, daß viel von der Arbeit der child guidance clinic auf diese häusliche und elterliche Situation entfällt statt auf das Kind selbst. Ehe man nicht die psychischen Strömungen, die deutlich erkennbaren sowohl wie auch die verborgenen, die im Heim des Kindes herrschen, verstanden und eingeschätzt hat, kann man auch nicht hoffen, seine affektiven Reaktionen zu verstehen.

Vieles, was von den Eltern gesagt worden ist, gilt auch von den Lehrern (23). Auch wenn Schulen technisch ausgezeichnet sind, brauchen sie noch nicht die idealen Einrichtungen zu sein, für die wir sie oft halten. Nicht jeder Lehrer ist von hohen Idealen erfüllt und lehrt, weil er seine Arbeit und die sich daraus ergebende Berührung mit den Kindern liebt. Viele Lehrer hassen ihre Aufgabe und die Kinder, die sie zu unterrichten haben. Dies mag vor Vorgesetzten verborgen werden können, vor Kindern aber nie, und es hat seine Wirkungen. Aber selbst wenn man guten Willen, gute Absichten und eine seltene Kompetenz für den Unterricht in diesem oder jenem speziellen Fach voraussetzt, bedeutet dies nur selten ein ebenso gutes Verständnis für Kinder. Der Lehrer mag seinen Unterricht in der Mathematik mit solchem Geschick erteilen, daß man es bewundern muß, er kann trotzdem die Kinder so falsch behandeln, daß man entsetzt darüber sein muß. Das Verhalten eines Kindes kann nicht verstanden werden, bis man etwas über das Verhalten des Lehrers weiß. Hieraus soll keine moralische Folgerung gezogen werden; es ist dies keine unfreundliche Kritik an dem Lehrer. Es soll nur bedeuten, daß auch der Lehrer ein Faktor im Leben des Kindes ist, und wir müssen diesen Faktor und seine Wirkungen auf das Kind objektiv untersuchen, wie wir jeden anderen Faktor in dem vielfach verschlungenen Netzwerk von Kräften im Leben des Kindes objektiv zu untersuchen haben.

Wenn wir die Ergebnisse der Arbeit der letzten Jahre überschauen, müssen wir die Wirkung der Ergebnisse auf uns selbst und auf andere betrachten. Die Wirkungen auf uns selbst mögen sogar größer und wichtiger sein als die auf andere. Die Folge für uns ist gewesen: eine Änderung des klinischen Gesichtspunktes mit sich daraus ergebenden Änderungen in Methoden und Technik, ein allmähliches Konzentrieren unserer Aufmerksamkeit auf die Kindheit und dabei wieder mehr und mehr auf die Kräfte, die auf das Kind selbst einwirken. Dies bedeutet nicht die Vernachlässigung der Kräfte *im* Kinde selbst. Diese Kräfte finden unsere ganz besondere Aufmerksamkeit, besonders nachdem wir neuerdings auf diesem Gebiet besser orientiert worden sind. Wir können zwei Typen von „schwierigen Kindern" (problem children) unterscheiden. Den Typus, den ich bisher besprochen habe, und der nach unserer heutigen Ansicht der häufigere ist, und einen zweiten, der zahlenmäßig geringer, aber schwieriger ist und der unter die Definition von Prof. *Kramer* zu fallen scheint. Dies ist ein Kind, bei dem die

Schwierigkeiten des Gefühlslebens so tief im Unbewußten — wenn man diesen Ausdruck gebrauchen darf — wurzeln, daß nichts anderes als eine Untersuchung dieser eng verwobenen unbewußten Zustände irgendwelche Resultate ergibt. Mit unseren gegenwärtigen Methoden sind wir wohl imstande, die soziale Lage dieses Kindes zu berücksichtigen, aber wir haben bisher noch keine befriedigende Lösung des Problems gefunden.

Das soziale Ergebnis für die anderen war die Errichtung dauernder Child-Guidance-Kliniken in allen Städten, in denen eine Demonstrationsklinik gewesen war, und in einer Anzahl anderer Städte. Weiter wurde von dem Commonwealth Fund das „Institute for Child Guidance" in New York City errichtet. Der Zweck dieses Instituts ist ein dreifacher. Es dient 1. als klinisches Zentrum der Child-Guidance-Klinikarbeit in New York City, 2. als Forschungsinstitut auf dem Gebiet der Child-guidance-Arbeit und 3 als Zentrum für die Ausbildung des Personals für die Child-guidance-Arbeit (24).

Dieses Personal besteht, wie ich schon gesagt habe, aus Psychiatern, Psychologen und psychiatrisch gebildeten Sozialfürsorgerinnen. Es ist unsere Erfahrung, daß Psychiater, deren Ausbildung ganz auf die Hospitäler für geistige Erkrankungen beschränkt gewesen ist, nicht genügend für Child-Guidance-Arbeit vorbereitet sind. Wenn die Ausbildung gut war, ist sie eine ausgezeichnete Unterlage, aber kaum mehr. Dazu muß tatsächliche Erfahrung in der Untersuchung und Behandlung psychiatrischer Probleme im Außendienst kommen. Dieses Studium und diese Erfahrung muß erfolgen und gewonnen werden unter der sorgfältigen Aufsicht und Leitung der Sachverständigen auf diesem Gebiet. Der Mangel an ausreichend ausgebildetem Personal ist eines der größten Probleme, mit dem wir im gegenwärtigen Zeitpunkt zu tun haben. Um dieser Lage zu begegnen, sind dem NCMH. sowohl von der Rockefeller Stiftung wie von dem Commonwealth Fund Mittel zur Verfügung gestellt worden, um Stipendien für das Studium der „Extramural Psychiatry" zu gewähren. Diese Einrichtung ermöglicht es uns, jedes Jahr 10—12 Psychiater, die im Außendienst geschult sind, in die Arbeit zu senden. Aber diese werden von der vorliegenden Arbeit so schnell verschlungen, daß wir noch immer fühlbaren Mangel haben. Diese „Commonwealth-Stipendiaten" erhalten ihre Ausbildung in dem Institut.

Es ist weiter unsere Erfahrung, daß die Psychologen, die frisch von der Universität mit ihrem Ph.-D.-Grad kommen, nur von beschränktem Nutzen sind in einer Child-Guidance-Klinik. Sie kommen mit viel Bücherweisheit ausgerüstet und haben einige Übung in der Anwendung psychologischer Tests. Aber sie haben keine klinische Erfahrung, und ehe sie die nicht haben, sind sie für die Klinik nicht viel wert. Um die

Erwerbung dieser Erfahrung zu ermöglichen, hat der Commonwealth Fund dem NCMH. Mittel zur Gewährung von Stipendien für das Studium der Psychologie zur Verfügung gestellt. Die Arbeit dieser Stipendiaten findet ebenfalls an dem Institut statt. In dem Institut werden weiter ausgesuchte Schüler der Smith College School for Social Work und der New York School for Social Work in psychiatrischer Sozialarbeit ausgebildet.

Um kurz zu wiederholen: Die Maßnahmen zur Verhütung der Straffälligkeit in Amerika können in zwei Gruppen eingeteilt werden. 1. Die Verhütung weiterer Straffälligkeit von solchen, die bereits straffällig sind, und 2. die Verhütung der Straffälligkeit von solchen, die noch nicht oder noch nicht ernsthaft straffällig waren, bei denen aber bereits Anzeichen von mangelhafter sozialer Einordnung vorliegen, woraus wie wir Grund haben anzunehmen notwendig asoziales Verhalten in irgendeiner Weise folgen muß. Die Maßnahmen können kurz wie folgt zusammengefaßt werden:

1. Psychiatrische Kliniken oder ein entsprechender Hilfsdienst bei den Gerichten (den Jugend- und Strafgerichten und den Gerichten für Ehestreitigkeiten) und in allen für Straffällige in Betracht kommenden Anstalten. Die Funktion dieser Klinik besteht hauptsächlich in der Durchprüfung des Menschenmaterials, das durch sie hindurchgeht. Eine Behandlung muß größtenteils anderen Stellen überlassen werden. Die Klinik kann jedoch hier nicht stehenbleiben. Sie muß vielmehr dafür sorgen, daß das Menschenmaterial, nachdem es einmal durchgeprüft und weitergegeben worden ist, in die Hände von Institutionen kommt, die so eingerichtet sind, daß sie es verstehen und richtig behandeln können. Das bedeutet natürlich Änderungen in den Instituten, Änderungen in den Gesetzen und im Personal und fordert erhebliche soziale Reorganisationen auf dem Gebiete der Bekämpfung der Straffälligkeit. Natürlicherweise können bei der Erforschung eines Problems, das an so viele Punkte rührt, nur langsame Fortschritte gemacht werden. Trotzdem aber ist bereits ein deutlicher Fortschritt zu sehen.

Der zweite Teil des Programms kann mit Worten noch einfacher dargestellt werden, aber in Wirklichkeit ist er weit schwieriger als der erste: Psychiatrische Einrichtungen oder Einrichtungen für das Verständnis und die Leitung der psychischen Entwicklung des Kindes an allen strategischen Punkten im Leben des Kindes und des Jugendlichen. Die strategischen Punkte sind Schule und Haus. In Amerika kann man in den weitaus meisten Fällen das Elternhaus am besten durch die Schule erreichen. Die Schule wird daher das natürliche Zentrum solcher Arbeit. Mit „Schule“ meinen wir aber nicht nur die Schule für eine ganz bestimmte Altersstufe, sondern alle Schulen überhaupt, angefangen vom Kindergarten (wo bereits besonders in Cleveland sehr interessante Arbeit getan wird (25)) über die sogenannten „Grade schools" (ein gutes Beispiel für diese Arbeit findet sich in den Volksschulen in Newark, New Jersey und Minneapolis), dann über die höheren Schulen (die beste Arbeit dieser Art wird wohl in der Washington Irving High School, New York City, und in einigen privaten höheren Schulen getan (26)) bis hin zu der Arbeit in den Colleges und Universitäten (die Arbeit hier wird bereits an verschiedenen Universitäten und Colleges getrieben, am besten jedoch an der Yale University, wo der Commonwealth Fund ebenfalls die Mittel bereitstellt (27)). Die Kinder erreichen die Grenze der Anpassungs- und Besserungsfähigkeit natürlich in verschiedenem Alter, und auch die Anzeichen ihrer Nöte und ihres Versagens machen sich in sehr verschiedenen Lebensjahren bemerkbar. Unser Bestreben ist, ihrer Fehlentwicklung beizukommen, sobald sie sich einstellt, und solange sie noch in einfachster Form auftritt. Wir wollen nicht warten, bis ernsthafte Störungen eintreten oder falsch gerichtete Einflüsse sich geltend gemacht haben und so die Lage komplizieren, ehe wir eingreifen können.

Ich habe hier nur die sogenannten psychiatrischen Elemente des Plans für die Verhütung der Straffälligkeit genannt. Wenn ich dies getan habe, so wollte ich damit nur diese Seite betonen und nicht andere Bemühungen auf diesem Gebiete ausschließen oder herabsetzen. Ich möchte keineswegs den Eindruck erwecken, daß Straffälligkeit nur ein Problem für den „Psychiater" und dessen Kollegen ist. Straffälligkeit ist nicht ein Problem für einen Stand, sie ist ein Problem der Gesellschaft und kann daher auch nicht von einem Stand, sondern nur von der ganzen Gesellschaft gelöst werden. Im gegenwärtigen Zeitpunkt aber können der Psychiater und seine Kollegen wahrscheinlich mehr zur Lösung beitragen als irgendeine andere Gruppe. Das Elternhaus, die Schule, die Kirche, das Gesetz, alle haben einzeln oder gemeinsam sich im Rahmen ihrer Möglichkeiten aufs äußerste bemüht, dies Problem zu lösen, und haben es doch nicht vermocht. Sie sind jetzt ratlos. Der Psychiater kann in diesem besonderen Augenblick dadurch Hilfe leisten, daß es ihm wenigstens bis zu einem gewissen Grade möglich ist, die Gründe für diesen Fehlschlag aufzuzeigen. Und indem er die Gründe sowohl bezüglich des Begrifflichen wie des Menschlichen nachweist, kann er diesen anderen Stellen helfen, mit einem größeren Erfolg nicht etwa ein psychiatrisches Programm, sondern einfach ihr eigenes Programm durchzuführen. Auffassungen und praktische Arbeit gehen Hand in Hand miteinander und, wenn wir in die Zukunft blicken, interessieren uns diese beiden Dinge. Wir haben gesehen, wie unsere Auffassungen sich änderten und wie damit auch unsere Methoden und Techniken sich geändert haben. Wir wissen, es werden weitere Änderungen kommen. Wir fühlen, daß sie schon im Anzuge sind, obwohl wir noch nicht ganz klar über ihre Art sind.

Es werden Ihnen deutlich die beiden Kreise aufgefallen sein, die wir bisher in unseren Auffassungen und Methoden beschrieben haben. Indem wir damit anfangen, das Individuum zu studieren, kamen wir dazu, mehr die äußeren Kräfte, die auf das Individuum einwirkten, zu studieren, und wir kehren nun wieder zu einer genauen Untersuchung des Individuums zurück. Wir fingen mit einer Klinik an einer ganz besonderen Stelle (dem Jugendgericht) an, gingen über zu einer öffentlichen Klinik in der Gemeinde (community clinic), um wieder zu einer Spezialklinik, der Klinik in der Schule, dem college, dem Gericht, der Anstalt, der Sozialeinrichtung zurückzukehren. Aber dies sind nicht eigentlich Kreise gewesen, sondern eher Spiralen. Arbeit setzt sich immer in der Spirale fort: in den unteren Bezirken lebhafter, in den oberen intensiver. Mit der intensiveren Arbeit müssen wir uns jetzt befassen.

Eines der wichtigsten Probleme für die Zukunft ist die Frage des Personals, und zwar nicht so sehr die zahlenmäßige Seite, die ich schon erwähnt habe, als vielmehr die Frage der Ausbildung. Um eine Gesamtuntersuchung des Individuums durchzuführen, muß man, wie ich sagte, heute den Psychiater, den Psychologen und die psychiatrisch gebildete Sozialfürsorgerin zu Rate ziehen. Diese dreifache Untersuchung ist unangenehm, zeitraubend und kostspielig, und ist doch wieder nötig, weil kein Fachmann die Ausbildung und Erfahrung hat, um mit dem gegebenen Problem als Ganzes fertig zu werden. Mit anderen Worten: Wir haben heute Fachleute in der Arbeit, die nicht für diese besondere, sondern für eine davon verschiedene Aufgabe ausgebildet worden sind. Ein neuer Beruf ist entstanden, für den es bis jetzt noch keine wirklich geeignete Ausbildung gibt.

Die Ausbildung des Psychiaters ist eine lange und kostspielige Prozedur. Wenn dann schließlich die Ausbildung so wäre, daß sie ihn befähigte, die ihm zufallende Arbeit zu erledigen, brauchte man sich nicht weiter zu beklagen. Aber da dies nicht der Fall ist, müssen wir die Angelegenheit prüfen. In der medizinischen Ausbildung des Psychiaters ist vieles, was für ihn keinen Wert hat für die Untersuchung der Probleme, die er zu behandeln haben wird. Vieles in dieser Ausbildung hat zu diesen Problemen nicht mehr Beziehung als Algebra zu einem Bankkonto. Gleichzeitig aber ist bei dieser Ausbildung vieles fortgelassen, was für das Verständnis unserer Probleme absolut wesentlich ist.

Dasselbe gilt auch von der Ausbildung der Psychologen. Wertvolle Zeit wird, um sich einen Ph.-D.-Grad in der Psychologie zu erwerben, mit Dingen zugebracht, die auf die bevorstehende Arbeit gar nicht angewendet werden können. Andererseits wird auch hier wieder vieles fortgelassen, was für die Ausrüstung zu unserer Arbeit wesentlich ist. Wir müssen zu einer Zusammenfassung des Materials kommen, die dem Studenten nicht nur Zeit erspart, sondern ihm schließlich auch ein besseres Rüstzeug verschafft. Ein Verlauf der Ausbildung muß festgelegt werden, der der Arbeit auf dem Gebiete der Mental Hygiene (behavior problems) und dem psychiatrischen Außendienst, oder wie Sie das Gebiet sonst nennen wollen, besonders entspricht. Welchen akademischen Grad man solch einem Menschen dann zusprechen, welche Berufsbezeichnung man ihm geben sollte, weiß ich nicht. Das ist auch ein unwesentlicher Punkt. Wahrscheinlich würde man ihn aber nicht Arzt, Psychiater oder Psychologe nennen. Aber wie man ihn auch nennen möge, er wird jedenfalls besser in der Lage sein, seine beruflichen Pflichten zu erfüllen, als die bis jetzt auf diesem Gebiet Arbeitenden (28).

Die Ausbildung solcher Kräfte bedeutet natürlich nicht, daß man die gegenwärtige Ausbildung von Psychiatern oder Psychologen einstellen sollte. Es müßte jedem persönlich überlassen bleiben, sich die gewünschte Richtung zu wählen. Wenn er ein „Psychiater“ oder „Psychologe“ im heutigen Sinne werden will, muß er die entsprechende Ausbildung wählen. Wenn er aber auf dem Gebiete der Child-Guidance-Arbeit, der Mental Hygiene (behavior problems) des psychiatrischen Außendienstes tätig sein will, wird er den besonders dafür geschaffenen Ausbildungsgang wählen.

Ich hoffe, Sie werden aus dem, was ich gesagt habe, nicht das Gefühl gewonnen haben, daß ich nur die bekannte amerikanische Eile, dieses „schnell, schnell“ zum Ausdruck gebracht habe, bei dem man vor lauter Eile die fundamentalen Dinge zu leicht und zu oberflächlich nimmt. Leider gibt es diesen Geist in Amerika, obwohl er nicht so allgemein vorhanden ist und den amerikanischen Charakter nicht so tief beeinflußt, wie Sie wohl meinem Empfinden nach oft geneigt sind anzunehmen. Solch ein Geist ist mir aber ebenso zuwider wie Ihnen. Ein Ausbildungsgang, wie ich ihn vorgeschlagen habe, sollte bezüglich der Grundfragen, der Lehrweise und der beruflichen Werke ebenso gut sein wie nur irgendeine der heutigen Berufsausbildungen. Nur sollte er vor allem deutlich in der Richtung vorgehen, in der der Student weiterkommen will und nicht in irgendeiner anderen. Der Student soll die Lehrstätte nicht verlassen mit einer Ausrüstung an Handwerkszeug, das zwar wundervoll der Aufgabe angepaßt ist, für die sie ausgedacht wurde, die aber kaum brauchbar ist für die Arbeit, die er in Wirklichkeit zu tun haben wird. Er befindet sich in der Lage dessen, der eine Konservendose mit einem Taschenmesser aufmachen muß. Man hätte ihm doch von vornherein gerade so gut einen Büchsenöffner geben können!

Die Ausbildung der psychiatrisch gebildeten Sozialfürsorgerin ist ein ausgezeichnetes Beispiel dafür, was erreicht werden kann in der Anpassung eines Ausbildungsganges an die besonderen Notwendigkeiten eines Berufes. Diese Ausbildung ist nicht so einfach zufällig entstanden. Sie wurde sorgfältig und umsichtig entworfen, und die, die die Pläne machten, hatten ständig klar vor Augen, was die Betreffende später beruflich zu tun haben würde. Die Ergebnisse hinsichtlich der Fähigkeit, die gestellten Aufgaben zu erfüllen, haben die Erwartungen übertroffen.

Uns steht aber ein ernsthafter Kampf bevor, auf den wir uns rüsten sollten. Es gibt Leute, die heute für unsere Arbeit begeistert sind, die aber nicht mehr so begeistert sein werden, wenn ihnen die notwendigen Folgen unserer Arbeit klar geworden sind. Denn was tun wir denn eigentlich? Wir setzen auf dem Gebiete des menschlichen Verhaltens (human behavior) induktive Methoden an Stelle der deduktiven (29). Die erbittertsten Kämpfe in der Geschichte sind um diesen Punkt ausgefochten worden. Und es wird keinen erbitterteren Kampf gegeben haben als den, der schließlich ausgefochten werden wird in dieser Frage (human behavior). In der Welt der praktischen Dinge und des Alltags ist die Schlacht größten Teils gewonnen. Das Leben des „fundamentalistischsten“ Predigers in Amerika ist ein Leben, das aufgebaut und ihm ermöglicht worden ist durch Induktion, von seinem Glas Wasser und der grape fruit beim Frühstück bis zu seinem Automobil und dem Radiomikrophon, durch das er predigt. Er nimmt das alles dankbar an, obgleich seine Vorfahren die damit verbundenen Prinzipien bitter bekämpft haben. Mit einer großartigen Weitherzigkeit gibt er die Irrtümer in diesen kleinen Dingen seiner Vorfahren zu, und er ist ganz damit einverstanden, daß sein Trinkwasser überwacht und frei von Typhusbacillen gehalten wird. Bezüglich der Bacillen und anderer „materieller“ Dinge wird man den Wert dessen, was er „Wissenschaft“ nennen würde, nicht mehr in Frage stellen; denn er mag noch nie etwas von dem Ausdruck „induktive Folgerung“ gehört haben. Aber — und hier hat er die Grenze nicht nur seiner Weitherzigkeit, sondern auch seines intellektuellen Begreifens und seiner inneren Beweglichkeit und Anpassungsfähigkeit erreicht, es gibt selbstverständlich ein Gebiet, auf dem die Wissenschaft keine Hilfe leisten kann, wo sie vielmehr zerstörend wirkt und eine Gefahr bedeutet; das ist das Wesen des Menschen (human behavior). Man darf Bakterien beobachten, man darf sogar den einst geheiligten menschlichen Körper sezieren, aber man darf nicht so ehrfurchtslos solche Dinge untersuchen oder sezieren wie den Charakter, die Persönlichkeit, „die Mutterliebe“, „das Hassen des Bösen“, den Wunsch, andere zu retten, die Ehrlichkeit, das Pflichtgefühl, die Barmherzigkeit, die „Güte“, den Willen, das Gute zu tun oder den verkehrten Willen, das Böse zu tun.

Aber diese Dinge *werden*, ja sie sind in der Tat schon untersucht worden und werden ebenso objektiv geprüft werden, wie irgendeine

Bakterie oder irgendein fossiler Knochen. Weder diese Arbeit noch ihre Resultate werden dem „Deduktionisten“ annehmbar sein, denn er wird zuerst gleich wieder feststellen: „Es ist nicht alles Gold, was glänzt.“ Aber haben wir keinen Grund zu der Hoffnung, daß seine Nachkommen einsehen werden, daß gerade diese Methoden, die ihr guter Vorfahr so bitter bekämpfte, gerade die Dinge in der Welt zustande gebracht haben, um die er betete, und die er doch nicht verwirklichen konnte?

Die Schwierigkeiten im Verhalten der Menschen (human behavior) und in der Straffälligkeit ergeben sich aus der Tatsache, daß der Mensch den Menschen leiten und führen mußte, um einige Ordnung in das soziale Leben zu bringen, lange bevor er auch nur die einfachsten Dinge über den Menschen selbst kannte. Erst in verhältnismäßig neuer Zeit hat der Mensch diese einfachsten Dinge über sich selbst gelernt. Vieles von sehr großer Bedeutung weiß er auch heute noch nicht. Aber durch seine Nöte gezwungen, machte er frühzeitig Beobachtungen, so gut er konnte. Oder er hatte auch ohne Beobachtungen bestimmte Annahmen, aus denen er in deduktiver Weise sich seine Moral, seine Ethik, seine Religion, seine Gesetze und seine soziale Ordnung herleitete. Unvollständige oder falsche Beobachtungen, falsche oder gar keine Informationen, falsche Annahmen mit richtigen Folgerungen oder auch falsche Annahmen mit falschen Folgerungen waren das Baumaterial. Es ist also nicht überraschend, daß ein Gebäude errichtet wurde, das oft fantastisch und nur zu häufig ohne Wirklichkeitssinn ist.

Das Leben muß unter solchen Umständen zu Schädigungen führen, so daß viele nie imstande sind, ihren Weg zu finden. Und weiter muß dies Leben voller Konflikte sein. Es kann daher nicht überraschend sein, daß die, die so belastet oder mehr oder weniger unfähig geworden sind, durch diese Schädigungen schwierig werden, daß sie blindlings und notgedrungen um sich schlagen in dem Versuch, einen Ausweg zu finden. Und andererseits werden dann solche Konflikte zu Rebellionen, die, wenn sie fehlgeschlagen, von uns Straftaten, Rechtsverletzungen genannt werden. Nur wer bequem in seinem Lehnstuhl sitzt und „denkt“, kann sicher sein, daß er das Problem der Rechtsverletzung „versteht“ und einen einfachen Plan formulieren kann, um damit fertig zu werden. Wenn er aber, sozusagen, aufhört zu „denken“ und mit immer wachsender Sorgfalt das Material über diesen Punkt studiert, wird er einsehen, wie unentwirrbar das Problem mit dem Leben selbst und all seinen Kräften und besonders mit den unnatürlichen Künsteleien verwickelt ist, die der Mensch in seine soziale Ordnung hineingebaut hat. Die Straffälligkeit hört auf der scharf definierte Begriff zu sein, der er zu Anfang war. Straffälligkeit oder Rechtsverletzung werden eine relative Angelegenheit. Wieder schlagen wir einen Kreis, aber einen Kreis, der in eine Spirale übergeht: Wir untersuchten zuerst den Rechtsverletzer, wir sind jetzt dabei, uns selbst zu untersuchen, und wir werden bald wieder weitergehend den Rechtsverletzer von neuem untersuchen.

Es gibt Leute, die die Kirche z. B. als eine soziale Einrichtung ansehen, die auf Deduktion erbaut ist und, weil sie zu wenig Berührung mit den Wirklichkeiten des Lebens hat, Verwirrung angerichtet hat anstatt Lösungen zu bringen. Aber unser Wissen ist noch zu unvollständig. Ich würde nicht die Kirche, sondern das Recht, die Gesetze, als Beispiel wählen.

Es wird gemeinhin angenommen, daß der Konflikt zwischen den Juristen und den Medizinern, vertreten durch die Psychiater, in der Frage der Straffälligkeit von der Unfähigkeit herkommt, sich gegenseitig zu verstehen infolge der verschiedenen Sprachen (Terminologie) die man spricht. Beide erstreben das gleiche Ziel. Beide sind ehrlich und intelligent. Aber die Worte, die der Psychiater braucht, um eine Situation zu erklären, sind für den Juristen nur ein „Jargon" und sagen ihm nichts. Die Gründe, die der Jurist angibt für die Schritte, die er tun muß, sind aus einer Sprache, die der Psychiater nicht verstehen kann. Wie schön wäre es, wenn die Sache so einfach wäre!

Es ist nicht die Unmöglichkeit, sich zu verständigen infolge der Terminologie, die im Wege steht. Zwei deutlich verschiedene Weltanschauungen stehen sich gegenüber. Der Jurist beginnt mit bestimmten Annahmen, folgert logisch, Schritt für Schritt und kommt so zu bestimmten Schlüssen. Der Psychiater beginnt mit bestimmten beobachteten Tatsachen, folgert logisch, Schritt für Schritt, und kommt zu völlig anderen Schlüssen. Jeder ist ehrlich gewesen, jeder hat richtig und genau gedacht, jeder weiß das von sich und mag sogar geneigt sein, es auch von dem anderen zu glauben. Da sie ehrliche Männer sind, können sie nur in Verwirrung und Ratlosigkeit einander gegenüberstehen. Das Wesen der Schwierigkeit aber kann leicht erkannt werden.

Das Auftreten der Psychiatrie oder, wenn Sie wollen, der Wissenschaft auf dem Gebiete der Rechtsverletzung hat größere Bedeutung als nur die Hilfe, die verschiedene Professionen einander in isolierten Fällen geben können. Das Strafgesetz ist ein Beispiel für ein soziales Instrument, das auf Annahmen gegründet und durch Deduktionen phantastisch geworden ist, bis es zum größten Teil den Kontakt mit der Wirklichkeit verloren hat, vorausgesetzt daß es ihn überhaupt jemals gehabt hat. Ein Erfolg in der Frage der Bekämpfung der Straffälligkeit wird uns nicht beschieden sein durch die Abfassung heute dieses oder morgen jenes Gesetzes, durch Umarbeitung und Änderung dieses oder jenes Gesetzes, durch einen Wechsel der Methode hier und eine Umstellung der Technik da. Ein Erfolg kann nur kommen durch eine völlige Änderung des gesamten Strafrechts (30).

Es würde vielleicht anmaßend von einem Psychiater sein, eine solche

Behauptung aufzustellen, und man würde wahrscheinlich zögern, es zu tun, wenn man nicht Unterstützung fände durch Juristen von Ruf. Die juristische Schule der Harvard Universität befaßt sich gegenwärtig mit einer Untersuchung des Strafrechts, die einen vollkommenen Neuentwurf des Strafgesetzes zum Ziele hat. Ein Recht soll aufgebaut werden auf Tatsachen, soweit solche bisher beobachtet worden sind: und zwar ein Recht, das in seinen Methoden und in seiner Technik zu allen Zeiten in Berührung mit den Wirklichkeiten des Lebens sein wird; ein Recht, das gewissermaßen im Laboratorium und nicht im Lehnstuhl gefunden worden ist, ein Recht, das ein Laboratorium bleiben und nicht bloß eine staubige Bibliothek werden wird. Andere juristische Schulen in Amerika, wie die Yale und Columbia Law Schools, sind ebenfalls an der Sache interessiert, so daß es nicht nur das Klagelied eines psychiatrischen Jeremias oder der Enthusiasmus einer isolierten Gruppe von Rechtslehrern bleiben, sondern eine Angelegenheit von großer Bedeutung werden wird.

Die Straffälligkeit dehnt sich in demselben Maße aus wie das Leben selbst. Wir dürfen bei dieser Tatsache nicht bis zu dem Punkte verweilen, daß wir hilflos werden gegenüber den unmittelbaren praktischen Problemen und unsere Tatenlosigkeit mit der Undurchschaubarkeit der Sache entschuldigen. Unsere Aufgabe ist, die Teile des Gesamtproblems in Angriff zu nehmen, die wir erkennen können. Wir müssen beobachten und unsere Versuche auf der Basis dieser Beobachtungen machen und wieder und wieder beobachten und versuchen. Aber es wird uns nicht helfen, wenn wir zu bald zuviel erwarten. Wir werden nicht so leicht entmutigt werden, wenn wir zu einfache Auffassungen vermeiden, uns vielmehr ehrlich eingestehen, womit wir es zu tun haben. Diese Mutter lehren, wie sie ihre Kinder besser behandeln soll, diesen Vater lehren, wie er das Vertrauen seines Sohnes besser gewinnen kann, heute dieser und morgen jener Gruppe von Lehrern Vorträge halten und Anweisungen geben, dies alles sind die Aufgaben unseres alltäglichen Werkes, und sie alle sind von Nutzen, aber sie werden die grundlegende Situation nicht mehr ändern als die Umänderungen und Umarbeitungen dieses oder jenes Gesetzes. In allen Zusammenhängen und in den Kräften, die sie zusammenhalten, in Ethik, Moral und Religion, muß derselbe Prozeß beginnen und muß schließlich eine Neufassung erfolgen, um diesen Dingen die Wirklichkeit zu geben, die sie heute nicht haben. Schwierigkeiten liegen vor uns. Aber meines Erachtens sind die gewöhnlich genannten Dinge, Unwissenheit, Mißverständnisse, Vorurteile, böser Wille, nicht die großen Gefahren. Die größte Gefahr liegt in uns selbst. Immer wollen wir uns selbst und unsere Probleme anders ansehen als die anderen und ihre Probleme; immer halten wir uns für etwas Besseres und versuchen mit dem Gebahren der Tugend, andern zu „helfen", kurz, immer sind wir eitel und eingebildet. Dies ist unsere größte Gefahr. Ich weiß nicht, ob ich es hier sagen kann, aber ich würde nicht zögern, es in Amerika zu sagen: Es ist niemand in diesem Raum, der nicht ein Rechtsverletzer ist. Rechtsverletzung, Straffälligkeit ist eine relative Angelegenheit.

In diesem Geiste etwa versuchen wir, unsere Arbeit in Amerika durchzuführen.

Literaturverzeichnis[1].

(1) A Mind That Found Itself; an Autobiography. By Clifford Whittingham Beers. Garden City: Doubleday, Doran & Company, Inc., 1928. 14th Printing, 5th Edition. 407 p. 2 Dollar.

(2) Legislation for the Insane in Massachusetts, with Particular Reference to the Voluntary Admission and Temporary Care Laws. By Frankwood E. Williams, M. D. Boston: Massachusetts Society for Mental Hygiene. From the Boston Medical and Surgical Journal, Vol. CLXXIII, No. 20, November 11, 1915.

(3) Observation, Commitment for. (General Laws of Massachusetts, 1924, Chapter 19, Section 77.)

Temporary Care of Insane Persons Needing Immediate Care. (General Laws of Massachusetts, 1921, Chapter 123, Section 79.)

Temporary Care by Board of Health. (General Laws of Massachusetts, 1921, Chapter 123, Section 82.) This is for emergency cases only, when it becomes necessary to confine a patient temporarily in a jail, etc.

Voluntary Admissions. (General Laws of Massachusetts, 1921, Chapter 123, Section 86.)

(4) Study of 608 Admissions to Sing Sing Prison. By Bernard Glueck. Ment. Hyg. Vol. II, No. 1, January 1918, pp. 85—151.

Types of Delinquent Careers. By Bernard Glueck. Ment. Hyg. Vol. I, No. 2, April 1917, pp. 171—195.

(5) Mental Disease and Delinquency. A Report of a Special Committee of the New York State Commission of Prisons. Prepared by Dr. V. V. Anderson. Ment. Hyg. Vol. III, No. 2, April 1919, pp. 177—198.

(6) Report of a Mental Hygiene Survey of New York County Jails and Penitentiaries. Conducted by The National Committee for Mental Hygiene. By Frankwood E. Williams, M. D. and V. V. Anderson, M. D. New York: The National Committee for Mental Hygiene, 1924, 148 p.

(7) Reports of the Committee on Legal Aspects of Psychiatry of the American Psychiatric Association. 1°. Legal Aspects of Psychiatry (Ment. Hyg. Vol. 10, No. 4, October 1926, pp. 883—888; also Amer. J. Psychiatrie, Vol. 6, October 1926, pp. 369 to 375.) — 2°. Report on the Legal Aspects of Crime. (Ment. Hyg. Vol. XI, No. 4, October 1927, pp. 884—889.)

Medicolegal Proposals of the American Psychiatric Association. By Karl A. Menninger, M. D. J. of Criminal Law and Criminology Vol. 19, November 1928, pp. 367—377.

Summary of paper by Dr. Frankwood E. Williams, read at the National Conference on the Reduction of Crime, called by the National Crime Commission, Washington, D. C., November 2 and 3, 1927, pp. 15—17. Review of National Crime Commission Conference by E. R. Cass. (Reprint from Eighty-third Annual Report of the Prison Association of New York, 1928, 18 p.

---

[1] Die Zahlen stimmen überein mit den im Text angegebenen Literatur-Hinweiszahlen.

Mental Disorder and the Criminal Law: A Study in Medico-Sociological Jurisprudence. With an appendix of State Legislation and Interpretive Decisions. By S. Sheldon Glueck, L. L. M., Ph. D. Boston: Little, Brown & Co., 1925. 693 p. 7 Dollar.

Insanity and the Criminal Law. By William A. White, M. D. New York: The Macmillan Company, 1923. 281 p.

The Individual Delinquent; a Textbook of Diagnosis and Prognosis for all Concerned in Understanding Offenders. By William Healy, M. D. Boston: Little, Brown & Co., 1915, 830 p.

Pathological Lying, Accusation and Swindling, a Study in Forensic Psychology. By William Healy, M. D. Criminal Science Monograph No. 1. Boston: Little Brown & Co., 1915, 286 p.

Delinquents and Criminals; their Making and Unmaking. Studies in two American Cities. By William Healy, M. D. and Augusta F. Bronner, Ph. D. New York: The Macmillan Company, 1926, 317 p. 3,50 Dollar.

(8) Defective Delinquents. (General Laws of Massachusetts, 1921, Chapter 123, Sections 113 to 124, inclusive, as amended by Chapter 270, Laws of 1921, and as further amended by the passage of Senate Bill, No. 274, 1928.) Chapter reference cannot be given for this last amendment because the laws of 1928 are not yet published.

(9) The Practical Operation of the Massachusetts Law Requiring the Psychiatric Examination of Certain Persons Accused of Crime. (The „Briggs Law"). By Winfred Overholser, A. B., M. B., M. D. Massachusetts Law Quarterly, Vol. XIII, No. 6, August 1928.

(10) The Kingdom of Evils. By Elmer Ernest Southard and Mary C. Jarrett. New York: The Macmillan Co., 1922, 708 p.

(11) See attached list of References on College Mental Hygiene.

(12) A — Report of the demonstration program of the National Committee on Visiting Teachers affiliated with the Public Education Association, will be published soon by the Division on Publications of the Commonwealth Fund. See also in „The Problem Child in School" description of the purpose and scope of visiting teacher work by Howard W. Nudd. There is also in the course of preparation, to be printed this spring, a book entitled „Visiting Teacher at Work" by Jane F. Culbert; also „Children at the Crossroads" by Agnes Benedict.

B — A report of the Five-Year Demonstration of the Division on the Prevention of Delinquency, The National Committee for Mental Hygiene. (To be published by the Division on Publications of the Commonwealth Fund, 578 Madison Avenue, New York.)

(13) A Child Guidance Clinic: Its Purposes and Methods of Service. By Lawson G. Lowrey, M. D. New York: The National Committee for Ment. Hyg. 1924, 12 p.

The Child Guidance Clinic. By E. van Norman Emery, M. D. New York: The National Committee for Ment. Hyg. 1926, 10 p.

(14) When is a Community Ready for a Child-Guidance Clinic? By George S. Stevenson, M. D. Ment. Hyg. Vol. XI, No. 3, July 1928, pp. 492—503.

(15) The Child Guidance Clinic and the Community. By Ralph P. Truitt, M. D., Lawson G. Lowrey, M. D., Hon. Charles W. Hoffman, William L. Connor, Ethel Taylor, Fanny Robson Kendel. New York: The Commonwealth Fund, Division of Publications 1928. 106 p.

Program for Meeting Psychiatric Needs in the City: Aims and Problems of the Cleveland Plan. By Lawson G. Lowrey, M. D. Ment. Hyg. Vol. X, No. 3, July 1926, pp. 464—479.

The Story of the Philadelphia Child Guidance Clinic. Philadelphia: The Philadelphia Child Guidance Clinic 1927, 16 p.

(16) The Psychiatric Point of View in Social Work. By Grace Marcus. Ment. Hyg. Vol. VII, No. 4, October 1923, pp. 755—761.

How Case Work Training May Be Adapted to Meet the Worker's Personal Problems. By Grace Marcus. Ment. Hyg. Vol. XI, No. 3, July 1927, pp. 449—459.

(17) A Service for Problem Children. Circular of Information. New York: Institute for Child Guidance, 7 p.

(18) The Problem Child at Home; a Study in Parent-Child Relationships. By Mary Buell Sayles. NewYork: The Commonwealth Fund 1928, 342 p. 1.50 Dollar.

The Problem Child in School: Narratives from Case Records of Visiting Teachers. By Mary B. Sayles. With a Description of the Purpose and Scope of Visiting Teacher Work. By Howard W. Nudd. New York: Joint Committee on Methods of Preventing Delinquency 1925, 287 p.

Three Problem Children. Narratives from the Case Records of a Child Guidance Clinic. New York: Joint Committee on Methods of Preventing Delinquency 1924, 146 p.

Everyday Problems of the Everyday Child. By Douglas A. Thom, M. D. (Introduction by Grace Abbott.) New York: D. Appleton and Co., 1927, 349 p. 2.50 Dollar.

Delinquents and Criminals; Their Making and Unmaking. Studies in Two American Cities. By William Healy, M. D. and Augusta, F. Bronner, Ph. D. New York: The Macmillan Company 1926, 317 p. 3.50 Dollar.

(19) Can Youth Be Coerced? By Frankwood E. Williams, M. D. In brochure on „The Mental Hygiene of Normal Childhood". Buffalo: Buffalo Mental Hygiene Council 1927, pp. 59—76. 1.00 Dollar.

Confronting the World: The Adjustments of Later Adolescence. By Frankwood E. Williams, M. D. In „Concerning Parents, a Symposium on Present-Day Parenthood". New York: New Republic, Inc., 1926, pp. 137—159; and in Intelligent Parenthood", Chicago: The University of Chicago Press, 1926, pp. 195—214.

(20) Psychiatric Examination of a Child. Prepared by The Division on Pre vention of Delinquency of the National Committee for Mental Hygiene. Ment. Hyg. Vol. X, No. 2, April 1926, pp. 300—306.

(21) Z. B.: Reading Disabilities in Relation to Maladjustment. By Phyllis Blanchard, Ph. D. Ment. Hyg. Vol. XII, No. 4, October 1928, pp. 772—788.

(22) The Problem Child at Home; a Study in Parent-Child Relationships. By Mary Buell Sayles. New York: Division of Publications, The Commonwealth Fund 1928, 342 p. 1.50 Dollar.

Three Problem Children: Narratives from the Case Records of a Child Guidance Clinic. New York: Joint Committee on Methods of Preventing Delinquency 1924. 146 p.

(23) The Problem Child in School: Narratives from Case Records of Visiting Teachers. By Mary B. Sayles. With a Description of the Purpose and Scope of Visiting Teacher Work. By Howard W. Nudd. New York: Joint Committee on Methods of Preventing Delinquency 1925. 287 p.

The Visiting Teacher in Rochester; Report of a Study. By Mabel Brown Ellis. New York: Joint Committee on Methods of Preventing Delinquency 1925, 205 p. —.75 Dollar.

(24) Report of the Director of the Institute for Child Guidance to the Administrative Board for the Year Ending June 30, 1928. New York: Institute for Child Guidance, 66 p.

(25) The Psychiatric Social Worker and the Period of Early Childhood. By Grace Corwin Rademacher, Hospital Social Service, Vol. XV, No. 2, February 1927, pp. 156—163.

The Psychiatric Social Worker and the Nursery School. By Grace Corwin Rademacher. Ment. Hyg. April 1929, Vol. XIII, No. 2.

(26) The Application of Psychiatry to High School Problems. By Anne T. Bingham. Ment. Hyg. Vol. IX, No. 1, January 1925, pp. 1—27.

(27) Mental Hygiene in a University. By Lloyd J. Thompson, M. D. Read at Eighty-fourth Annual Meeting of the American Psychiatric Association, June 4, 5, 6, 7 and 8, 1928. Minneapolis, Minnesota. (To be published in Transactions of the American Psychiatric Association for 1928.)

(28) The Future Equipment of Personnel in the Field of Mental Hygiene. By Frankwood E. Williams, M. D. Massachusetts Psychiatric Society, Boston Psychopathic Hospital, February 17, 1928. (To be published.)

(29) In Psychological Matters Where Are We, and How Did We Get Here? By Frankwood E. Williams, M. D. (Two lectures in a course of lectures on Mental Hygiene and Personality.) To be published.

(30) Mitigation of Punishment and Evidence of Mental Unsoundness. By S. Sheldon Glueck. Ment. Hyg. Vol. VIII, No. 4, October 1924, pp. 948—956.

Principles of a Rational Penal Code. By S. Sheldon Glueck. Ment. Hyg. Vol. XIII, No. 1, January 1929, pp. 1—32; also in Harvard Law Review, February 1928.

Psychiatric Examination of Persons Accused of Crime. By S. Sheldon Glueck. Ment. Hyg. Vol. XI, No. 2, April 1927, pp. 287—305; also Yale Law Journal, March 1927, 17 p.

Psychiatry and the Criminal Law. By S. Sheldon Glueck. Ment. Hyg. Vol. XII, No. 3, July 1928, pp. 569—595.

Some Implications of the Leopold-Loeb Hearing in Mitigation. By S. Sheldon Glueck. Ment. Hyg. Vol. IX, No. 3, July 1925, pp. 449—468.

State Legislation Providing for the Mental Examination of Persons Accused of Crime. By S. Sheldon Glueck. Ment. Hyg. Vol. LXXXI, No. 1, January 1924, pp. 1—19; also J. of Criminal Law and Criminology Vol. XIV, February 1924, pp. 573—588.

Tentative Program of Cooperation between Psychiatrists and Lawyers. By S. Sheldon Glueck. Ment. Hyg. Vol. IX, No. 4, October 1925, pp. 686—698.

A Mental Hygiene Program for Colleges. By Smiley Blanton. Ment. Hyg. Vol. 9, No. 3, July 1925, pp. 478—488.

Factors in the Development of Psychoses in College Men. By H. F. Corson. Ment. Hyg. Vol. 11, No. 3, July 1927, pp. 496—518.

The Psychology Professor and Student Mental Health. By G. E. Gardner. Ment. Hyg. Vol. 12, No. 4, October 1928, pp. 789—793.

A College Mental Health Department. By M. Harrington. Survey, Vol. 59, January 15, 1928, pp. 510—512.

The Development of a Mental Hygiene Program in a College or University. By M. A. Harrington. J. of abnorm. a. soc. Psychol. Vol. 21, October-December 1926, pp. 245—249.

Mental Hygiene in the College. By M. A. Harrington. J. of personn. Res. Vol. 4, April 1926, pp. 467—473.

The Problem of Mental Hygiene Courses for the College Student. By M. A Harrington. Ment. Hyg. Vol. 11, No. 3, July 1927, pp. 536—541.

Experiences of a Mental Hygienist in a University. By H. N. Kerns. Ment. Hyg. Vol. 11, No. 3, July 1927, pp. 489—495.

Management of Acute Mental Hygiene Problems Found Among College Men. By H. N. Kerns. Ment. Hyg. Vol. 9, No. 2, April 1925, pp. 273—281.

Case Studies in the Mental Problems of Later Adolescence with Special Reference to the Mental Hygiene of the College Student. By D. A. Laird. Ment. Hyg. Vol. 7, No. 4, October 1923, pp. 715—733.

Reaction of College Students to Mental Hygiene. By D. A. Laird. Ment. Hyg. Vol. 7, No. 2, April 1923, pp. 271—276.

Adaptation Difficulties in College Students. By K. A. Menninger. Ment. Hyg. Vol. 11, No. 3, July 1927, pp. 519—535.

Mental Hygiene and the College Student Twenty Years After. Anonymous. Ment. Hyg. Vol. 5, No. 4, October 1921, pp. 736—740.

Mental Hygiene in the College and Preparatory Schools. Verbatim Report of the Discussions at the All Day Conference at the Offices of the Commonwealth Fund, January 15, 1927, 101 p.

The Administration of Mental Hygiene in Colleges. By Florence Meredith. Ment. Hyg. Vol. 11, No. 2, April 1927, pp. 241—252.

A Further Discussion of College Mental Hygiene. By A. W. Morrison. Ment. Hyg. Vol. 12, No. 1, January 1928, pp. 48—54.

Mental Hygiene and our Universities. By A. W. Morrison. Mental Hygiene, Vol. 7, No. 2, April 1923, pp. 258—270.

Some Studies on Mental Hygiene Needs of Freshman University Students. By A. W. Morrison and H. S. Diehl. Journal of the American Medical Association, November 22, 1924, Vol. 83, pp. 1666—1670.

Psychiatric Social Work and the College Student; a Forecast. By H. L. Myrick. Ment. Hyg. Vol. 11, No. 4, October 1927, pp. 723—727.

Mental Hygiene in the University. By Stewart Paton. Scientific Monthly Vol. 19, December 1924, pp. 625—631.

Mental Examinations of College Men. By M. W. Peck. Ment. Hyg. Vol. 9, No. 2, April 1925, pp. 282—299; also in American Journal of Psychiatry Vol. 4, April 1925, pp. 605—621.

Further Studies in the Psycho-sexuality of College Graduate Men. By M. W. Peck and F. L. Wells. Ment. Hyg. Vol. 9, No. 3, July 1925, pp. 502—520.

On the Psycho-Sexuality of College Graduate Men. By M. W. Peck and F. L. Wells. Ment. Hyg. Vol. 7, No. 4, October 1923, pp. 697—714. Also in J. of Nerv. and Mental Dis. Vol. 61, January 1925, pp. 31—43.

A Mental Hygiene Experiment in Normal Schools. By G. K. Pratt. Mental Hygiene Bulletin, National Committee for Ment. Hyg. Vol. 5, June 1927, pp. 1, 3, 5.

The Mental Health of College Women. By A. F. Riggs and W. B. Terhune. Ment. Hyg. Vol. 12, No. 3, July 1928, pp. 559—568.

College Mental Hygiene Problems. By A. H. Ruggles. Ment. Hyg. Vol. 9, No. 2, April 1925, pp. 261—72.

Why Mental Hygiene in Colleges? By A. H. Ruggles. Survey Vol. 53, March 15, 1925, pp. 753—755.

Psychiatry and University Men: A Study of 300 Cases on the Psychiatric Service of the University of California. By S. K. Smith. Ment. Hyg. Vol. 12, No. 1, January 1928, pp. 38—47.

Outline of a Comprehensive Course in Mental Hygiene. By H. A. Steckel. Psychiatr. Quart. Vol. 2, July 1928, pp. 342—354.

The Value of Mental Hygiene in the College. By C. M. Thompson. Ment. Hyg. Vol. 11, No. 2, April 1927, pp. 225—240.

Report on a Questionnaire Study of Personality Traits with a College Graduate Group. By F. L. Wells. Ment. Hyg. Vol. 9, No. 1, January 1925, pp. 113—127.

Mental Hygiene and the College Student. By Frankwood E. Williams, M. D. Ment. Hyg. Vol. 5, No. 2, April 1921, pp. 283—301.

Mental Hygiene and the College Student; Second Paper. By Frankwood E. Williams, M. D. Ment. Hyg. Vol. IX, No. 2, April 1925, pp. 225—260.

Mental Hygiene and Personality Guidance in Colleges. By K. Young. Ment. Hyg. Vol. 9, No. 3, July 1925, pp. 489—501.

Anmerkung des Verfassers: Seit etwa 10 Jahren haben Dr. Healy und seine Mitarbeiterin Dr. Augusta Bronner die wertvollste Pionierarbeit auf diesem Gebiet geleistet, zuerst in Verbindung mit dem Jugendgericht in Chicago, später mit der „Judge Baker Foundation" in Boston, die dem Bostoner Jugendgericht dient. Ihre Aufsätze, die in einer großen Anzahl von Arbeiten veröffentlicht und besprochen worden sind, haben deutlich den Wert der Zusammenarbeit einer psychiatrischen Klinik mit einem Jugendgerichtshof gezeigt.

Anmerkung der Redaktion: Die Redaktion sieht sich genötigt, auf einen Unterschied der amerikanischen und deutschen psychiatrischen Betrachtungsweise ausdrücklich aufmerksam zu machen. Unsere Auffassung vom Wesen des psychopathischen Kindes bedeutet, daß dessen Schwierigkeiten endogen bedingt seien, daß sich diese Schwierigkeiten in verschiedener Umgebung in verschiedenem Grade zeigen und nur durch spezielle heilpädagogische Maßnahmen zu beeinflussen seien. Diese Kinder sind nach deutscher wissenschaftlicher Auffassung nicht geisteskrank, nicht epileptisch, haben kein organisches Gehirnleiden, sondern sind eben Psychopathen im Sinne der deutschen klinischen Psychiatrie. *Williams* dagegen ist der Überzeugung, daß die Schwierigkeiten jedes „psychopathischen Kindes" (amerikanischer Auffassung) so stark aus unzweckmäßigen Umwelts- und Erziehungseinflüssen resultieren, daß bei einem, dem einzelnen Kinde in differenzierter Weise angepaßten, Erziehungseinfluß sich die Schwierigkeiten des Kindes nicht mehr zeigen. Er hält also das Verhalten der Kinder, die Erziehungsschwierigkeiten bereiten, und die wir „psychopathisch" nennen würden, für rein reaktiv und will nur die Kinder als psychopathisch bezeichnet wissen, die sich keinem — ihm noch so sehr angepaßten — erzieherischen Einfluß zugänglich zeigen. Die gleiche Divergenz der Auffassung spricht auch aus *Williams* Definition der psychopathischen Kinder (s. S. 61).

In der

Aussprache,

an der sich Prof. *Kramer*-Berlin, Dr. *Frankenstein*-Berlin, Dr. *Villinger*-Hamburg, Dr. *Würfler*-Eberswalde und *Ruth v. der Leyen*-Berlin beteiligten, traten drei Fragen in den Vordergrund:

1. Welche Gruppe von Kindern faßt man in der Praxis unter dem Namen der Psychopathen zusammen? 2. Erscheint es wünschenswert, aus dem Kreise der psychiatrisch Ausgebildeten nun noch einen „Jugendpsychiater" zu schaffen und ihn speziell mit Beratung, Untersuchung, Behandlung des psychopathischen Kindes zu betrauen? 3. Zusammenarbeit zwischen Psychiater, Psychologe und Jugendfürsorger.

Kramer-Berlin hob bei der Besprechung der ersten Frage die erfreuliche Übereinstimmung hervor, die in der Entwicklung und Durchführung der Arbeit an jugendlichen Psychopathen in Amerika und Deutschland zu finden sei und betont noch einmal, daß es sich bei seiner in Köln gegebenen Definition (die u. a. dem ausländischen Referenten zur Vorbereitung seines Vortrages zum Zwecke der

Orientierung über die deutschen Verhältnisse übermittelt worden war[1], darum gehandelt habe, den Kreis der Kinder, die einer Spezialfürsorge bedürften, praktisch zu umreißen. *Williams* meinte, daß es sich bei dem in den Child Guidance Clinics bearbeiteten Kindermaterial doch hauptsächlich um Kinder handle, die stark erlebnis-, milieu- und erziehungsgeschädigt seien, bei denen das konstitutionelle Moment im Verhältnis zum Milieu (ganz allgemein ausgedrückt) eine geringere Rolle spiele. Dementsprechend werden auch die Maßnahmen getroffen, und daraus ergeben sich auch die viel weiteren Möglichkeiten der Belassung in der eigenen oder Unterbringung in der fremden Familie und der Betreuung im Wege der offenen Fürsorge. Für diese Kinder vermeidet man das Wort „Psychopath" und bezeichnet sie als „problem children". *Williams* sagt wörtlich: „Auch wenn sich z. B. im Alter von 14—16 Jahren Pubertätsschwierigkeiten zeigen, sagen wir nicht ohne weiteres, daß es sich um psychopathische Jugendliche handelt; sie können, aber müssen nicht Psychopathen sein." — Der Unterschied der amerikanischen und deutschen Arbeit liege darin, daß man in Amerika in der glücklichen Lage sei, in viel stärkerem Maße eine individualisierende vorbeugende Fürsorge zu treiben, daß man — auf deutsche Verhältnisse übertragen — gewissermaßen die Methoden der Psychopathenfürsorge und -erziehung viel allgemeiner auf das allgemein gefährdete Kind anwende.

Bei der Besprechung der Frage, ob besondere Jugendpsychiater ausgebildet werden sollten, deren Bejahung von allen Seiten vorausgesetzt wurde, kam man darin überein, daß die Grundlage der Ausbildung des Jugendpsychiaters eo ipso die Ausbildung in der allgemeinen Psychiatrie sein müsse, und daß der Jugendpsychiater auch ständig die Verbindung zur allgemeinen Psychiatrie in Theorie und Praxis aufrecht erhalten müsse. Wünschenswert und notwendig sei es, daß der Psychiater, der sich später in der Praxis vorwiegend mit Kindern und Jugendlichen beschäftige, sich mit der Materie der Jugendwohlfahrt, Psychopathenfürsorge und -erziehung vertraut mache. Die enge Zusammenarbeit, der ständige Austausch, der in Amerika zwischen Psychiater, praktischem Arzt, Psychologen und Sozialarbeiter bestehe, müsse anregend auf deutsche Verhältnisse wirken. Durch eine so enge Zusammenarbeit wird auch wie von selbst die in Deutschland akute Frage über die Grenzen der pädagogischen Kompetenzen des Psychiaters gelöst: denn je intensiver die Zusammenarbeit von Psychiater und Psychopathenfürsorge, um so mehr wird jeder einzelne von der Überzeugung der besonderen Bedeutung des eigenen Arbeitsgebietes, von der Notwendigkeit der Mitkenntnis des Arbeitsgebietes des andern erfüllt werden.

[1] Anmerkung der Redaktion.

Die Auswirkung der Jugendgesetzgebung in bezug auf jugendliche Psychopathen.

Von

Landgerichtsdirektor **Herbert Francke,** Berlin.

Der Deutsche Verein zur Fürsorge für jugendliche Psychopathen hatte ursprünglich die Absicht gehabt, im Zusammenhang mit dem Vortrag über die amerikanische Arbeit das Thema der Auswirkung der Jugendgesetzgebung in bezug auf jugendliche Psychopathen auf rechtsvergleichender Grundlage umfassend zu behandeln, und der Verein hat auch durch Umfrage bei ausländischen Vertrauensleuten ein gewisses Material zusammengebracht. Bei den Vorarbeiten für diesen Vortrag stellte sich dann aber heraus, daß dieses Thema so schwierig und im Augenblick so wenig verhandlungsreif ist, daß es allerhöchstens in der bescheidenen Form einer Diskussionsbemerkung auf dieser Sachverständigenkonferenz angeschnitten werden könnte. So bitte ich, die wenigen Bemerkungen, die ich machen will, nachsichtig und nur als einen Anfang aufzunehmen.

Ich möchte mich, um mich möglichst an Greifbares zu halten, auf das Gebiet der Jugend*straf*gesetzgebung beschränken, das am ehesten als spruchreif anzusehen ist, und hier die Fragen heraussuchen, die, wie mir scheint, auf dem Gebiete des materiellen Strafrechts, des Strafprozesses und des Strafvollzuges auf rechtsvergleichender Grundlage gefördert werden können.

1. Ich beginne beim *materiellen Strafrecht* mit einigen Bemerkungen über das „discernement“, das „Unterscheidungsvermögen“, und zwar muß ich mich zunächst mit dem alten intellektualistisch gefaßten Begriff des Unterscheidungsvermögens befassen, da er, wenn er auch wissenschaftlich als überwunden anzusehen ist, doch z. B. in der französischen Gesetzgebung (Code pénal Art. 66) noch herrscht. Vom Standpunkt der Psychopathenfürsorge wäre zu sagen, daß ein solcher Begriff, nach dem es darauf ankommt, wie die Verstandesreife eines Jugendlichen ist, durchaus unzureichend ist. Wir selbst haben erst im Jahre 1923 diesen Begriff des Unterscheidungsvermögens in Deutschland überwunden. Bis 1923 haben wir auch noch die Gleichung gehabt: Unterscheidungsvermögen = Bestrafung, kein Unterscheidungsvermögen = keine Bestrafung; eine Gleichung, die nur in der zweiten Hälfte richtig ist, deren erste Hälfte wir dagegen ablehnen: nämlich, daß diejenigen Jugendlichen, die mit Einsicht gehandelt haben, nun notwendig auch

bestraft werden müssen. Diese Regelung, die den Anforderungen der Psychopathenfürsorge natürlich nicht entspricht, findet sich noch in einigen Entwürfen, die erst in letzter Zeit vorgelegt worden sind, nämlich in dem italienischen Vorentwurf von 1927 Art. 94 und im griechischen Entwurf von 1924 Art. 86. Wann sollen Jugendliche bestraft werden, wenn sie mit Einsicht — also mit Verstandes- und Willensreife — gehandelt haben, und wann nicht? Auf dem Pariser Kinderschutzkongreß vom Juli 1928 wurde von einem Spanier der Vorschlag gemacht, den Begriff des Unterscheidungsvermögens durch den der „Normalität" zu ersetzen. Wenn der Jugendliche als nicht normal anzusehen sei, solle er unter keinen Umständen bestraft werden. Diese Auffassung muß vom Standpunkt der Psychopathenfürsorge abgelehnt werden. Wir müssen Forderungen an die Psychopathen stellen, „Psychopathie" genügt nicht zur Befreiung von Strafe. Ich glaube, daß wir das Richtige in der deutschen Regelung im § 6 JGG. gefunden haben, wonach hier eine reine Zweckmäßigkeit entscheidet: „Hält das Gericht Erziehungsmaßregeln für ausreichend, so ist von Strafe abzusehen", eine Formel, die bemerkenswerterweise auf dem Pariser Kongreß auch den Beifall des Generalberichterstatters, Prof. *Donnedieu de Vabre*, gefunden hat.

2. Zum *Strafprozeß* ist vom Standpunkt der Psychopathenfürsorge zu fordern, daß die ärztliche Mitwirkung sichergestellt wird. Wir haben in Deutschland im § 31 JGG. die Formel, daß in geeigneten Fällen eine ärztliche Untersuchung herbeigeführt werden soll; eine ganz ähnliche Formel finden wir im Art. 21 des belgischen Gesetzes vom 15. Mai 1912 und in Art. 17 des französischen Gesetzes vom 22. Juli 1912. Es wäre die Frage aufzuwerfen, ob wir mit dieser Formulierung auskommen, oder ob die Forderung der ärztlichen Untersuchung nicht durch den Zusatz „in geeigneten Fällen" praktisch illusorisch gemacht wird. In dem belgischen Bericht, der uns vorliegt, wird ausgeführt, daß diese Untersuchungen von den Jugendrichtern in reichlichem Maße angeordnet werden, während nach dem französischen Bericht die Wendung „erforderlichenfalls" zur Folge hat, daß ärztliche Untersuchungen nur angeordnet werden bei seelischen Abweichungen, die für den *Richter sichtbar* sind. Es erhebt sich daher die Frage, ob es nicht zweckmäßig wäre, in die Gesetzgebung etwas schärfere Formeln hereinzubringen. Ich möchte daran erinnern, daß die Kommission „Jugendgericht und Arzt" der Deutschen Vereinigung für Jugendgerichte und Jugendgerichtshilfen unter dem Vorsitz von Prof. *Kramer* einmal versucht hat, die Fälle schärfer zu formulieren, in denen im Jugendstrafprozeß eine ärztliche Untersuchung herbeizuführen wäre. Wir kamen dabei zu folgenden Kategorien:

1. diejenigen, welche nach den Vorerhebungen den Verdacht einer psychischen Anomalie nahelegen,

2. diejenigen, welche sich einer schweren Straftat schuldig gemacht haben,

3. diejenigen, die ein ausgesprochen asoziales Verhalten zeigen, oder bei denen eine ausgesprochene Verwahrlosung vorliegt.

Ich möchte hier die Frage nicht entscheiden, ob diese Fassungen sich ohne weiteres zur Aufnahme in künftige Jugendgesetze eignen.

Ferner wäre noch die Frage aufzuwerfen, ob es nicht angebracht wäre, in den künftigen Jugendgesetzen auch des Heilerziehers zu gedenken und darauf aufmerksam zu machen, daß es angebracht sein könnte, vor der Entscheidung, welche erzieherischen Maßnahmen vom Jugendgericht anzuordnen sind, ein heilpädagogisches Gutachten einzufordern. Wie man die Frage im einzelnen Jugendgerichtsgesetz entscheidet, wird wesentlich vom Stande der Heilpädagogik des einzelnen Landes abhängen. Es kommt darauf an, ob in hinreichender Zahl Stellen vorhanden sind, von denen man solche Gutachten bekommen könnte.

3. Nun zum *Strafvollzug*! Welche allgemeinen gesetzgeberischen Fragen sich hier erheben, wird sich am besten an der Hand des deutschen Entwurfs eines Strafvollzugsgesetzes von 1927 veranschaulichen lassen. In der Reichstagsvorlage lautet der Abschnitt „Besondere Vorschriften über den Strafvollzug an geistig Minderwertigen“ (§§ 218—220):

Geistig minderwertige Gefangene sind in einer ihrem Geisteszustand entsprechenden Weise zu behandeln.

Gefangene, die nach ärztlichem Gutachten geistig so minderwertig sind, daß sie nicht im regelmäßigen Strafvollzuge gehalten werden können, sind in einer ... besonderen Anstalt oder Abteilung unterzubringen ...

Vor wichtigen Maßnahmen bei der Behandlung geistig Minderwertiger ist der Anstaltsarzt zu hören. Auf seinen Antrag kann mit Rücksicht auf ihren Geisteszustand von den sonst bestehenden Vorschriften abgesehen werden.

Dieser Formulierung läßt sich eine ausländische gegenüberstellen, nämlich die österreichische, die sich in § 28 der Vollzugsanweisung vom 23. September 1920 zu dem Gesetze über die Errichtung von Jugendgerichten findet[1]:

1. Ist zu befürchten, daß die Vollstreckung einer Freiheitsstrafe auf die regelmäßige Art einem unmündigen oder jugendlichen Sträfling schaden, insbesondere einen krankhaften oder abnormen Zustand, an dem er leidet, verschlimmern würde, so ordnet das Gericht nach Anhörung eines Arztes, der womöglich heilpädagogische Kenntnisse und Erfahrungen haben soll, die der Eigenart des Sträflings angepaßten Abweichungen von der Regel an. Diese Abweichungen können sich insbesondere auf die Form der Anhaltung (Einzel- oder Gemeinschaftshaft), auf die Bewegung im Freien, auf Erleichterungen im Unterricht und in der Beschäftigung und auf Kostaufbesserungen beziehen.

---

[1]) Leider bleibt das inzwischen bekanntgewordene österreichische JGG. vom 18. Juli 1928 (BGBl. 1928, 64. Stück, ausgegeben am 13. September 1928) in seinem § 51 in wesentlichen Punkten hinter dem § 28 der Vollzugsanweisung zurück.

2. Solche Sträflinge sind womöglich in einer besonderen Abteilung des Gefängnisses anzuhalten und stehen unter ständiger Aufsicht des Arztes.

3. Das Gutachten eines in der Heilpädagogik erfahrenen Sachverständigen ist ferner in allen Fällen einzuholen, in denen bei der regelmäßigen Art des Strafvollzuges der Strafzweck voraussichtlich nicht erreicht werden würde.

Nur einige Worte zur Auswertung dieser beiden Formulierungen. In materieller Hinsicht ist aus ihnen die Forderung abzuleiten: „Jugendliche Psychopathen sind in einer ihrem geistigen Zustand entsprechenden Weise zu behandeln; dabei kann von den sonst bestehenden Vorschriften abgewichen werden.“ Was die formelle Seite betrifft, so dürfte sich aus dem Vergleich mit der österreichischen Fassung ergeben, daß der deutsche Entwurf nicht so weit geht, wie es im Interesse der jugendlichen Psychopathen gefordert werden muß. Wenn nämlich gesagt wird: „Vor wichtigen Maßnahmen ist der Anstaltsarzt zu hören“, so ist hier nur vom Hausarzt der Anstalt die Rede. Meines Erachtens müßte für den Strafvollzug an Jugendlichen unbedingt gefordert werden, daß er nur in ständiger fortlaufender Fühlung mit Psychiater und Heilpädagogen erfolgen dürfte. Schließlich sind die Jugendgefängnisse doch Stätten, in denen Schwererziehbare und psychopathische Jugendliche von Amtswegen gesammelt werden. Es scheint mir ein völliges Unding zu sein, daß nicht in einer jeden solchen Anstalt die Mitwirkung des Jugendpsychiaters und Heilpädagogen selbstverständlich ist, und meiner Meinung nach müßte sie auch gesetzlich gesichert sein.

Ich möchte zum Schluß aussprechen, wie wesentlich es ist, daß die Vertreter des Jugendrechts verschiedener Länder in Gedankenaustausch treten, dann werden wir vielleicht auf späteren Tagungen die Frage der Auswirkung der Jugendgesetzgebung in bezug auf jugendliche Psychopathen auf rechtsvergleichender Grundlage vertiefen können.

Aussprache.

Da aus dem Referat von *Francke*-Berlin hervorgegangen war, daß das von dem Deutschen Verein zur Fürsorge für jugendliche Psychopathen gesammelte Material lediglich Anregungen für materielles Strafrecht, Strafprozeß und Strafvollzug, nicht aber zu den Fragen des Bewahrungsgesetzes gab, wurden die Fragen der internationalen Materialsammlung zu Bewahrungsgesetzen von vornherein aus der Diskussion ausgeschieden. Der Anregung zur Sammlung von weiterem Material über Strafprozeß und Strafrecht wurde lebhaft zugestimmt. Als Ergebnis der Aussprache kann die Resolution betrachtet werden, die am folgenden Tag von der Versammlung einstimmig gefaßt wurde, und die die Mitwirkung von Psychiater und Heilpädagoge im Strafvollzug betraf, die einzige Materie, zu der wir aus ausländischen Bestimmungen über unser geltendes Recht hinaus Anregungen erhielten. Die Resolution lautete:

„Die vierte Sachverständigen-Konferenz des Deutschen Vereins zur Fürsorge für jugendliche Psychopathen e.V. tritt dafür ein, daß Sicherungen geschaffen werden, damit die jugendlichen Psychopathen im Strafvollzug eine Behandlung finden, die ihrer Eigenart entspricht und ihre künftige Einfügung in die spätere Umgebung gewährleistet. Die Konferenz fordert daher die reichsgesetzliche Sicherstellung jugendpsychiatrischer und heilpädagogischer Beratung für den Strafvollzug an jugendlichen Psychopathen. Sie bittet den Vorstand des Vereins, bei den zuständigen Stellen dieserhalb vorstellig zu werden."

Sonderschulen inkl. Unterricht für psychopathische Kinder und Jugendliche.

Von

Walter Moos, Zürich,

Psychiater des Vormundschafts- und Armenwesens und Spezialarzt der Beobachtungsklassen der Stadt Zürich.

Aus der Schweiz kommend, läge es nahe, unser heutiges Thema bei *Johann Heinrich Pestalozzi* anheben zu lassen und darzustellen, wieviel Grundsätzliches von dieser großen Erzieherpersönlichkeit heute noch ausstrahlt. Hier möge, nach dem Pestalozzi-Gedenkjahr 1927, der *eine* kurze Hinweis genügen, auf welchen der verdienstvolle Leiter des Heilpädagogischen Seminars in Zürich, Dr. *Hanselmann*, mit Recht immer wieder aufmerksam macht, nämlich: Pestalozzi ist vom „armen", nach modernem Sprachgebrauch also vom fürsorgeerziehungsbedürftigen Kinde ausgegangen. Diesem, in seiner Entwicklung durch innere und äußere Faktoren gehemmten Kinde, wollte er in all seinen erzieherischen *und unterrichtlichen* Bestrebungen helfen. — Sie kennen sein Leben, das ein „Nichtssein und Alleswollen" war und das in seiner persönlich-praktischen Auswirkung als Schulmann und Anstaltsleiter zu scheitern bestimmt schien. Sie wissen auch, wie er nur so nebenbei zum Schreiben kam, daß ihm das „Menschenmalen", womit man damals etwa die dichterische Tätigkeit bezeichnete, nur einen Ausweg bedeutete. „Der letzte Ausweg eines Mannes, den es trieb zu helfen, dessen Dienste aber niemand verlangte", wie einer seiner schlichtesten Biographen ausführt.

Es sei mir erlaubt, noch einen Augenblick in der — ich möchte sagen — „literarischen Sphäre" zu verweilen und eines andern „Menschenmalers" zu gedenken, ebenfalls eines Zürchers und Ihnen allen wohlbekannt: *Gottfried Kellers.* Darf ich Sie daran erinnern, daß es im „Grünen Heinrich“ ein Kapitel gibt mit der Überschrift: „Ungeschickte Lehrer, schlimme Schüler“? Es ist jenes Kapitel, in welchem der Dichter schildert, wie er als vaterloser armer Knabe und angeblicher Rädelsführer nach einer schuldisziplinarischen Untersuchung recht übler Art von der Schule ausgeschlossen wird. „Das Gefühl des Unwillens und erlittener Ungerechtigkeit, welches sogleich in mir sich äußerte (schreibt Keller), war so überzeugend, daß meine Mutter nicht länger bei meiner Schuld verweilte, sondern sich ihren eigenen bekümmerten Gefühlen überließ, da der große und allmächtige Staat einer hilflosen Witwe das einzige Kind vor die Türe gestellt hatte mit den Worten: „Es ist nicht zu brauchen!“

In diesem Zusammenhange fügt der Dichter folgende ernste Betrachtung an:

„Wenn über die Rechtmäßigkeit der Todesstrafe ein tiefer und anhaltender Streit obwaltet, so kann man füglich die Frage, ob der Staat das Recht hat, ein Kind oder einen jungen Menschen, die nicht gerade tobsüchtig sind, von seinem Erziehungssysteme auszuschließen, zugleich in den Kauf nehmen. Gemäß jenem Vorgang wird man mir, wenn ich im späteren Leben in eine ähnlich ernste Verwicklung gerate, bei gleichen Verhältnissen und Richtern wahrscheinlich den Kopf abschneiden; *denn ein Kind von der allgemeinen Erziehung ausschließen, heißt nichts anderes, als seine innere Entwicklung, sein geistiges Leben köpfen*... Der Staat hat nicht danach zu fragen, ob die Bedingungen zu einer weiteren Privatausbildung vorhanden seien oder ob trotz seines Aufgebens das Leben den Aufgegebenen doch nicht fallen lasse, sondern manchmal noch etwas Rechtes aus ihm mache: er hat sich nur an seine Pflicht zu erinnern, die Erziehung *jedes* seiner Kinder zu überwachen und weiterzuführen. Auch ist am Ende diese Erscheinung weniger wichtig in bezug auf das Schicksal solcher Ausgeschlossenen, als daß sie den wunden Fleck auch der besten unserer Einrichtungen bezeichnet, die Trägheit nämlich und Bequemlichkeit der mit diesen Dingen Beauftragten, welche sich für Erzieher ausgeben.“

In der ersten Fassung des Romans wird diese „Trägheit“ auch noch „moralische Faulheit“ genannt; es sei auch nicht verschwiegen, daß der spätere Staatsschreiber in Amt und Würden auch den folgenden Satz der Urfassung eliminiert hat: „Das Ausstoßen auch des nichtswürdigsten Schülers ist nichts als ein Armutszeugnis, welches eine Schule sich gibt.“

Gottfried Keller ist ein Einzelfall. Wir kennen aber aus dem Kinderleben vieler Menschen, wie wichtig ein richtiger pädagogischer Bezug und wie verhängnisvoll eine mangelnde oder gar falsche Schulbindung sein kann. Mit vollem Recht rüttelte Keller an der Pflicht des Staates, und wenn er an dem „wunden Fleck“ der Schule herumtupfte, so ist zu sagen, daß die Schule als solche doch eigentlich recht spät, in jüngster Zeit erst sich ihrer besonderen Pflicht und Fürsorge bewußt ward und nun endlich anfängt, sich nicht nur darauf zu beschränken, die „störenden“ Elemente einfach abzuschütteln und abzustoßen, sondern die sogenannten schwer erziehbaren, erziehungsgeschädigten, charakterlich abartigen Schüler, sobald sie sich im Normalbetrieb eben störend erweisen, in kleinen Sonderklassen zu sammeln, sie zu beobachten, zu schulen, kurz sich ihrer helfend anzunehmen.

Einen Anfang hat damit die Stadt Zürich im Frühjahr 1926 gemacht mit der Errichtung einer sogenannten *Beobachtungsklasse* (Bk), über die an anderer Stelle (Bericht über den 2. allgemeinen ärztlichen Kongreß für Psychotherapie in Bad Nauheim 1927, Verlag von S. Hirzel, Leipzig, und in der Z. Kinderforschg. Bd. 34, H. 1, 1928) von Fräulein Dr. *Martha Sidler*, der Leiterin der Versuchsklasse, und vom Schreibenden ausführlicher berichtet wurde. Seither ist aus dem Provisorium ein Definitivum geworden. Wir haben seit Frühjahr 1928 vorderhand nun drei solcher „Beobachtungsklassen", zwei Klassen im größten Schulkreis der Stadt, dem Industrie- und Arbeiterviertel, und eine Klasse als Sammelklasse für die übrigen Schulkreise. (Eine Klasse ist zur Beobachtung und Sonderschulung für Schüler der untern Schulstufe, der 2. und 3. Primarschulklassen, also für 8- und 9jährige Kinder bestimmt, die zwei andern Klassen für Schüler der gehobenen Schulstufe, 4.—6. Klasse der Volksschule, also für 10—12jährige.)

Auf Gottfried Kellers Appell an die Pflicht des Staates habe ich nicht von ungefähr zurückgegriffen: Es liegt im Wesen unserer Schweizer Schulen überhaupt und in der Art unserer Leute an und für sich schon eine sozialpädagogische Einstellung. Als Ziel jeder schulischen Erziehung und der Entwicklung steht die Eingliederung in den Lebenszusammenhang. Der geltende Lehrplan spricht es mit seinen Worten beispielsweise also aus: „Wahre Menschenbildung offenbart sich nicht ausschließlich im Wissen und Können; ihr charakteristisches Merkmal liegt vielmehr in der Harmonie eines lauteren Innenlebens und des Handelns, das stets auf das Wohl des Ganzen gerichtet ist und nie das Licht zu scheuen hat."

Die Harmonie des lauteren Innenlebens und Handelns mangelt nun allerdings den Kindern, die uns zugewiesen werden. Handelt es sich doch bei ihnen durchwegs um auf der Gefühls- oder Willensseite disharmonisch Angelegte. Was bei ihnen erreicht werden soll, ist eine Entfaltung der individuell gegebenen Anlagen. Wunder vermag die Sonderschulung und die schulische Erziehung nicht zu tun. Eine absolute Umkehr der Persönlichkeit zu bewirken, ist in der Sonderklasse nicht möglich. Ihre Aufgabe ist aber, Hilfe zu sein, die Jugendlichen so weit zu bringen, daß sie später (um die auf dem Boden der Wirklichkeit und des Möglichen bleibende Formulierung Prof. *Stiers* auf der 1. Tagung über Psychopathenfürsorge 1918 zu wiederholen) „im durchschnittlichen Milieu des gewöhnlichen Lebens den für sie selbst und für die Allgemeinheit nützlichen und richtigen Weg auch ohne unsere Hilfe zu gehen imstande sind".

Zum Unterschied zu den Berliner „Erziehungsklassen", den sogenannten „E.-Klassen", auf die schon Ihr Herr Vorsitzender einleitend kurz hingewiesen hat, die nur unterrichtliche und erzieherische Aufgaben zu erfüllen haben, während die Beobachtung und das, was man mit Diagnose umschreibt, von verschiedenen Abteilungen für Heilerziehung bei den Jugendämtern vor Zuteilung in die „E.-Klasse" übernommen wird, gliedert sich der Aufgabenkreis unserer Beobachtungsklassen nach drei Richtungen, die freilich eng miteinander verbunden sind: in schulpsychiatrische und schulpsychologische Beobachtung und in Fürsorge (wobei unter diesem zusammenfassenden Begriff „Fürsorge" die Erziehungsberatung durch Arzt und Lehrer, die heilpädagogische Sonderschulung, einschließlich der grundsätzlich hiermit verbundenen Erholungsfürsorge und alle weitere sozialpädagogische Behandlung und Tätigkeit gemeint ist).

Es muß betont werden, daß die Züricher Lösung eine individuelle, eine von vielen möglichen Lösungen ist, organisch herausgewachsen und bedingt durch Institutionen, die schon da waren, bedingt nicht zuletzt durch die schon erwähnte sozialpädagogische Einstellung der Schulbehörden und der Arbeiter an den Beobachtungsklassen.

Ein erster und Haupteinwand von in Psychopathenfürsorge Bewanderten ist nun wohl der, daß die Herausnahme aus dem Milieu die beste Fürsorge sei. Die Psychopathenfürsorge geht ja allgemein von der theoretisch und praktisch wohl richtigen Voraus- und Gleichsetzung aus, daß schlechte, untüchtige Erzeuger auch schlechte, untüchtige Erzieher sind. Dieser Erfahrungstatsache soll im wesentlichen nicht opponiert werden. Gestützt auf unsere bis jetzt freilich erst zweieinhalbjährigen Erfahrungen möchten wir aber doch betonen und grundsätzlich sagen: Bevor man allen und jeden pädagogischen Bezug für ein Kind ändert, mache man den Versuch, zunächst *eine* Bindung, die Schulbindung, zu ändern. Sie ist vor allem viel leichter zu ändern als die Bindung von den Eltern und von der Familie. Es hat sich doch gezeigt, daß es eine Reihe von Fällen gibt, in denen eine Milieuänderung aus äußeren Gründen einfach nicht möglich und in anderen Fällen aus ärztlich psychologischen Überlegungen nicht empfehlenswert ist. Auf die sorgfältige Auswahl eben solcher geeigneter Fälle ist bei der eingehenden, vorurteils- und besonders von moralischer Wertung freien Aufnahmeuntersuchung durch den Arzt speziell zu achten. Die Sonderbeschulung ist schon Milieutherapie, an und für sich durch den Faktor der Änderung des Schulmilieus und besonders dann, wenn, wie es von Anfang an unser Bestreben war, zielbewußt versucht wird, durch ein persönliches In-Beziehung-Treten mit den Eltern ein gemeinsames Zusammenarbeiten von Schule und Elternhaus zu erreichen. Dies ist nun in weitaus mehr Fällen, als man vielleicht erwartet, möglich, und zwar, wie ich glaube, dadurch, daß der mitarbeitende Arzt nicht die „amtsärztliche“ Seite vorkehrt, sondern direkt „hausärztliche“ Funktionen (im guten alten Sinne des Wortes) übernimmt und zur Vertrauensinstanz der Familie wird.

Die eingehende Beobachtung der soziologischen Umweltsverhältnisse, in denen das Kind aufwächst, die Erkennung und womögliche Behebung oder doch Besserung der Schäden und Erziehungsfehler, denen es ausgesetzt war oder noch ist, bildet die Grundlage unserer fürsorgerischen Maßnahmen. Die entscheidenden Hinweise bei der Abgrenzung der Milieu- und Anlagekomponenten kann uns nur die genaue Kenntnis der Erb- und Umweltsverhältnisse, das persönliche Kennenlernen und Verhalten der Eltern geben, und danach richtet sich unser fürsorgliches Handeln: einerseits das Belassen im elterlichen Milieu, wenn es sich einwandfrei und unsern Erziehungsbemühungen zugänglich erweist, anderseits der Milieuwechsel, wenn die Familien- und Erziehungsverhältnisse ungünstig sind. Von 32 in die Bk aufgenommenen und wieder zur Entlassung gekommenen Schülern (auf die als vollständig durchuntersucht allein Bezug genommen werden soll) konnten doch rund drei Viertel im elterlichen Milieu belassen werden, und nur ein Viertel kam in Fremdpflege (zur Hälfte in Anstalts-, zur andern Hälfte in Familienversorgung). Die Berechtigung der Bk ist danach nicht nur als Ort der Persönlichkeits- und Milieuanalyse, sondern auch als Einrichtung der Fürsorge, und zwar der offenen Psychopathenfürsorge erwiesen. Bezüglich der Dauer des Aufenthaltes in der Bk war ursprünglich vorgesehen, die Schüler nur so lange in der Sonderklasse zu belassen, bis die Ursache ihres eigenartigen Verhaltens und die weitere Behandlung klargestellt ist. Acht bis zehn Wochen würden dazu genügen. Im allgemeinen hat es sich aber zur Erwirkung und vollen Ausnutzung der heilpädagogischen Beeinflussung als günstig erwiesen, die Dauer des Aufenthaltes in der Bk durchschnittlich zum mindesten auf ein Schulquartal festzusetzen. Die reinen „Milieufälle“ sind innerhalb dieser Zeit, wenn nicht vorher, zur Ausscheidung gekommen.

Um gleich noch an dieser Stelle einige Zahlenangaben zu erledigen: Die Übersicht über die Aufenthaltsdauer ergibt eine deutliche Scheidung in die zwei Hauptaufgaben der Sonderklasse: bei rund zwei Drittel der Entlassenen war nach $^1/_4$—$^1/_2$ Jahr die Persönlichkeits- und Milieuanalyse in Verbindung mit der unterrichtlichen Sonderschulung und den andern fürsorglichen Maßnahmen genügend, um eine Versetzung in die Normalklasse (dies bei 62,5%) oder in die Hilfsschule, Spezialklasse für Schwachbefähigte (dies bei 12,5%) beantragen zu können. Der Aufenthalt dieser 24 Schüler diente also in erster Linie, wenn auch nicht ausschließlich, der Beobachtung, um gestützt auf diese den Schulbehörden, Lehrern und Eltern pädagogische und heilpädagogische Winke und Ratschläge, die Wegrichtung für das weitere fürsorgliche Vorgehen geben zu können. Für das andere Drittel, das $^{3}/_{4}$, 1, $1^{1}/_{2}$ bis $2^{1}/_{4}$ Jahre in der Bk verblieb, dessen Austritt nur wegen Erreichung der Altersgrenze erfolgte, bedeutete die Bk nun die eigentliche unterrichtliche Sonderklasse und heilpädagogische Einrichtung im Rahmen des Schulorganismus. Das Zahlenverhältnis wechselt freilich nach der jeweiligen Zusammensetzung der Klassen. Bei dem momentanen Bestand der Klassen ist das Verhältnis beispielsweise 1:1, das heißt, die Hälfte der zur Zeit in die Bk eingewiesenen Schüler wird bis zur Erreichung der Altersgrenze voraussichtlich in der Sonderklasse verbleiben müssen.

Bevor ich nun auf das Grundsätzliche im Unterricht für psychopathische Schüler eingehe, möchte ich einen zweiten Einwand berühren, der mir bei der Übernahme der ärztlichen Funktionen an den Beobachtungsklassen zu schaffen machte, und der mir immer wieder, sei es von Heilpädagogen selber, sei es von Lehrern und Schulbehörden, hauptsächlich aber von den Eltern der zugewiesenen Schüler entgegengehalten wurde: Ist es eigentlich angebracht, schwer erziehbare, erziehungsgeschädigte, charakterlich abartige, „nervöse", „psychopathische", allgemein gesprochen: *disharmonische* Kinder in einer Sonderklasse zu vereinigen? Ist es nicht eine verkehrte Maßnahme? Wird das schlechte Beispiel und die Verführung von ausgesprochen triebhaften, hemmungsarmen Kindern nicht geradezu gezüchtet? Wäre eine Verdünnung, das heißt die Versetzung von einzelnen psychopathischen Kindern in ein neues, fremdes, aber normales Schulmilieu, zu einem *Lehrer* (dies der häufigste Einwand, wenn die frühere Erzieherperson eine Lehrerin war) nicht weit besser? Diesen Einwänden konnte entgegengehalten werden, daß im Rahmen der kleinen Sonderklasse mit im Maximum 12 Schülern der persönliche Bezug von Lehrkraft zum einzelnen Schüler viel inniger als in der großen Normalklasse möglich ist, daß als wichtigstes Erziehungsmittel gerade der persönliche Einfluß, der von der Lehrkraft *und* vom Arzte ausgeht und sich in der Anteilnahme, die jedem einzelnen Kinde persönlich und über die Entlassung aus der Bk hinaus entgegengebracht wird, äußert, die befürchteten Auswüchse in der Regel zu hemmen imstande ist. Des fernern wurde erklärt, daß, wenn die Beobachtung eine dauernde Besserung im Verhalten des Schülers feststellen könne, dann kein Grund vorläge, ihn noch weiter in der Bk zu belassen. Die Bk wolle den Schüler ja gerade befähigen, im normalen Rahmen anderer Kinder zu leben, und sie habe kein Interesse daran, gebesserte Elemente den „Launen" einzelner, schwer psychopathischer Kinder dauernd anheimzugeben. Die psychische Ansteckungsgefahr (wenn man so sagen darf) ist nach unsern praktischen Erfahrungen nicht groß und bestand in wenigen Einzelfällen bei früh Haltlosen und bei Hyperthymikern, die im Interesse der Klasse zur Ausschulung kamen. Bei den andern Kindern setzten sich die in jedem

Kinde liegenden gesunden Abwehrtendenzen durch, die geradezu miterziehend wirkten.

In fast allen Fällen, die von Lehrern zur Anmeldung in die Bk gelangten, war das Schulverhältnis in irgendeiner Richtung ein gespanntes und gestörtes und mithin für mich als Arzt ein Beweggrund mehr, die Aufnahme in die Bk so rasch als möglich zu bewerkstelligen und eine Schuländerung herbeizuführen. Es soll damit keineswegs ein allgemeines Verdikt gegen die Lehrer ausgesprochen werden, die im großen und ganzen im Anmeldebogen eine objektiv zuverlässige Schilderung und vorläufige Beurteilung des einweisenden Schülers gaben. Der eigentliche Ausgangspunkt lag in der Regel in der Unzulänglichkeit der Normalpädagogik, in der, ohne Rücksicht auf Eigenart, Begabung und Interesse des einzelnen Schülers vorgeschriebenen Stoffbewältigung, teilweise aber auch in psychologischer Unkenntnis krankhafter Zustände und in der Verkennung von Erziehungsschwierigkeiten. Relativ zahlreich bestanden auch Konflikte zwischen Elternhaus und Lehrer. In solchen Fällen erwies sich die Versetzung in die Bk als vermittelndes Procedere. Ohne Verletzlichkeit von Lehrer und Schule kann nach geraumer Zeit ein Lehrerwechsel vorgenommen werden, entgegen der bisherigen Praxis, wo die Schulbehörde doch allzusehr geneigt war, allein auf den Lehrer abzustellen. Ich erwähne diesen Modus der Erleicherung des Lehrerwechsels via Bk ausdrücklich als ein den Umständen angepaßter Notbehelf. Die Versetzungsmöglichkeit sollte bei Schwierigkeiten zwischen Lehrer und Schüler eben überhaupt elastischer gehandhabt werden können, der „schultechnische" Apparat sollte entschieden noch psychologisch eingeölter spielen.

Ich habe schon hervorgehoben, daß ich die Änderung der Schulbindung als milieutherapeutischen Faktor von nicht zu unterschätzendem Ausmaß bewerte. Auf den ersten Blick möchte das Belassen des Schülers im häuslichen Milieu während der Beobachtungszeit (im Gegensatz zur Beobachtung in einer klinischen Kinderstation, wo der Aufenthalt gleich schon Milieutherapie ist) möglicherweise als Nachteil erscheinen. Wo er es wirklich ist, erfolgt die Korrektur innerhalb nützlichster Frist, eben bei den ausgesprochenen Milieufällen, die wir schon womöglich bei der Aufnahmeuntersuchung auszuscheiden bestrebt sind. In allen andern Fällen ist aber meines Erachtens die schulpsychiatrische und schulpsychologische Beobachtung der Kinder in einer im Schulorganismus eingereihten Klasse, in der sie sich nach kurzer Eingewöhnung geben, wie sie sind und keineswegs das Gefühl einer besonderen Maßnahme und Beobachtung haben, ein großer Vorteil. Unsere Beobachtungsschüler sind, wie es Gottfried Keller forderte, nicht mehr von der allgemeinen Erziehung ausgeschlossen. Ein anderes kommt hinzu: Bei dem noch immer herrschenden Vorurteil gegen Anstalts- und Heimerziehung, mit dem noch recht lange zu rechnen ist, bei den wirtschaftlichen Bedenken vieler Eltern, dem Zurückschrecken vor den Kosten einer Heimbeobachtung, wobei die Beweggründe der Ablehnung staatlicher oder armenpfleglicher Unterstützung, das Nicht-Almosengenössig-Werden-Wollen durchaus zu achten ist, ist das Entgegenkommen des Staates, der solche Sonderklassen einrichtet, hoch zu schätzen. Dient er doch mit dieser Maßnahme in erster Linie der Familienerhaltung. (Die „Familienzerreißung", also die Milieutherapie, die Wegnahme des Kindes und seine Versetzung in ein anderes Milieu, ist für den Arzt, der dazu nur den Anstoß zu geben hat, sicher „bequemer", vielleicht auch für den Fürsorger, wenn es, nach dem Kampf um die Wegnahme, so weit ist. Was aber dann, wenn das Kind nach Monaten oder Jahren in die alten Verhältnisse zurückkehrt? Und — dies alles in Parenthese — noch ein Hinweis, der sich auf meine Erfahrungen als beratender Fürsorgearzt stützt: Es sind ja meistens finanzielle Beweggründe, die eine Landwirtsfamilie bewegen, ein erziehungsgeschädigtes Großstadtkind aufzunehmen, und nicht in erster Linie pädagogische.)

Die Zielrichtung der Familienerhaltung, die schon bei der ärztlichen Aufnahmeuntersuchung durch Ausschaltung ungeeigneter Fälle entscheidend betont wird — der Arzt hat bei der Auswahl der für die Bk in Betracht kommenden Schüler die Umweltsverhältnisse und die Möglichkeit eines Zusammenarbeitens mit den häuslichen Erziehern sorgfältig abzuklären —, verlangt von den Arbeitern an solchen Sonderklassen, besonders von den Lehrkräften neben ihrer schulpsychologischen und unterrichtlichen Betätigung eine hingebende Arbeitskraft und den vollen Einsatz ihrer Persönlichkeit. Ein besonderer Dank gebührt daher jenen heilpädagogisch und psychologisch vorgebildeten Lehrkräften, die ihre ständige, aufreibende Bereitschaft, ihre ganze Kraft und ihr Vertrauen diesen durch Milieu und Anlage entwicklungsgehemmten Kindern zukommen lassen. Die Beobachtung, die Zusammenschau, die psychologisch-pädagogische Beurteilung zu leisten, setzt Takt, erhebliches Maß von Gewissenhaftigkeit bei der Zusammenstellung dessen, was man geprüft und beobachtet hat, und vor allem Erfahrung und *Eignung* voraus. Mit der persönlichen Eignung des Lehrers steht und fällt die Sonderschulung. Die wahren Erfolge werden immer, wie in jedem andern Tätigkeitsbereich, besonders aber in dem der „Fürsorge", in der Persönlichkeit einzelner Menschen liegen.

Was nun den *Unterricht* bei psychopathischen Kindern betrifft, so ist grundsätzlich zu sagen, daß bei Freiheit in Stundenplan und Methodik eigentlich jedes Lehrziel zu erreichen ist. Neu und fortschrittlich ist eben, daß die Schule nun selber die Möglichkeit hat oder sich nimmt, zu individualisieren, sich nach Methode und Arbeitsrhythmus anzupassen. Nötig sind grundsätzlich: kleine Klassen mit höchstens 12 Schülern, Kurzstunden und Rücksichtnahme auf die gesteigerte Ermüdbarkeit und Konzentrationsunfähigkeit eines großen Teiles unserer nervösen und übertrieben lebhaften, immer reizhungrigen und zugleich immer auch schon übersättigten Schüler.

Prof. *Stier* hat in seinem Referat an der ersten Tagung für Psychopathenfürsorge, 1918, den schulmäßigen Unterricht nur gestreift und es kaum als Sache des Psychiaters bezeichnet, darauf einzugehen. Auch ich bin nur in Verhinderung von Frl. Dr. *Sidler*, der eigentlich vorgesehenen und hier zuständigen Referentin, eingesprungen. Ich darf vielleicht aus ihrem Berichte über das erste Versuchsjahr, den sie den Schulbehörden erstattete, aus dem Abschnitt, der vom Unterricht handelt erwähnen, daß in den Morgenstunden von 8—10 am besten unterrichtlich gearbeitet werden konnte.

Ich verdanke Frl. Dr. *Sidler* auch die folgenden zusammenfassenden und grundsätzlichen Ausführungen über das „Unterrichtliche":

„Was den Unterricht bei psychopathischen Kindern anlangt, so sind wir Lehrkräfte an den Beobachtungsklassen noch nicht in der Lage, die mannigfaltigen Fragen der Didaktik und Methodik für psychopathische Kinder zu beantworten, geschweige denn dieses ganze Gebiet systematisch darzustellen und etwa abzugrenzen gegen Didaktik und Methodik an Normal- oder Hilfsschulen. Wir befinden uns im Zustande des Sammelns von Erfahrungen, und was wir heute sagen können, trägt den Charakter des Unabgeschlossenen.

Die Beobachtungsklassen weichen von den zürcherischen Normalklassen insofern ab, als sie nur 12 Schüler zählen, die sich auf zwei oder drei Jahrgänge verteilen. Sie sind nicht unbedingt an den amtlichen Stundenplan gebunden; maßgebend bleiben die Jahresziele des Lehrplanes und die Lehrmittel. Selbstverständlich wird von dem allgemein für zürcherische Schulen geltenden Recht der Freiheit der Methode des Unterrichtens Gebrauch gemacht. Diese Voraussetzungen erlauben es, auch unterrichtlich an die Individuallage des einzelnen Schülers anzuknüpfen, mit dem Ziele natürlich, ihm in der Entwicklung seiner Kräfte zu helfen, so daß beispielsweise seine Eingliederung in den Klassenunterricht der Normalklasse möglich wird.

Viele unserer Schüler bringen als Individuallage eine übertriebene Reizansprechbarkeit, eine geringe Konzentrationsfähigkeit, ein heftiges Bewegungsbedürfnis, eine ausgesprochene Eigenwilligkeit mit. Trotz dieser einem Schulunterricht von vornherein nicht förderlichen Wesenheiten ist bei geeigneter Durchführung die Erreichung des Lehrzieles der Normalklasse möglich. Das unterrichtliche Fortkommen unserer Schüler in den Normalklassen, in welche wir sie nach dem Aufenthalt in der Bk zurückschickten, beweist es.

Organisatorisch gliedern sich in jenen Zeiten, da neue Schüler in die Bk eintreten, die Schulfächer in Haupt- und Nebenfächer. Zu den Hauptfächern zählen nach Anschauung weiter Kreise von zürcherischen Lehrern: Sprache, Rechnen, Heimatkunde. Ihnen gilt, stofflich betrachtet, zunächst die Unterrichtszeit von morgens 8—10 Uhr, die sich als die günstigste Zeit dafür erwiesen hat. Im weiteren Verlaufe des Vormittags schließt sich oftmals die sogenannte Freiarbeit an, um entweder körperlicher Übung oder psychologischen Versuchen Platz zu machen. Einzelne psychologische Untersuchungen werden auch auf die Zeit von 2—3 Uhr nachmittags oder auf den schulfreien Mittwochnachmittag verlegt. Die übrigen Nachmittage dienen weitgehend der werktätigen oder zeichnerischen Verarbeitung und Darstellung des Bildungsgutes; sie stellen Zeit bereit für die Erlebnisse der Kinder, die teils mündlich, teils in Tagebuchform berichtet werden. Manchmal kann sich eine besinnungsvolle Besprechung anschließen. Wie an der Normalklasse, so unterbrechen auch in der Bk Wandertage oder -halbtage den Gang der geschilderten Arbeitszeit. Oder es gilt, sich auf ein Schulfest, auf eine kleine Ausstellung von eigenen Arbeiten zu rüsten, ein Museum, eine Lichtbildervorführung zu besuchen. Wir haben also sowohl eine Schule der Arbeit wie eine Schule des Erlebens; geistige und technische Schulung; Körpererziehung und Feier. Aber wir haben dies alles im „unstarren System", dessen Art wohl am besten durch einige Beispiele geschildert wird.

Zufolge der Reizansprechbarkeit und häufigen Konzentrationsschwäche vieler unserer Schüler ergibt sich die Notwendigkeit, kurze und straff geführte Klassenlektionen mit Einzelunterricht abwechseln zu lassen. Ist ein gut geschriebenes Lehrbuch vorhanden, so darf ihm weitgehend die Führung von Übungsarbeiten überlassen werden. Diese in gewissem Sinne selbständige Arbeitsweise weckt Interesse und Eifer mancher eigenwilliger Kinder so sehr, daß sie daheim sich freiwillig in Schularbeiten stürzen. Arbeiten also die Schüler an Hand ihres Übungsbuches oder im Sinne des zuvor in gemeinsamer Aussprache aufgestellten Arbeitszieles still für sich, so reicht die Zeit der Lehrkraft hin, sich nun mit dem oder jenem Kinde einzeln unterrichtlich zu beschäftigen, es an seinen schwachen Stellen zu fördern, seine starken Seiten anzuregen. Hierzu stehen ihr — wie übrigens auch für den Klassenunterricht — Anschauungsmaterial, Gegenstände, Bilder, Versuchsgartenbeete, die Schüler- und Lehrerbibliothek zur Verfügung. Es zeigt sich, daß sinnlich gegebene Anknüpfungspunkte leichter ein Lehrgespräch aufkommen lassen, als es bloße Vorstellungen zu tun vermöchten. Indessen kann auch nichts so sehr den Bildungsprozeß, der doch im wesentlichen ein Verarbeiten bedeutet, verunmöglichen, als wenn man psychopathische Kinder mit Reizeindrücken überfüttert.

Es bedeutet schon eine recht annehmbare Leistung, wenn diese Schüler zwei Unterrichtsstunden der Pflichtarbeit obliegen. Haben sie diese Forderung der Lehrkraft erfüllt, so steht ihnen die „Freiarbeit" offen. Um der ausgesprochenen Eigenwilligkeit und des reichlich vorhandenen Bewegungshungers unserer Zöglinge willen ist diese Einrichtung psychologisch gerechtfertigt. Selbstverständlich kann es sich nicht um eine absolute Freiheit in der Arbeitsart handeln. Was immer in einem Schulzimmer möglich ist und die Mitschüler nicht stört, ist erlaubt. Die Auswahl darf getroffen werden, sobald die Lehrkraft die Pflichtarbeit gesehen und genehmigt hat. Hier mögen einige Freiarbeiten folgen: Lesen der Schülerzeitung, Ausführen von geometrischen Zeichnungen, von Schmuckzeichnungen, von Illustrationen zu gelesenen oder erfundenen Geschichten, Schönschreiben, Briefe schreiben, Glückwunschkarten malen und schreiben, Geschichten dichten und schreiben, Landschaften am Sandkasten modellieren, Gegenstände aus Plastilin oder Lehm formen, Grundrisse von Häusern entwerfen, ausschneiden und kleben, bauen mit Matadorbaukasten und Werkhausbauholz, Schulzimmerpflanzen pflegen, Schulzimmer ordnen, Schrank ordnen, Bilderhefte als Geschenks- oder Ausstellungszweck zusammenstellen, die Kasperlivorstellung des Schulsylvesters vorbereiten, einander bei der nichtgekonnten Pflichtarbeit helfen usw. Während dieser Freiarbeitszeit darf sich jedes Kind leise sein Arbeitsmaterial holen, darf im Flüstertone mit den Kameraden reden, darf sich mit einem Wort „stubenhaft" benehmen. Natürlich muß es am Ende der anberaumten Freiarbeitszeit Rechenschaft über sein Tun ablegen, sei es durch Zeigen des Gestalteten, sei es durch Erklären des Nichtgestaltenkönnens. Die Lehrkraft tritt nur ausnahmsweise während dieser Eigenarbeit der Zöglinge herzu. Sie ist wohl im Schulzimmer, aber sie äußert sich nur bei direkten Fragen und Bitten. Gerne schließt sich an die vom Kinde gewählte Arbeitsweise wiederum eine geforderte Pflicht an. Turnstunden zum Beispiel können bei psychopathischen Kindern wohl nicht straff genug durchgeführt werden, da ihre zerfahrene Zappeligkeit sie gerne vom Hundertsten ins Tausendste treibt. Freilich lassen wir sie auch hier schwingen vom Muß zum Darf und umgekehrt.

Dieser Rhythmus, welcher sich als Unterrichtsprinzip bei psychopathischen Kindern herausgestellt hat, gleicht einem großen Wechselgespräch zwischen Schüler und Lehrkraft. Wie stark der Anteil der Lehrkraft, wie stark der Schüler beteiligt ist, dies ist angesichts der konkreten Klasse, angesichts des lebendigen Kindes auszumachen. Es kann hier von vornherein nichts starr festgelegt werden. Häufig wird es sich darum handeln, die Kinderstimme rufen, ja schreien zu lassen, um hierauf von ihr Schweigen zu erwarten und zu verlangen, daß das Kind nun höre auf die Stimme seines Gesprächspartners. Häufig wird es sich aber auch darum handeln, daß die Lehrkraft schweige und höre und horche darauf, was die Kinder sagen und meinen, damit es ihr um so kraftvoller gelinge, wesentlich zu unterrichten und zu erziehen."

Das Wichtige bei der Sonderschulung ist die neue, die „andere" Einstellung, die wir psychopathischen Kindern gegenüber fordern müssen. Sie ist, wie *Hanselmann* einmal ausführt, nicht Sentimentalität oder hilflose Passivität, sondern Mut zur Einsicht und guter Wille zur Erkenntnis der im Kinde tatsächlich gegebenen körperlich-seelischen Situation. Wer sich so einstellt, wird nicht strafen, sondern beobachten.

Wir gehen mit den Erziehungsgedanken, wie sie ein *Herman Nohl* entwickelt, einig: Der Ausgangspunkt ist im Zögling, ist dessen geistige-körperliche Entfaltung. Dabei muß Rücksicht genommen werden auf den Eigenwert der verschiedenen Lebensstufen des Kindes. Es ist immer ein bestimmtes Kind, das, dies Kind also, mit dem man es zu tun hat. Der richtige pädagogische Bezug, von dem schon einleitend kurz die Rede war, muß gewonnen werden (das eigene schöpferische Verhältnis, das Erzieher und Zögling verbindet). Das Resultat ist die *Bindung*, ganz individuell gegenüber jedem Kinde. Diese Bindung läßt sich allerdings nicht immer erzwingen. Irrationelle Momente sind oft wirksam. (Bei der Zusammenarbeit von Arzt und Lehrer war es uns in einzelnen Fällen möglich, diesen irrationellen Schwierigkeiten zu begegnen, sie zu heben, indem beispielsweise die Lehrkraft an Stelle des Arztes trat und umgekehrt. Es ist vielleicht hier auch der Ort, zu betonen, wie sehr die gemeinsame Beobachtung und die Mitwirkung von mehr als einem Beobachter uns in den Ergebnissen sicherer machte.) So gelangt man schließlich zur Kenntnis des Individuums, seines äußeren und inneren Zustandes, seines äußeren und inneren Milieus. Man gewinnt Einblick in die personale Situation, in die Liebesbeziehungen, in den Willensdruck, in das Verhältnis von Eigenkraft zur Lebensanforderung und erreicht durch neuen personalen Bezug schließlich die Wendung an die Aktivität im Zögling. Seine Triebkräfte, seine Zielstrebigkeit, seine Interessen werden durch diesen Anruf an seine Selbsttätigkeit gebunden, verwertet.

Das sind Dinge, die sowohl den Pädagogen und Heilpädagogen wie auch den ärztlichen Psychagogen und Psychotherapeuten angehen. Was wir bisher an der Sonderschule zu leisten bestrebt waren, geht alles in dieser Richtung. Wir sind uns aber bewußt, daß vieles davon noch unvollkommene Ansätze sind. Soweit der vorhandene Inhalt benannt werden soll, ist unsere Arbeit: Fürsorge, Erziehung, Bildung, Psychotherapie vom Kinde aus (um ein Schlagwort zu gebrauchen). Vom Kinde aus: das will auch gleich all das Psychologische, Soziologische einschließen, das wir an der Sonderschule tun.

Ich weiß, daß ich Ihnen mit diesen Ausführungen nichts Neues bringen konnte. Das war auch nicht meine Absicht und wohl auch nicht die Absicht derjenigen, von denen die Anregung zu diesem Referate ausgegangen ist. Ich sollte womöglich Grundsätzliches über die Sonderschulung inklusive Unterricht für psychopathische Kinder und Jugendliche berichten. Solche Sonderschulen sind erst im Entstehen. Ich konnte daher nur auf die relativ kurzen Erfahrungen unserer gemeinsamen Arbeit und Beobachtung in Zürich abstellen und die Schwierigkeiten betonen.

Eines möchte ich zum Schluß, in Stichworten, hervorheben: Sonderschulung ist prophylaktische Arbeit, ist praktische psychische Hygiene. Sonderschulung bedeutet: frühzeitige Erfassung von disharmonisch angelegten Kindern. Mit der Errichtung solcher Sonderklassen unterstützt der Staat wirksam die offene Psychopathenfürsorge. Sonderschulung ist schließlich für die Zukunft eine ergiebige Quelle wissenschaftlicher Erforschung psychopathischer Konstitutionen.

Aus Personalbogen der Beobachtungsklassen der Stadt Zürich.

(Anmeldung, Aufnahmeuntersuchung, Lehrer- und Arztberichte. In Anamnese und Katamnese ergänzt durch erreichbare Akten von Fürsorgeinstanzen, Krankengeschichten der klinischen Beobachtungsstation und Aufzeichnungen der Lehrkräfte der Beobachtungsklassen.)

Im Folgenden werden fünf Beobachtungsfälle an Hand der Akten gegeben. Sie sollen den mehr grundsätzlichen Ausführungen des vorstehenden Referates Relief geben, an konkreten, teilweise mit Absicht so ausführlich als möglich gehaltenen Beispielen die Arbeit in der Bk. illustrieren und die Schwierigkeiten des Einzelfalles gewissenhaft und ungeschminkt aufzeichnen. Die Auswahl wurde so getroffen, daß einerseits alle drei Lehrkräfte der Bk. zu Worte kommen, andererseits die verschiedenartige Stufung und Behandlung der uns zugewiesenen Fälle ersichtlich werde. *Albert D.* diene als Beispiel eines nervösen, schulmüden Knaben mit guter Prognose, der in der Sonderklasse die für ihn notwendige Rücksicht auf seinen körperlichen und allgemeinen Zustand findet. *Bertha G.*: schulisches Versagen wegen Infantilismus. Wird auch in der Bk. nicht gefördert. Deshalb Versetzung in Spezialklasse für Schwachbefähigte. *Conrad W.*: Zerrissenheit des Charakters und geringes intelektuelles Leistungsvermögen infolger ungünstiger Milieueinflüsse. Bei Behebung derselben Besserung. Versetzungsversuch in die Normalklasse. *Daniel H.*: Psychopathie. Sehr schwer erziehbar. Bk. als heilpädagogische schulische Einrichtung, solange Anstaltserziehung nicht durchgeführt werden kann. Letztens *Eugen M.*: Reiner Beobachtungsfall mit Antrag auf Anstaltserziehung.

Albert D. Geboren 24. IX. 1913.

Aus dem Anmeldebogen für Versetzung in die Beobachtungsklasse (Bk.): Die Lehrerin, bei welcher Albert die 6. Primarklasse besucht, meldet ihn am *19. VIII. 1926* mit folgenden Bemerkungen an: „Der Schüler stört in der Klasse sehr und ist äußerst schwatzhaft, kann sich auf seine schriftlichen Leistungen nicht konzentrieren.“ Aus weiteren Angaben über die bisherige Schulung erfährt man: A. hat die 5. Klasse zweimal machen müssen. Er weilte in diesen beiden Jahren wiederholt zu längerem Kuraufenthalt in einer schulischen Erholungsstation (voralpin). — Schulkenntnisse: Im Rechnen ist das Lehrziel der laufenden Klasse erreicht, mündlicher Ausdruck ordentlich; schriftlicher Ausdruck: der Sinn für Orthographie fehlt gänzlich. Memorieren geht schwer. — Von auffallenden Eigenschaften des Schülers hebt die Lehrerin durch Unterstreichen folgende hervor: leicht anzuregen, lebhaft, unruhig, schwatzhaft, zerfahren, frech. Konzentrationsfähig (für Realien besonderes Interesse). — „Mit großer Mühe wurde ihm etwas Reinlichkeit beigebracht.“

Ärztliche Erhebungen: Keine Belastung durch Geistes- oder Nervenkrankheiten, Charakteranomalien usw. Großvater ms. 36jährig an Miliartbc. gestorben, ein Großmuttersbruder war ebenfalls lungenleidend, ist früh gestorben. Mutter von jeher schwächlich und blutarm. Vater: gesund, Spengler. Eltern nicht blutsverwandt. Heiratsalter 27 und 19 Jahre. Mutter hat 4mal geboren, 1913, 1915, 1918 und 1923 und 2 Verschüttungen gehabt. Albert ist erstgeborenes Kind. Seine drei jüngeren Geschwister entwickelten sich normal.

Geburt rechtzeitig, langdauernd, mit ärztlicher Hilfe. Asphyxie. Ziemlich groß und kräftig. Geburtsgewicht 6 kg. Wurde 3 Monate gestillt. Keine Ernährungsstörungen; keine Krämpfe. Erste Entwicklung verlief ohne Besonderheiten. Gehen mit 14 Monaten, Sprechen Ende 2. Jahres. Zahnen vom 7. Monat an. Einnässen bis Ende 1. Lebensjahr.

Durchgemachte Krankheiten: mit 3 Jahren Lungenentzündung, daran anschließend langwierige Darmstörungen, die den Knaben sehr abschwächten. Mit 5 Jahren Masern. Mit 12 Jahren Diphtherie. 1924 und 1925 wegen allgemeiner Schwächlichkeit und Blutarmut, Kopfweh je $^1/_2$ Jahr in voralpiner Erholungsstation. Daheim folgsam, anhänglich. Kann lange nicht einschlafen.

Die Untersuchung ergibt am *12. X. 1926:* Körperlich hat sich der Knabe ordentlich herangemacht. Größe: 151 cm; Gewicht: 34,2; HG: $68^0/_0$. Befriedigender Ernährungszustand, mittelkräftige Konstitution, blasser Teint. Auffällt: breite Nasenwurzel und längliche Ohren. — Intellektuell scheint nach der ambulatorischen Aufnahmeuntersuchung durchschnittliche, dem Alter entsprechende Begabung vorzuliegen. In affektiver Hinsicht nichts Auffälliges.

Rücksprache mit der den Schüler überweisenden Lehrerin ergibt: Nicht unbedingte Notwendigkeit der Versetzung in die Bk. Doch wäre der Lehrerin eine Entlastung erwünscht, und sie ersucht, von drei aus ihrer Klasse gemeldeten Schülern wenigstens Albert zu berücksichtigen.

Albert trat am *26. X. 1926* in die Bk. ein. Nach einer Beobachtungszeit von $6^1/_2$ Wochen erstattete die Lehrerin, Fräulein Dr. *Sidler*, folgenden zusammenfassenden psychologisch-pädagogischen Bericht:

Vom gemeinsamen, lauten, oft lärmenden Spiel zieht sich der Knabe manchmal zurück. Er gibt als Grund Kopfweh an. Meistens hat er die Nacht vorher lange nicht einschlafen können. Dies weist auf eine schwache, nervöse Gesamtanlage, welche sich auf körperlichem und geistigem Gebiete auswirkt. (Mehrere Aufenthalte in Erholungsstationen in den früheren Schuljahren haben diese Erscheinungen nicht zu beheben vermocht.) Mit allen einzelnen Kameraden gibt er sich jedoch gerne ab; teilweise schlägt er ihnen gegenüber einen leise mahnenden, aber auch hilfsbereiten Ton an. Mit einem besonders ruhigen, gleichaltrigen Knaben steht er in einem beinahe freundschaftlichen Verhältnis. Er unterstützt die Bemühungen der Lehrerin um Ruhe und Ordnung in guter Weise. Dabei verfährt er seinen Klassengenossen gegenüber kollegial und stellt sie nicht bloß. Zur Lehrerin hat er das nämliche natürliche Vertrauen wie in den ersten Schuljahren, die er in ihrer Klasse verlebte. Mit Vorliebe berichtet er über die Heimarbeit seiner Mutter. Er weist auch Muster von Papiersäcken usw. vor und zeigt die Handgriffe, welche er der Mutter abnimmt. Seine Begabung liegt auf dem Gebiet der praktischen Handlung. Mit Erfolg bastelt er für seine jüngeren Brüder Spielsachen und hilft seinem Vater bei Spenglerarbeiten. Er geht auch Handwerkern in der Nachbarschaft an die Hand in allerlei Handreichungen. Seine Arbeitsweise ist langsam, ausdauernd und gründlich.

In der Welt der Gegenstände ist seine Psyche zu Hause. Am anschaulich und sinnlich Gegebenen vollzieht er richtige Auffassungen, Schlüsse und formuliert sinnvolle Fragen. Er überrascht hier durch Konzentration und Selbsttätigkeit. Während auch im Bereiche der Vorstellungen Verstandesleistungen noch ausgeführt werden, hapert es, wenn Abstraktionen und Symbole in Frage stehen. Er haftet am praktischen Einzelfall. Seine Intelligenz erweist sich am erfolgreichsten in den realistischen Schulfächern. Sie versagt, namentlich in der Form, in den sprachlichen schriftlichen Leistungen. Es tritt hier hinzu, daß sein Gedächtnis für nachhaltiges Behalten schlecht ist. Im unmittelbaren Behalten weist es bessere Qualitäten auf. Die rechnerischen Beziehungen werden verhältnismäßig gut erfaßt, sobald die Lösungszeit nicht knapp bemessen ist. Tritt also ein Mangel an theoretischer Intelligenz (die gewissermaßen losgelöst von Einzelerscheinungen arbeitet) zutage, so muß gesagt werden, daß die praktische Intelligenz durchaus normal ist. Soweit sie zur Anwendung kommt, ist des Knaben willentliches Verhalten stetig, konzentriert, gewissenhaft. Seine Affektivität entbehrt der knabenhaften Frische (wie denn der Knabe überhaupt beständig den Eindruck von Müdesein macht), sie ist in ihrer Ausdrucksform gedämpft, indessen nicht fehlend. Die häuslichen Verhältnisse sind in der Weise geordnet, daß der Knabe bei seinen Eltern wohnt und zusammen mit 3 Brüdern neben einem Respekt gebietenden Vater und einer fleißigen Mutter aufwächst. Es ist begreiflich, daß Albert als der älteste der Mutter manche Hausarbeit abnehmen muß. In bezug auf Reinlichkeit in der Kleidung läßt der Knabe manchmal zu wünschen übrig. Bei den Hausbesuchen hatte die Lehrerin den Eindruck, daß die Wohnung aufgeräumt und sauber war. Es mag wohl in wirtschaftlicher Beziehung oft recht knapp in Alberts Familie zugehen. Der Knabe wird nach Abschluß der 6. Klasse in eine Normalklasse zurückversetzt werden können. In der Beobachtungszeit ist seine normale, ausgeglichene Art von gutem Einfluß.

Der *Befund nach Rorschach* verrät eine gute Angepaßtheit der logischen Funktion. Die Reichhaltigkeit der Vorstellungen zeigt gute Rapportfähigkeit. Die Erlebnisweise zeigt eine harmonische Psyche, die sowohl nach außen wie nach innen gerichtet ist. Die geäußerte Affektivität ist im Versuch weniger gezügelt als es im Verhalten Alberts tagtäglich sichtbar ist. (Bericht vom *9. XII. 1926.*)

In der Zwischenzeit hat sich das Bild insofern geändert, als die Müdigkeit im allgemeinen und die Schulmüdigkeit im besonderen zugenommen hat. Doch ist die psychische Struktur in den beschriebenen Grundzügen nicht verändert worden. Ich beantrage Einweisung in eine Abschlußklasse auf Beginn des Schuljahres 1927/28. Der Knabe hat nur noch ein Jahr die Schule zu besuchen.

Pädagogische Maßnahmen besonderer Art sind nicht nötig. (Nachtrag vom *1. III. 1927.*)

Mit Befund und Antrag erklärte sich der Spezialarzt einverstanden. Gestützt auf mehrfache körperliche Untersuchungen empfahl er den Schüler wegen seiner allgemeinen nervösen schwächlichen Gesamtlage, die sich in Schlafstörungen, vasomotorisch bedingter zeitweiser Übelkeit, Kofpweh, Brechreiz bis Schwindel und Anfälligkeit weiterer Sinnesnerven, in allgemeiner und besonders jeweilen auf Ende des Schulquartals in ausgesprochener Schulmüdigkeit manifestierte, mit speziellem Zeugnis zu einem mehrmonatlichem Kräftigungsaufenthalt in einer Erholungsstation.

Albert kam nach diesem Erholungsaufenthalt, der sich dem halbjährigen Aufenthalt in der Bk. anschloß, in die empfohlene Abschlußklasse.

Sein *neuer Lehrer* erklärte am *17. IX. 1927*, daß er mit Alberts Betragen zufrieden sei. Er sei willig, helfe den anderen sehr viel freiwillig; z. B. nagelte er gerade, als man sich beim Lehrer erkundigte, einem Kameraden an seiner Schreinerarbeit freiwillig etwas zurecht, damit sein Kamerad nachkomme. Mit der Schrift und mit den Rechtschreibefehlern hatte der neue Lehrer ja schon zu kämpfen, aber Albert störe doch nicht. — Albert macht, als ihm gesagt wird, der Lehrer sei mit seinem Betragen zufrieden, ein frohes Gesicht.

Gespräch mit Albert am 11. VI. 1928: „Er steht ganz allein am Hag einer Spielwiese in der Nähe der elterlichen Wohnung. Es gehe ihm recht. Die Probezeit im Geschäft sei vorbei, und der Meister habe nichts gesagt, daß er gehen müsse. Als die Lehrerin sagt, Herr Dr. habe sich auch sehr nach ihm erkundigt, bekommen seine Augen Tränen. Er starrt auch immer zur elterlichen Wohnung hinüber. Ob es eine Szene gegeben habe? Er wird erst lebhaft, als er Dinge schildert, die er schon hat spenglern dürfen: Tintengeschirre, Blechbüchsen, bei denen er genau Form und Verschluß schildert.

Besuch bei Albert am 24. IX. 1928: Er ist an diesem Tage 15 Jahre alt. Die Lehrerin will ihm Glück wünschen und geht dehsalb in die Wohnung hinauf. Dort findet sie zunächst die Mutter, die berichtet, daß sie mit Albert zufrieden sei. Man könne ihn in der Lehre (Spenglerei: Lehrzeit $3^1/_2$ Jahre) gut gebrauchen. Ihr Bruder arbeite auch am gleichen Ort. Es habe etwa 20 Arbeiter. Sie läßt Albert rufen, der im Keller das Velo des Geschäftsherrn, das er benutzen dürfe, putzt. Albert kommt denn auch herauf. Er ist, wie es sich für einen Lehrbuben ziemt, schmutzig schwarz im Gesicht und an den Händen. Er kommt der Lehrerin zum erstenmal seit langem frisch vor. „Mit leiser Stimme begrüßt er mich, antwortet, daß er gegenwärtig in der Bude schaffe (er hat auch schon auf Bauten arbeiten müssen), und daß der Meister zufrieden sei. Auf die Frage nach dem Unterricht in der Gewerbeschule sagt er, er komme nach, es hapere nicht. Als ich ihm den kleinen Notizblock gebe, werden seine Augen wieder weich und glänzend. Er macht ein anderes Gesicht als zu seiner Bubenzeit. Im Ausdruck, aber auch in der Formation, hat es sich verändert. Die Haare trägt er jetzt wild, struppig aufgestellt. — Im ganzen genommen habe ich einen erfreulichen Eindruck von diesem Besuch nach Hause genommen.“

Bertha G. Geboren 27. II. 1915.

Durch Verfügung des Kreisschulpräsidenten wurde *Berta G.*, Schülerin der 5. Primarklasse, am *24. IV. 1928* in die Bk. eingewiesen. Vom *18. VI.* bis Ende *IX. 1928* wurde die Schülerin vom Unterricht dispensiert, weil sie, gestützt auf ein ärztliches Gutachten des Spezialarztes der Bk., in das Kinderheim von Herrn Dr. phil. G. in Berlingen (Thurgau) versetzt worden ist. Am *23. VI. 1928* erstattet der Lehrer der Bk., Herr *Albert Furrer*, folgenden ausführlichen, auch die ärztlichen Erhebungen der Aufnahmeuntersuchung umfassenden Bericht, der insofern unvollständig ist, als die psychologische Untersuchung noch längst nicht abgeschlossen war.

Einweisungsgründe: Der frühere Lehrer schildert Bertha G. so: Das Kind ist unglaublich gleichgültig und kindisch mit seinen 13 Jahren, kommt oft zu spät, ohne daß ihm dies einen Eindruck macht. Während des Unterrichts paßt es selten auf. Ohne besonderen Zwang leistet es nichts, sondern sitzt teilnahmslos da. Die schriftlichen Arbeiten sind sehr flüchtig, fehlerhaft, unordentlich. Rechnungen, die gründlich erklärt wurden, löst es schriftlich mit $50^0/_0$ und mehr Fehlern. — Zu Hause ist zeitweise eine Haushälterin, dann wieder eine ältere Schwester für die Aufsicht des Mädchens da. Vater viel auswärts. Bertha hat ein Blasen- und Nierenleiden und näßt täglich (laut Aussage der Angehörigen). Die Rücksicht auf meine Klasse erlaubt mir eine vermehrte Spezialbehandlung des Kindes nicht. In einer Bk. könnte es jedenfalls gefördert werden.

Bisherige Schulung: Im Schulalter zunächst für 1 Jahr wegen körperlicher und geistiger Rückständigkeit und dann zweimal wegen ungenügender Leistungen zurückgestellt (1. und 4. Klasse repetiert). Schulkenntnisse: Zahlenbegriffe bis 10000, beherrscht alle 4 Operationen, macht technische Fehler. — Mündlicher Ausdruck: bescheiden bis genügend. Schriftlicher Ausdruck: bescheiden, fehlerhaft. Memorieren: schlecht und ungenau. — Auffallende Eigenschaften des Kindes: nicht leicht anzuregen, zerfahren, gleichgültig, untätig, zutraulich, launisch, sehr ungleich. Schwer und nicht lange auf einen Gegenstand zu konzentrieren. Spieltrieb im Sinne von „gvätterle". Besondere Liebhabereien: kleine Handelsgeschäfte, hausieren und Interesse an Geld. — Unreinlich; näßt täglich Leibwäsche.

Der Vater erklärte sich mit der Einweisung in die Bk. einverstanden.

Eltern und häusliche Verhältnisse: Der Vater, geb. 1876, ursprünglich aus Italien, ist von Beruf Vertreter-Reisender. Die Familie hat oft knapp durchmüssen. Die Mutter starb im X. 1927. Sie war eine schwächliche, herzkranke, sehr nervöse, intelligente Frau. Sie hat 6 mal geboren. Das 2. und 4. Kind waren Totgeburten. Die drei älteren lebenden Geschwister der Bertha (2 Schwestern und 1 Bruder) besuchten die Sekundarschule mit Erfolg. Der Bruder ist Magaziner in einem Karten-Engrosgeschäft. Die ältere Schwester ist im Haushalt tätig, die jüngere Schwester ist Lehrtochter in einer Papeterie. Alle Geschwister sollen sich körperlich und geistig normal entwickelt haben. — Da der Vater meist auswärts ist, untersteht Bertha der Aufsicht und Führung der 1907 geborenen ältesten Schwester Lilli, die an ihr zur Zeit Mutterstelle versieht. Dieses junge Mädchen scheint sich wohl um die Erziehung zu bemühen, aber eine genügend autoritative Persönlichkeit ist es für diesen Zweck nicht. — Die Wohnung besteht aus vier geräumigen, sonnigen Zimmern. 2 Schlafzimmer. Die 3 Schwestern schlafen im gleichen Zimmer, haben eigene Betten.

Körperliche und psychische Entwicklung: Die Mutter war bei der Konzeption 42, der Vater 38 Jahre alt. Während der Schwangerschaft mit Bertha litt die Mutter unter viel Sorgen und Aufregungen, da damals der Verdienst sehr spärlich und infolgedessen die Ernährung ungenügend war. Bertha war eine Frühgeburt, lebensschwaches Kind, das in die Couveuse kam. Starke Asphyxie. Mit $1^1/_2$ Jahren erlitt das Kind „Krampfanfälle", die wie folgt geschildert werden: Das Kind wurde blau, schäumte, verdrehte die Augen, die Glieder. Es war nach den Anfällen jeweilen 1—2 Stunden bewußtlos. Diese Anfälle sollen sich alle 2—3 Monate wiederholt haben und traten später, bei gemütlichen Aufregungen (Ärger oder Freude) noch des öftern auf. Im übrigen sei Bertha aber ein ruhiges Kind gewesen. Die geistige Entwicklung war deutlich verzögert. Sprechen lernte es erst mit oder nach dem 2. Lebensjahr. Mit $1^1/_2$ Jahren bettrein, blieb das Kind merkwürdigerweise *Tagnässerin.* Gegen dieses Tagnässen sei alles mögliche probiert worden; schließlich wandte man sich an einen Wunderarzt und Kurpfuscher, der sich, aber nicht dem Kinde half. Nach Angabe der ältesten Schwester hatte die

Kindsmutter ihr jüngstes Kind, Bertha, sehr *verzogen*, indem sie dem Mädchen vieles durchließ, was nicht hätte sein sollen. — Im Schulalter zunächst zurückgestellt, mußte es die 1. und die 4. Klasse repetieren. Die Durchschnittsnote des letzten Schulzeugnisses beträgt ungefähr $3^1/_2$ (6 = beste Note).

Beobachtung in der Bk.: Vor mir sitzt ein ziemlich hochgewachsenes, schon jungfräuliche Formen andeutendes Mädchen mit blondem, krausem Bubikopf. Zum Zeichen der Trauer für die verstorbene Mutter trägt es Schwarz. Aus diesem Schwarz guckt ein Menschenkind, das nicht für die Trauer und auch nicht für die Schule gemacht ist. In lässiger Haltung sitzt es da. Diese will besagen: Was soll ich mich auch anstrengen, wozu denn? . . . Ich lasse die Dinge ruhig an mich herankommen! Lässig und lächelnd guckt ein rundliches Gesicht mit weichem, sinnlichen Mund und ebensolchem Näschen im Zimmer herum. Dieses Lächeln kann nichts anderes heißen als: „O dolce far niente!“ Wäre nicht die hohe Bildung, die angestrebt werden muß, so wäre dieses Bild des Unangefochtenseins, des Wohlbehagens und der Selbstgenügsamkeit, dieses Ruhen in sich selbst entzückend. Aber auch der Lehrer der Bk. muß allerlei Anforderungen an solche beneidenswerte Geschöpfe stellen. Er möchte zum mindesten, daß es seiner Rede lausche, und daß es seine Fragen höre, innerlich höre, und daß es ab und zu einmal einen gespannteren Gesichtsausdruck annehmen, ein plötzliches Zeichen des Erleuchtetseins äußern und vielleicht auch einmal etwas mehr oder weniger Gescheites sagen würde; es aber ist zufrieden, daß es da ist und wenn ihm nicht geradezu Kummer und Schmerz und Ungemach bereitet wird. Lächelnd sitzt es da, schaut aus, ob nicht die Nachbarin zu einem gemütlichen Schwatz bereit wäre, und schon ist angebändelt, und das Lächeln wird immer vergnüglicher, während weise Lehren verkündet werden und die ehrgeizigen Knaben Geistesblitze zum Lehrer zurücksenden. Es bleibt unberührt von diesen Blitzen und spürt auch nichts davon, daß des Lehrers Auge seit geraumer Zeit mahnend auf ihm ruht.

In den ersten Schultagen nahm Bertha am Unterricht noch ordentlichen Anteil, und sie äußerte Freude, wenn ihr eine Antwort glückte. Ihr Interesse erlahmte aber bald. In der ersten Zeit hätte sie einmal Fragen über ihre früheren Schulleistungen beantworten sollen. Die meisten Fragen beantwortete sie nicht. Im übrigen aber wollte sie in der Sprachlehre, im Erzählen, im Aufsatz gut sein, was nach der Beurteilung aller früheren Lehrer nicht wohl stimmen kann. In der Geographie und in der Handarbeit wollte sie sogar sehr gut sein. Sie beurteilt sich also wesentlich besser, als dies ihr Zeugnis tut. Ihre Lebensgeschichte, die sie aufzeichnen mußte, ist mit ziemlich viel orthographischen Fehlern, stilistisch sehr unbeholfen und in der Darstellung sehr primitiv geschrieben. Inhaltlich von Interesse ist, daß Bertha von ihrem 5.—11. Lebensjahr *krank* gewesen sein will und ferner, daß sie den Tod ihrer Mutter nur als Tatsache erwähnt. Ihre Tagebuchberichte fielen manche Wochen außerordentlich dürftig aus. In der letzten Zeit erzählte sie etwas lebendiger und inhaltsreicher. Immer handelt es sich aber um ungefähr dieselben Erlebnisse. Zweifellos ist ihr Erlebniskreis ein verhältnismäßig enger. Einmal berichtet sie von einem Totenspiel, bei dem sie selber den Toten spielte, der die Gespielen erschreckte. Dabei sagte sie diesen Spruch: „Ich bin der Tod und steche euch die goldene Seele und das liebe Herz aus.“ Die Vorstellungen vom Himmel und von den Engeln scheinen sehr gefühlsbetont zu sein. Eines ihrer Himmelsspiele verlief so: „Ich und meine Freundin waren Engel, ihr Bruder ist der Heiland, ihre Schwestern sind arme Betefrauen und sehr fromm. Sie wollten in den Himmel . . . zuerst müßt ihr ins Fegefeuer und zeigte zum Keller hinunter.“ Die Erzählung wird illustriert durch ein Bild, auf dem drei Kinder zu sehen sind, die als Engel miteinander Reigen machen. Auf ihren Köpfen tragen sie „gelbfunkelnde Sterne“. — In realeren Situationen fühlt sie sich offenbar weniger glücklich, dementsprechend fallen ihre Berichte über das diesseitige Leben weniger kurzweilig aus. Man höre: „Am Sonntag ging ich mit dem Vater in die Stadt. Wir wollten in den St. Annahof (ein Speiserestaurant). Der Vater jaßte seinen Kameraden, ich schaute dem Konzert zu. Ich langweilte mich. Ich schwatzte mit den Frauen. Ich bekam einige Geschenke." — Am besten ist ihr ein „Lustspiel" geraten: „Wir hatten eine Marmortafel und machten Kreuzchen. Wir hüpften hin und her, auf und ab. Das war grinsig zum Zuschauen. Da kam ein altes Weib und lachte uns aus. Sie lachte und sagte: ihr alten Stöcke, könnt ihr nichts Gescheiteres? Alle sagten zu ihr: wir machen ein Spiel. „Ah, das habe ich nicht gewußt." Nachher gingen wir heim, sie aber blieb noch dort stehen und staunte. Wir dachten unsere Sache." Angesichts dieser Darstellung kann man nicht verkennen, daß Bertha immerhin über einige Entwicklungsfähigkeit verfügt. — Von den häuslichen Verhältnissen und Geschehnissen erfährt man aus ihrem Tagebuch fast nichts. Bertha scheint demnach mehr im Himmel als auf Erden zu leben.

Mit der Zeit erwies sich Bertha als sehr schwatzhaft und unaufmerksam. Am besten war sie noch zu konzentrierter Arbeit zu bringen beim mündlichen Rechnen, in welchem sie bessere Leistungen aufwies, als ich erwartete (die Schulung der früheren Klassen war offenbar sehr gut) und in der Sprachlehre. Bei der Behandlung von Realstoffen (Geschichte, Geographie, Naturkunde) fiel immer wieder auf, wie teilnahmlos sich Bertha verhielt. Auf Grund ihrer Antworten, die sie äußerst selten gab in diesen Fächern, konnte ich allerdings nicht im Zweifel sein, daß die Belehrungen ihr Auffassungs- und Denkvermögen oft überstiegen, ganz abgesehen davon, daß sie sich für reale Zusammenhänge wenig interessiert. Daß Bertha nur dort Genügendes leistet, wo man sie unter beständiger Kontrolle arbeiten läßt, zeigte sich u. a. darin, daß sie im schriftlichen Rechnen bei weitem nicht so Gutes leistete wie im mündlichen. Manchmal hatte sie fast ebenso viele falsche Rechnungen als richtige, und ein paarmal hatte sie mehr falsche Lösungen als richtige. Anderseits kam es vor, daß sie auch keinen einzigen Rechnungsfehler hatte. Dann aber handelte es sich um sehr einfache Übungen.

Mehrere Male kam sie zu spät in die Schule, ohne daß sie sich genügend entschuldigen konnte.

Daß das eingangs erwähnte vergnügte und harmlose Lächeln wandlungsfähig sei, erfuhr ich, als ich Bertha nach einigen Wochen nach erfolglosen Ermahnungen und Warnungen mit einer Stunde Isolierung bestrafte. Da nahm Bertha meinen Strafspruch mit äußerst unfreundlichem Gesicht, mit „Maulen" und mit trotzigfrechen Gebärden und Bemerkungen entgegen. So sah ich sie freilich nur einmal. Nach dieser Bestrafung bemühte sie sich sehr, mir immer ein freundliches und braves Gesichtchen zu zeigen.

In der letzten Zeit herrschte unter den Knaben meiner Abteilung eine revolutionäre Stimmung wegen des Uringeruches, der von Bertha G. ausging. In der Tat bedeutete es eine Zumutung, etwa turnen zu müssen in der Nähe des Mädchens. In der letzten Woche roch sie eines Tages so intensiv, daß ich den Arzt der Bk. bat, er möchte sofort die Einweisung des Mädchens ins Kinderspital verfügen. — Schon einige Zeit vorher hatte die Arbeitslehrerin mir gemeldet, die andern Mädchen könnten es nicht gut aushalten in der Nähe von Bertha zu sitzen. — Die nicht mißzuverstehenden Vorwürfe und Schimpfreden der Kameraden nahm sich Bertha nicht sehr zu Herzen. Kaum waren die Spott- und Hohnreden der Knaben verhallt, konnte Bertha schon wieder vergnügt und unbekümmert lächeln. Ihr Empfinden schien für solche Angriffe abgestumpft zu sein.

Zu mir suchte sie gute Beziehungen herzustellen. Bei ihren Annäherungs- und Anbiederungsversuchen benahm sie sich wie ein weit jüngeres Kind. Ein starker Infantilismus äußerte sich auch in ihrem Tändeln und Spielen auf und unter der Schulbank.

Beurteilung: Bertha G. ist für ihre 13 Jahre ein ziemlich großgewachsenes, aber körperlich nicht kräftiges Mädchen, das tagsüber regelmäßig näßt und infolgedessen Uringeruch verbreitet. — In Haltung und Bewegung lässig, langsam, wenig betriebsam, ist Bertha in ihrem ganzen Wesen lässig, bequem, wenig aktiv, wenig impulsiv, sich treiben lassend. Sie scheint nicht ungern in der Schule zu sein; aber sie bekundet sehr wenig Interesse, Lern- und Schaffenseifer. Selbstzufrieden, ohne ehrgeizige Strebungen, häufig ein glückliches Lächeln auf dem Gesicht mit den weichen, rundlichen Formen. Der sinnliche Mund ist oft leicht geöffnet, überhaupt zeigt sich selten eine Spannung in der ganzen Mimik. Nur dann, wenn dem Mädchen arge Unlust bereitet wird, kann der Gesichtsausdruck sich plötzlich verwandeln zu einem trotzig-frechen und feindseligen.

Seine Schulleistungen beurteilt es nicht nur milder, sondern zum Teil völlig falsch. Es hält sich in solchen Fächern für geschickt, in denen es Ungenügendes leistet. Die Kritikfähigkeit für das eigene Können geht ihm in hohem Grade ab.

Der Erlebniskreis ist sehr eng und der Qualität nach kindlich einfältig. Dementsprechend ist auch der Vorstellungs- und Begriffsschatz der Schülerin ein dürftiger. Ihr infantiles Denken, das sich wenig um die Wirklichkeit kümmert, ist durchsetzt von primitiven, religiösen und abergläubischen Vorstellungen. In dieser jenseitigen Welt hält es sich am liebsten auf. Hier zeigt sie am meisten Aktivität, denn diese kindliche Traumwelt möchte sie verwirklichen. Das versucht sie in dramatischen Spielen, die aber mehr infantiler Fabulierlust und Darstellungsfreude entspringen als schöpferischer Phantasie. Immerhin liegt hier ein wichtiger Ansatzpunkt für die Weiterentwicklung des Geisteslebens dieses Mädchens.

In der Schule ist Bertha nicht nur unfleißig, untätig und sehr schwatzhaft, sondern sie leistete durchschnittlich Ungenügendes in der 5. Klasse. Am besten ist sie noch im mündlichen Rechnen; das schriftliche Rechnen geht viel schlechter; überhaupt sind die schriftlichen Arbeiten, bei denen sie nicht unter direkter Kontrolle steht, oft kaum brauchbar. Dies gilt weniger für die Tagebuchberichte, in denen sie völlig frei über ihre Erlebnisse schreiben kann, was ihr gefällt; aber es gilt besonders für ihre Leistungen in allen *Real*-Fächern, die ihr sehr gleichgültig sind. Bei der Behandlung *dieser* Stoffe versagt sie intellektuell am meisten. Im Zeichnen dagegen verrät sie eine gewisse Entwicklungsfähigkeit.

Für Spott und Vorwürfe seitens der Mitschüler bekundet Bertha wenig Empfindlichkeit. Auch über scharfen Tadel des Lehrers, selbst über Strafen kommt sie leicht hinweg. Ihr Gefühlsleben ist wie der Intellekt noch recht primitiv. Sie äußert zärtliche Bedürfnisse, die gewiß oft ihrer kindlichen Liebe entspringen, also echt sind, aber Bertha ist auch bestrebt, gute Beziehungen zum Erzieher herzustellen, damit er möglichst wenig von ihr verlange, d. h. sie ruhen und tändeln und spielen und plaudern lasse.

Vorschläge: Da Bertha G. der 5. Klasse nur mit größter Mühe, zum Teil gar nicht folgen kann, eine Rückversetzung in die 4. Klasse aber nicht in Frage kommt, wird im Einverständnis mit dem Spezialarzt vorgeschlagen, Bertha nach ihrer Rückkehr aus dem Kinderheim in eine *Spezialklasse für Schwachbefähigte* zu versetzen. Gewiß dürfte Bertha intellektuell etwas über dem Durchschnitt der Spezialklässer stehen, aber nicht erheblich. In diesem Fall fällt vor allem die *Affektivität* der Schülerin ins Gewicht. Zufolge des hohen Grades von *Infantilität*, der ja nur sehr schwach beizukommen ist und gerade in der Normalklasse am allerwenigsten, bringt Bertha den Unterrichtsstoffen der Realabteilung eine derartige *Gleichgültigkeit* entgegen, daß sie von jetzt ab immer weiter hinter den Mitschülern zurückbleiben wird. Bei dem geringen Ehrgeiz des Mädchens wird es aus diesem

Umstand keinen Antrieb zu vermehrter Anstrengung bekommen. Im Gegenteil, Bertha wird sich immer mehr gehen und treiben lassen. So wird der Schulbesuch für sie mehr und mehr wertlos werden. In der *Spezialklasse* besteht der drückende Abstand von den Mitschülern nicht, und der kindlichen Denkweise kann dort eher in dem Sinne Rechnung getragen werden, daß gerade dem Infantilismus mit zweckmäßigen Mitteln entgegengearbeitet wird. Auf diese Weise wird Bertha wesentlich mehr aus der Schule herausholen, als wenn sie noch ein paar Jahre mit den Normalen zusammen mitgeschleppt werden muß.

Mit Rücksicht auf den unzulänglichen autoritativen Einfluß zu Hause (der Vater meist abwesend, die ältere Schwester noch zu wenig erziehungstüchtig), sollte ferner die Frage erwogen werden, ob nicht eine Versetzung in eine tüchtige *Pflegefamilie* bis zu Beginn der Lehrzeit durchzuführen sei. In diesem Falle sollte versucht werden, zugleich den ersten Vorschlag betreffend die Versetzung in die Spezialklasse zu verwirklichen. (*23. VI. 1928.*)

Mit Bericht und Antrag des Lehrers konnte sich der Spezialarzt einverstanden erklären. Er leitete den Bericht an den Schularzt zu Händen der Schulpflege am *28. Juli 1928* mit folgenden Bemerkungen weiter:

Es handelt sich bei Berth G. um ein lernschwaches Mädchen. Die Lernschwäche ist hier Ausdruck einer Reifungshemmung, die vor allem auf affektivem Gebiete liegt, eines infantilen Zustandbildes. Die Vorgeschichte mit der eindeutig verzögerten, durch Frühgeburt, Krampfanfälle besonders gehemmten körperlichen und geistigen Entwicklung weist neben nervöser Belastung durch die Mutter, die bei der Konzeption 42 Jahre alt war, auch auf Erziehungsfehler im Sinne der Verwöhnung hin. — Aus milieutherapeutischen Gründen und zur Behebung des immer noch bestehenden Tagnässens, das als neurotisch-psychopathisches Symptom bei diesem Mädchen zu werten ist, empfahl ich mit Zeugnis vom *30. Mai 1928* die Schülerin zur Aufnahme in eine Kinderheim für mehrere Monate. Durch das Kinderfürsorgeamt der Stadt kam Bertha G. in das Kinderheim von Dr. phil. *Gündel* in Berlingen.

(Aus der Aufnahmeuntersuchung sei an dieser Stelle noch angeführt, daß Bertha als klein Keuchhusten und Mumpf durchmachte und zur Zeit der Aufnahme in die Bk. an einem impetiginösen Gesichtsekzem litt. Körperlich handelte es sich um ein Anfang *April 1928* 155 cm großes und 41,1 kg schweres, mittelkräftig konstituiertes Mädchen im Reifestadium. HG: 70%. Im Körperstatus war besonders auffallend die Verschiedenfarbigkeit der Regenbogenhaut, die rechts grau, links braun ist (vor den Krampfanfällen jedoch hellblau gewesen sein soll [?]). Die Urinuntersuchung ergab damals bei Koch- und Esbachprobe reichliche Eiweißfällung (Blasenkatarrh), bei späteren Untersuchungen jedoch nur Spuren von Eiweiß.

Bei einem Besuche in Berlingen am *24. VII. 1928* vernahm ich durch Dr. *Gündel*, daß Bertha in den 5 Wochen ihres bisherigen Aufenthaltes nicht genäßt habe. Erreicht wurde dies dadurch, daß man das Mädchen jede Stunde zum Wasserlösen schickte. — Die von Dr. *G.* vorgenommene Testprüfung der Intelligenz ergab ein beinahe normales Resultat, woraus vor allem hervorgeht, daß Bertha im Einzelunterricht, bei ständiger Leitung und Anleitung Ordentliches leisten kann. — Im übrigen konnte der Heimleiter unsere Beobachtungen, besonders das auffallend infantile Verhalten, die wesenhafte Lässigkeit und Gleichgültigkeit des Mädchens bestätigen. Nach anderer Seite, besonders nach der erotischen, ist das Interesse Berthas sehr rege.

Nach der Rückkehr im Herbst *1928* (Bertha drängt jetzt schon heim) empfehle ich, mit Vorschlag und Begründung des Lehrers einiggehend, die Schülerin in eine Spezialklasse für Schwachbefähigte zu versetzen. — Auch der zweite Vorschlag,

Bertha bei einer erziehungstüchtigen Pflegfamilie unterzubringen, ist angesichts der häuslichen Verhältnisse angebracht. Er dürfte aber bei der Verwirklichung (aus wirtschaftlichen Bedenken) vor der Hand auf Schwierigkeiten stoßen. Ich möchte daher empfehlen, den Kur- und Milieuerfolg von Berlingen abzuwarten, und die Schülerin unter Versetzung in eine Spezialklasse den Angehörigen vorderhand zu belassen. Zeigen sich daheim erneut Erziehungsschwierigkeiten (Nässen, Trotzen), so kann die Fremdplacierung immer noch vorgenommen werden.

Bericht von Dr. Gündel an Kinderfürsorgeamt vom *21. VIII. 1928:* „Das Verhalten von Bertha G. ist sehr unterschiedlich. Sie ist schon 8 Tage lang abends trocken gewesen. Man könnte aus diesem Umstande eine Besserung herauslesen, wenn sie nicht an manchen Tagen so stark genäßt hätte, daß sie extra die Wäsche wechseln mußte. Es handelt sich bei dieser Schwäche jedenfalls um ein sog. psychopathisches Minderwertigkeitszeichen, das im Verein mit den andern (angewachsenes Ohrläppchen, verschiedene Farben der beiden Iris) auf die durch ihren infantilen Charakter als abnorm zu wertende Psyche hindeutet. Bei Kräftigung des Nervensystems, verbunden mit konsequenter Gewöhnung an pünktliches Austreten dürften gewiß noch weitere Erfolge zu gewärtigen sein."

Am *23. VIII. 1928* ist Bertha von ihrem Vater heimgeholt worden, auf ihr Drängen etwas früher als bestimmt war. Sie besucht nun eine Spezialklasse für Schwachbefähigte. Lehrerbericht noch ausstehend.

Conrad W. Geboren 19. IX. 1918.

Von seinem Lehrer am *3. II. 1928* zur Überweisung in die Bk. wie folgt empfohlen: „Der Schüler repetiert die jetzige Klasse. Im Schuljahr 1926/27 war er vom *3. Mai* bis *2. August* in der Waldschule. Auf Veranlassung des Fürsorgeamtes wurde er in der Psychiatrischen Poliklinik untersucht, wo Mongolismus konstatiert wurde. Nachher ist er in das kantonale Kinderbeobachtungshaus eingewiesen worden, das er am *21. September* wieder verließ. Ein Bericht der Kinderbeobachtungsstation fehlt bis jetzt."

(Angaben über die bisherige Schulung, über die Schulkenntnisse, die auffallenden Eigenschaften des Kindes fehlten in der Lehreranmeldung. Die Tatsache, daß der Schüler schon einmal in klinisch-psychiatrischer Beobachtung gestanden, genügte anscheinend dem Lehrer, Conrad in die neuerrichtete Bk. der Elementarunterstufe anzumelden.)

In den herbeigezogenen Akten der Fürsorgeabteilung lautet die zuletzt eingeholte Lehrerauskunft am *5. I. 1928*: „Conrad komme durchaus sauber und ganz zur Schule, sei auch sonst sauber gehalten. Der Bub selber sei etwas grob in den Ausdrücken, führe grobe Wörter im Munde; auch scheine ihm alles gleich zu sein. Warne man ihn vor etwas, z. B. nicht zu nahe ans Wasser zu gehen, so sage er einfach, daß es doch egal sei, wenn er versaufe oder überhaupt sterbe. Auch lache er immer über alles. Conrad sei „reif" für die Bk. Hinsichtlich der Leistungen müsse man aber sagen, daß Conrad eher Fortschritte gemacht habe, besonders im Schreiben. Auch in den übrigen Fächern sei er nicht schlecht. Der Schulbesuch sei ein regelmäßiger. Zu Beginn des Schuljahres habe Conrad störend gewirkt, jetzt sei er ruhiger geworden, aber doch nicht genügend diszipliniert.

Ärztliche Vorgeschichte (nach Gutachten vom *2. IX. 1926* des kantonalen Kinderbeobachtungshauses „Stephansburg" und ergänzenden eigenen Erhebungen). *Belastende Momente:* Großvater väterlicherseits war Trinker, lebte in Disharmonie mit seiner Frau. Letztere war ihren vier Söhnen eine sehr unterschiedliche Mutter. Ein Vatersbruder, früher bei der Bahn angestellt, entgleiste, gilt als arbeitsscheu, ist bevormundet und wegen Hehlerei vorbestraft. Ein weiterer Vatersbruder fallierte schon zweimal. Der Vater selber, ursprünglich Tapezierer, jetzt städtischer Arbeiter, soll trinken. Er wird von zuverlässig dritter Seite als grobe, unvernünftige Natur mit rüpelhaftem Benehmen bezeichnet. Mütterlicherseits ist ein Bruder seit Jahren verschollen. Er war schwerhörig, schwach in der Schule, Stotterer, im Charakter aufbrausend und störrisch. — Ein weiterer Muttersbruder sei von jeher ein etwas eigener, zurückgezogen lebender Mensch. — Die Mutter wird in den Akten als ziemlich rabiate Frau bezeichnet, die mit ihrem Manne stets in Streit lebte, obwohl dieser für die Familie sorgte, und die ihren Sohn nur rühme. Auch soll sie Conrad manches haben durchgehen lassen und sich wenig um Klagen gekümmert haben. Eine frühere Lehrerin des Knaben bezeichnet sie jedoch wieder als vernünftige Mutter, die auf den Knaben einen guten Einfluß habe. Auch in der „Stephansburg" hat man von der Mutter keinen schlechten Eindruck bekommen. „Es handelt sich um eine etwas rabiate Frau, aber wenn man sie zu nehmen versteht, kommt man mit ihr aus und kann sich in ihre Stellungnahme in der Angelegenheit ihres Sohnes gut einfühlen. Die Frau ist von ihrem Manne geschieden, hat, wie sie sagt, nur noch den Jungen und ist nun in großer Angst, er werde ihr für dauernd weggenommen." Nach eingehender Besprechung stellte sie sich viel vernünftiger ein und erklärte sich mit jeder unumgänglich im Interesse des Knaben liegenden Maßnahme einverstanden.

Conrad ist als *Einkind* in ungünstigen, ehelich zerrütteten Verhältnissen aufgewachsen. Die Eltern lebten in ständigem Streit und sind seit 1926 geschieden. — Conrad wurde normal und rechtzeitig, ohne ärztliche Hilfe geboren. Er war nicht asphyktisch, jedoch schwächlich und klein. Geburtsgewicht: $4^1/_2$ Pfund. Er wurde nur 3 Wochen gestillt, litt an Ernährungsstörungen und mehrfach an Krampfanfällen (Gichter). Er war stark *rachitisch*. Erste Gehversuche mit $1^1/_2$ Jahren. Einnässen bis ins 2. Lebensjahr, später noch relativ lange Tagnässer. Sprechen mit 2 Jahren, begann dann aber nach einem Unfall — er fiel von einer zwei Meter hohen Mauer und war 10 Minuten bewußtlos — mit 3 Jahren zu stottern. Er war nach den Angaben der Mutter ein braves, ruhiges Kind, gab nicht viel Arbeit und wurde erst später etwas zappelig und aufgeregt, so daß schon in der Kleinkinderschule über sein aufgeregtes Wesen geklagt wurde. Er konnte nicht stillsitzen, hörte auch allerlei von seinem Vater und hatte „unartige" Zeiten, in denen man ihm alles mehrmals heißen mußte. Seine erste Lehrerin berichtet, er sei unruhig gewesen, habe etwas Mühe gehabt nachzukommen, und wie er zunehmend müde und denkfaul geworden, habe sie gedacht, der Besuch der Waldschule würde beruhigend auf seine Nerven wirken. Die Leistungen waren diejenigen eines schwächeren Schülers, seine Schrift war ungleich, sehr ungenau. Der Knabe war in der Schule fröhlich, oft recht übermütig und ungezogen und hatte meist Freundschaften mit den schlimmeren Elementen. Im Moment war er folgsam, vergaß aber die Ermahnung bald wieder; hin und wieder berichtete er unwahre Sachen oder prahlte auf dumme Art und Weise. Das Stammeln (er sagte S statt Sch) hatte er nur im ersten Schuljahr.

Am *2. V. 1926* wurde Conrad wegen seiner Nervosität in die *Waldschule* versetzt. Dort lebte er sich nach Angabe der Leiterin rasch ein, zeigte keine Scheu, fand sofort Anschluß, war aber nicht nett, sondern plagte die andern, indem er sie stieß, umwarf, boxte und auch in seinen Redensarten ein recht rauhes Wesen zeigte. Die andern Waldschüler gaben ihm nicht zurück, weil sie sahen, daß er nicht war, wie er sein sollte, und weil sie auch von der Leiterin darum gebeten wurden. Es sei wörtlich zu nehmen, daß er immer das Gegenteil von dem gemacht worum man ihn gebeten. Wurde verlangt, er solle ruhig sitzen, stand er auf und lief auf den Gang hinaus; sollte er anständig essen, begann er erst recht zu „säueln". Allein kam man viel besser mit ihm aus, als wenn er sich in Gesellschaft der andern Kinder befand. Er war dann zugänglicher, ließ sich eher für eine Arbeit interessieren, zeigte besonders bei Gartenarbeiten einigen Eifer, baute z. B. eine Vogelscheuche und sagte noch, als er weg mußte, man solle ja acht geben, daß sie nicht zerstört werde. — Waren aber Kinder dabei, so taugte er auch im Garten nichts. Einen affektiven Rapport bekam er nicht zur Leiterin der Waldschule, es sei denn einen negativen. So sagte er oft: „Ich habe eine Wut auf Sie", zeigte keinen Respekt, machte ihr Grimassen, stand demonstrativ hin, schaute sie frech an, rief aber nie etwas Beleidigendes nach. Den Erwachsenen wünschte er in der Wut den Tod und fügte bei, er würde sich freuen, wenn der Wunsch in Erfüllung ginge; den Kindern drohte er im gleichen Falle mit Schlägen. Er war immer sehr offen und äußerte sich, wie es ihm gerade war und paßte. In seinen Spielsachen und Kleidern war er ordentlich, näßte sein Bett nie; wollte man ihn aber waschen, so wehrte er sich mit Händen und Füßen, schlug und zwängelte während der ganzen Prozedur. Trotzdem erschien er täglich sauber gekleidet und gewaschen, so daß geschlossen werden mußte, es gelinge der Mutter besser, ihn mit dem nassen Element zu befreunden. Während der Liegekur schlief er nicht, störte die andern, so daß er weggelegt werden mußte. Die Mutter versprach, ihn in Zucht zu halten, und er war auch einige Zeit artiger, doch entschloß man sich schließlich dazu, ihn in der *Psychiatrischen Poliklinik* untersuchen zu lassen. Dort wurde bei kurzer ambulanter Untersuchung an einen leichten Schwachsinn mit mongoloiden Zügen gedacht und die Beobachtung in der Stephansburg empfohlen, eventuell Unterbringung in einer Anstalt für erziehungs- und bildungsfähige Schwachsinnige.

Da die Mutter damit nicht einverstanden war, wurde Conrad am *2. VIII. 1926* von der Leiterin der Waldschule in die klinische Beobachtungsstation gebracht. In der Waldschule war Conrad ein schwieriges Element; die Mutter aber meinte, er sei dort von einem andern Knaben zu wüsten Reden angehalten und verleitet worden. Die Frau war zuerst recht aufgeregt, weil ihr von der Versetzung irrtümlicherweise keine Mitteilung gemacht worden war, und sie sich bis 9 Uhr abends um den Jungen gesorgt hatte. Unglücklicherweise war Conrad, als die Mutter ihn erstmals in der Stephansburg besuchten wollte, auf einem gemeinsamen Ausflug, und die Mutter war zuerst geneigt, dies als absichtliche Entfernung des Knaben anzusehen. Als sie aber beruhigt und ihr mitgeteilt werden konnte, daß eine Versorgung in der Schwachsinnigenanstalt wohl nicht notwendig sein dürfte, gab sie sich zufrieden. Der Knabe weinte bei einem späteren Besuch der Mutter, drängte sehr nach Hause und zeigte große Anhänglichkeit an die Mutter.

Bei der Aufnahme in die „Stephansburg" weinte Conrad, ging dann lachend die Treppe hinunter, nahm sofort Fühlung mit den andern Kindern, weinte und lachte in rascher Aufeinanderfolge und zeigte sich recht labil, unbeherrscht und unsicher in seinen Gefühlsäußerungen. Auffallend war sein etwas karikiert wirkender Kopf, der leicht nach hinten getragen wurde. Die Gesichtsform nähert sich dem Fünfeck, die Haare wachsen unregelmäßig in die Stirne, die Brauen sind dünn, die Augen leicht schlitzförmig, die Zähne rachitisch verändert, die linke Pupille nicht vollrund, und die Tonsillen waren gerötet. Über der Lungenspitze rechts war die Atmung etwas unrein und scharf; ein akuter Prozeß fand sich jedoch nicht. Die Sehnen- und Hautreflexe zeigten keine Besonderheiten. Bei der Sprache des Knaben fiel hin und wieder auf, daß er nicht gut artikulierte und gelegentlich auch anstieß.

Bei der Prüfung auf die motorische Geschicklichkeit nach *Oseretzky* entsprach Conrad seiner Altersstufe. Die Prüfung nach *Binet-Simon* ergab ein Intelligenzalter von ca. 10 Jahren. Während des Versuches war er im ganzen eifrig, gut konzentriert, still-heiter; einmal aber störte ihn das Heimweh nach der Mutter, doch stellte er sich mit einem Ruck um und begann eifrig zu schaffen, damit er eher wieder zum Spielen komme. — Zeitweise war er heiter bis ausgelassen und dann im Ausdruck so verändert, daß er kaum zu erkennen war.

Die Resultate dieser Prüfungen zeigten, daß eine Debilität nicht bestand, doch durfte man aus dem Ausfall der Prüfung nach *Binet-Simon* auch nicht auf eine besonders gute intellektuelle Begabung schließen. Conrad entsprach dem Durchschnitt seiner Altersgenossen. Wenn er zeitweise schwachbegabt wirkte, so war dies seiner äußern Erscheinung, den leicht mongoloiden Zügen und affektiven Störungen zuzuschreiben, die natürlich ungünstig auf die Betätigung seiner intellektuellen Fähigkeiten einwirkten.

Das Gutachten der „Stephansburg" (Dr. med. *A. Großmann*) führt aus: „Diese affektiven Störungen beherrschen das psychische Bild. Conrad ist in seinen Gefühlsäußerungen labil, unsicher, unbeherrscht, seine Willensäußerungen schwanken, er neigt zu forcierten Willensakten, läßt sich dann wieder gehen und bleibt deshalb in seinen Leistungen zurück. Dieser ungefestigte Charakter ist zum Teil anlagemäßig gegeben, zum Teil zurückzuführen auf ungeeignete Erziehungsmaßnahmen, mangelhafte Konsequenz dem Knaben gegenüber, wie uns scheint aber vor allem darauf, daß an ihm verschiedene und gegensätzliche Erziehungstendenzen zur Auswirkung kamen. Es wirkt sich in dieser Zerrissenheit seiner Affektivität sicher zum Teil die unglückliche Ehe der Eltern aus, die dazu führte, daß er zwischen ihnen hin und her schwanken mußte und weder einen Halt noch ein gutes Beispiel hatte."

In der Schule der Stephansburg hielt er sich ordentlich, war fleißig, kam zuerst mit den andern Kindern nicht gut aus, wurde aber zusehends verträglicher, so daß in dieser Hinsicht keine Klagen mehr einliefen. Er zeigte sich zuerst als ein großer Egoist, aß alles, was ihm die Mutter brachte, sofort und alleine auf; schaute darauf, den größten Dessert zu bekommen und ergatterte auf Spaziergängen immer am meisten Früchte. Im Park rannte er sofort unter die Obstbäume und schlug Äpfel usw. herunter. Gegen Ende seines Aufenthaltes in der Beobachtungsstation haben sich diese Unzuträglichkeiten vermindert, er machte keine Schwierigkeiten, hielt Disziplin.

Das Gutachten vom *2. IX. 1926* kam denn zum Schluß: „Wir haben es also im wesentlichen mit ungünstigen Milieueinflüssen zu tun, die zu einer Zerrissenheit im Charakter geführt haben und sich natürlich auch in der intellektuellen Leistungsfähigkeit des Knaben unangenehm auswirken. Bei seiner Intelligenz sollten diese Störungen aber durch geeignete Erziehungsmaßnahmen redressierbar sein. Das häusliche Milieu ist jetzt (nach der Scheidung der Eltern) jedenfalls einheitlich, ob es aber sonst der Erziehung des Jungen gewachsen ist, kann nicht vorausgesagt werden, d. h. es ist fraglich, ob bei der besonderen Art des Knaben nicht eine Erziehung unter andern Kindern der Einzelerziehung bei der Mutter vorzuziehen wäre. Nach unserer Kenntnis der Sachlage kann ein Versuch, den Jungen der Mutter zu übergeben, unter geeigneter Kontrolle nichts schaden." Es wurde die Entlassung des Knaben nach Hause vorgeschlagen mit Anweisung an die Mutter, in regelmäßigen Intervallen mit dem Knaben in der Klinik vorzusprechen und über sein Verhalten zu berichten, damit rechtzeitig eventuell andere Maßnahmen ergriffen werden könnten. Die Mutter wurde darauf aufmerksam gemacht, daß sie dem Knaben gegenüber konsequent und fest bleiben müsse und ihre Liebe sie nicht dazu verleiten dürfe, ihn zu verwöhnen und zu einem Haustyrann werden zu lassen, wie man es bei Einzelkindern nur zu häufig sehe.

Die Mutter hatte sich in der Zwischenzeit wieder verheiratet. Der Stiefvater Conrads hat aus erster Ehe drei Söhne zwischen 17 und 22 Jahren. Er ist Hafnermeister; das Verhältnis zu Conrad ist ein gutes, „sie haben sich gern". Es gehe mit Conrad daheim auch viel viel besser als früher. Er sei nicht mehr so aufgeregt, könne sich jetzt beim Spiel wie bei jeder andern Betätigung ruhig verhalten. Die Mutter findet selbst die Erklärung für die Besserung darin, daß die Erziehung eben nun viel einheitlicher sei. Wenn der Stiefvater an Conrad mal was auszusetzen habe, unterstütze sie ihn und umgekehrt, während in der ersten Ehe und noch lange nach ausgesprochener Scheidung, besonders vom Vater des Knaben ein „Z'leidwerchen" und Ausspielen des Knaben gegenseitig gewesen sei, worunter die erziehlichen Bemühungen natürlich gelitten hätten. Die Mutter selber gab an, daß sie fühle, wie sie ruhiger geworden sei, was schon stimmen dürfte.

Das Besuchsrecht des geschiedenen und seinerseits wieder verheirateten Vaters, der Conrad nach gerichtlicher Vereinbarung im Scheidungsurteil alle 14 Tage bei sich haben darf, wirkt im jetzigen Verhältnis immer noch ungünstig. Der Stiefvater wollte anfänglich auf die Alimentationen des Vaters verzichten. Der Inspektor der Fürsorgeabteilung gab aber den Rat, dem Vater diese Pflicht keineswegs zu erlassen. Daß Erbitterung zwischen den geschiedenen Elternteilen noch herrscht und der eine über den andern in Gegenwart des Knaben und durch ihn als Vermittler Äußerungen fallen läßt, die besser nicht fallen, kommt immer noch vor. Die Mutter erzählte anläßlich eines Heimbesuches am *26. VI. 1928* einige Beispiele: An Ostern war Conrad beim Vater, der ihn mit Osterzuckerzeug beschenkte, ihn gegen Verabredung verspätet heimbegleitete, dann noch etwas ums Haus herumspionierte, von der oberen Straße ins Zimmer hineinschaute und drei Wochen später beim nächsten Besuch Conrads dem Knaben gegenüber äußerte, er schenke ihm nichts mehr: „Sie haben es dir doch weggefressen!" Ferner: dem Knaben zu Handen der Mutter erklärte, für das Geld, daß er monatlich für ihn zahlen müsse, schaffe die Mutter nichts Rechtes an. Das hat die Mutter dann wieder aufgebracht, daß sie zu Conrad sagte, er möge dem Vater das nächstemal nur berichten, er sei ein „Dubel". Conrad hat das natürlich angebracht, und zwar beim nächsten Besuch, als er abends beim Vater nur kalten Abendtisch bekam und sich weigerte zu essen, weil er daheim abends Warmes bekäme. Es soll sich ungefähr folgender Dialog entsponnen haben, der für die Umgangssprache des Vaters spricht. Vater: „Und du frißt es!" (Haut dem Knaben eine herunter.) Conrad: „Ich sag es der Mutter." Vater: „Da häsch no eini und sag der Mutter auch, sie sei doch es Löl (Dummkopf)." Conrad: „Und die Mutter hat gesagt, du seist ein Dubel."

Conrad trat am *24. April 1928 in die Bk. der Elementarstufe* ein. Er besuchte dort die dritte Klasse. Am *16. Juli 1928*, also nach einer Beobachtungszeit von 12 Wochen, erstattete die Lehrerin, Frl. Dr. *S. Brunner*, folgenden Bericht über ihn:

Nach knapper Zusammenfassung der oben ausführlich gegebenen Vorgeschichte des Bildungs- und Entwicklungsganges, aus welchem hier ergänzend noch nachgetragen sei, daß Conrad nach der Entlassung aus der „Stephansburg" in der Normalschule nicht promoviert wurde und die 2. Klasse der Primarschule repetierte, schildert die Lehrerin das *Verhalten Conrads in der Bk.* wie folgt:

Vom ersten Schultage an war Conrad der *ruhigste* Schüler der Klasse, und er blieb ihn das ganze Quartal hindurch. Sein *Arbeitstempo* zeigte eine Gleichmäßigkeit, die mit der Bezeichnung: langsam, ruhig, stetig am besten charakterisiert wird. Sowohl bei den Spielen (Scheren, freies Lesen, Legen mit Stäbchen, Zusammensetzspiel) wie auch bei den Schularbeiten bestand eine Übereinstimmung der Arbeitsweise. — Das *Interesse in der Freizeit* wandte sich dem Fischen im See einerseits und dem „Kasperlispiel" anderseits zu. Mit Wichtigkeit erzählte Conrad von seinen Lieblingsbeschäftigungen in der Schule. Er lud die Lehrerin nach Hause ein, um bei einer Kasperlitheatervorstellung zuzusehen. Als der Einladung Folge geleistet wurde, freute sich der Knabe sehr. Da er drei komplette Spielfiguren besitzt, brachte er ein ganz verschiedenartiges Programm zustande. Die „Geschichten" habe er selbst ersonnen. Ein Kamerad und er hätten schon einige Jahre immer mit Bleistiften die selbsterfundenen Geschichten darzustellen gesucht, bis er endlich die richtigen Puppen von den Eltern geschenkt bekommen habe. Beim Spiel entwickelte Conrad eine große Produktivität. Diese innere Produktivität des Kindes wird ebenfalls durch die systematische Untersuchung bestätigt, indem beim *Rorschach*schen Versuch die Bewegungsantworten (B) sehr stark die Fb-Antworten überwiegen. — In ungehemmtem Geplauder erzählte der Knabe öfters von seiner Berufswahl, immer mit ernster Sachlichkeit. Gärtner wolle er werden oder dann Schiffskassier. Von diesen beiden Berufen wisse er noch nicht welchen; aber einen davon wolle er sicher erlernen.

Im *Willensleben* zeigte Conrad Disziplin. Den Anordnungen der Leiterin konnte er sich gut unterordnen. Bei den Willensübungen stand Conrad an erster Stelle. Er *wollte* sich gut aufführen, er *wollte* zu den tüchtigsten Schülern der Klasse gehören, zu denen, deren Name auf der „Ehrentabelle" stand. Und er brachte seine Vorsätze auch zur Ausführung. Conrad ist der einzige Schüler der Klasse, dessen Name das ganze Quartal hindurch auf der Tabelle stand. Auch bei der Vikarin, die eine Woche an der Schule amtete, veränderte sich sein Betragen kaum. Die stellvertretende Lehrerin schrieb über den Schüler: *7. Juni:* Fleißig und ruhig. — *8. Juni:* Fleißig und ruhig. — *9. Juni:* Name auf der Ehrentabelle. — *11. Juni:* Fast immer ruhig und aufmerksam. — *12. Juni:* Schwatzen mit Erwin. Sonst brav. — *13. Juni:* Außer Schwatzen fleißig und artig. — Wichtig sind für mich diese Aufzeichnungen der Vikarin insofern, als sie das Verhalten der Kinder, unabhängig der Lehrkraft, ausdrücken.

Im Verkehr mit andern Kindern zeigte sich Conrad als Egoist. Erst allmählich muß er sich in die größere menschliche Gesellschaft hineingewöhnen, da er früher als Einzelkind aufwuchs.

Von Anfang an gestaltete sich der affektive Rapport zwischen Leiterin und Conrad durchaus günstig. Gar keine Gleichgültigkeit wies das *Gefühlsleben* auf. Im Gegenteil, es war Conrad gar nicht gleichgültig, ob er seiner Mutter oder der Lehrerin eine Freude bereiten konnte. Er fragte z. B. die Lehrerin, ob sie Blumen gern habe. Als sie bejahte, brachte er einige Male Blumen aus seinem Garten zu Hause in die Schule. Nach Aussage der Mutter aus eigener selbständiger Initiative. — Ein Tadel der Lehrerin konnte ihn betrüben. Auch war er bestrebt, durch sein gutes Betragen in der Schule der Mutter Freude zu bereiten. Die „unsicheren, labilen, unbeherrschten" Gefühlsäußerungen, wie sie noch vor zwei Jahren in der „Stephansburg" festgestellt werden konnten, scheinen sich zugunsten von gefestigteren Gefühlsäußerungen verändert zu haben. Der Grund dieser Veränderung liegt wahrscheinlich in den nun einheitlicher gewordenen Erziehungseinflüssen im häuslichen Milieu.

Die *intellektuelle Seite* des Knaben bietet kein einheitliches Bild. Mit Sicherheit kann ausgesagt werden, daß eine Debilität nicht vorliegt. Nach den Schulleistungen gehört Conrad zum Durchschnitt; wirkt aber zeitweise unter dem Durchschnitt. Den Grund dafür sehe ich in dem langsamen Arbeitstempo. Wird der von Natur aus etwas schwerfällige Arbeitsrhythmus — (die Prüfung der motorischen Geschicklichkeit nach *Oseretzky* ergab eine leichte motorische Zurückgebliebenheit) — gestört, so erscheinen dem Knaben die geistigen Anforderungen unüberwindlich, er wird aufgeregt, die Schulleistungen geringer. Die Prüfung nach *Binet-Terman* ergab einen Intelligenzquotienten von 98, so daß der Knabe in die Rubrik der „normalen Intelligenz" (J. Qu. 90—110) einzureihen wäre.

Vorschlag: In Anbetracht der günstigen Veränderung, die Conrads Entwicklung angebahnt hat (sie wird von der Mutter bestätigt), wagen wir es, *Conrad aus der Bk. zu entlassen,* mit dem selbstverständlichen Vorsatz, den Kontakt mit dem Knaben aufrechtzuerhalten. Wir erachten es für angebracht, den Knaben in eine *neue* Normalklasse zu versetzen, damit er unter neuen, ihm fremden Mitschülern sich bewegen lerne. Sein früherer Klassenlehrer erklärte sich bei einer Rücksprache mit diesem Vorschlage einverstanden.

Die Anträge lauten also:

1. Versetzung von Conrad W. in eine andere dritte Primarklasse in anderm Schulhaus des Quartiers X.

2. Die Versetzung in die Normalklasse muß als Versuch aufgefaßt werden in dem Sinne, daß bei einem Mißlingen Conrad W. wieder in die Bk. zurückgenommen werden kann.

Der Spezialarzt gab diesen Bericht nach knapper Zusammenfassung der ärztlichen Vorgeschichte an den Schularzt mit folgenden Bemerkungen weiter:

Das Erziehungsmilieu ist einheitlicher geworden. Die Mutter hat sich wieder verheiratet, und das Verhältnis des Stiefvaters zum Knaben war von Anfang an gut. Die Mutter hat sich gemütlich auch beruhigt. Während der Scheidung und noch lange nachher ist der Knabe von seinen Eltern in ihrem affektiven unschönen Kampfe gegenseitig ausgespielt worden und bis in die jüngste Zeit war Conrad der Zwischenträger von ausfallenden Bemerkungen und gemütlichen Entladungen seiner Eltern. Der Vater hat kürzlich, in einer gewissen Einsicht darauf verzichtet, den Knaben regelmäßig zu sich kommen zu lassen, und zwar von sich aus, so daß auch diese letzte, aber gefährliche Schädigungsquelle künftig verstopft wäre.

Die Milieubesserung wirkte sich in der Schule und zu Hause, wie der Bericht der Lehrerin aufzeichnet, evident günstig aus. Nähere Ausführungen sind nach der eingehenden Beurteilung durch Frl. Dr. *Brunner*, der ich mich ärztlicherseits in vollem Maße anschließen kann, nicht mehr notwendig. Zu Antrag 2 sei lediglich ergänzend und erklärend hinzugefügt: Mit dem Zeitpunkt, da Conrad seine definitive Versetzung in die Normalklasse wußte, trat *vorübergehend* eine merkliche Veränderung in seinem Verhalten ein, das sich im Nachlassen der Schulleistungen, der sorgfältigen Ausführung, in einer gewissen Gleichgültigkeit und in einem Schwererwerden des Sichunterziehenkönnens unter Anordnungen äußerte. Das tüchtige Verhalten des Schülers war also noch nicht zur Gewöhnung erstarkt. Möglicherweise spielte eine gewisse Schulmüdigkeit am Quartalsende mit. Auf alle Fälle handelte es sich nicht um eine abnorme Reaktion, die schwerer zu bewerten wäre, sondern um ein im Bereich des Normalen liegendes Abweichen im Gefühl des Erreichthabens eines erstrebten Zieles.

Körperlich ist außer den Nachwirkungen der Rachitis (Schädelform, rachitisch verändertes Gebiß) die leichte Schlitzform der Augen auffallend. Das Körpergewicht (29 kg) und die Körpergröße (134,5 cm) entsprechen der Altersstufe und der Konstitution. Der übrige Körperbefund zeigt keine weiteren Besonderheiten. Bei der Sprache des Knaben fällt auch jetzt noch hin und wieder auf, daß er nicht gut artikuliert und gelegentlich auch noch anstößt.

Ich empfehle die Anträge der Lehrerin zur Ausführung. (*29. Juli 1928*).

(Der Mutter wurde nochmals eindrücklich nahegelegt, ihre affektiv mundwerklichen Entladungen, die den Vater Conrads betreffen, einzustellen, nachdem der Vater von sich aus im Interesse Conrads zum Entschluß gekommen war, von seinem Besuchsrecht Abstand zu nehmen, die Schimpfereien zu lassen. Er hängt irgendwie noch an seiner ersten Frau, kann es ihr nicht verzeihen, daß sie sich scheiden ließ und sich wiederverheiratete. Er hat es ihr zwar nachgemacht, verdrängt seine ambivalent antipathische Einstellung zu seiner jetzigen Frau in die lieblose Behandlung, die er deren Tochter, seiner Stieftochter, angedeihen läßt.)

Am *3. Oktober 1928* stattet die jetzige, neue Lehrkraft dem Schulpräsidenten folgenden Bericht ab: „Ich kann mitteilen, daß Conrads Betragen zu keinen Klagen Anlaß gibt. Er fühlt sich anscheinend wohl in der Klasse; einen Freund fand er zwar bis jetzt noch nicht. Er hat in seinem Wesen etwas Eigenartiges, teilweise fast Scheues, was für andere nicht so anziehend ist. — Was mir an ihm Mühe macht, ist seine Bedächtigkeit. Er braucht lange, bis er mit der Arbeit beginnt und arbeitet so langsam, daß er beinahe immer der letzte ist. Auch seine Kenntnisse sind teilweise lückenhaft, so daß er Mühe haben wird, das Pensum der 3. Klasse zu erreichen. Immerhin werde ich von zu Hause unterstützt."

Daniel H. Geboren 2. Juni 1915.

Von seinem Lehrer (auf besondere Aufforderung des Kreisschulpräsidenten) unterm *4. X. 1926* in die Bk. überwiesen mit den Bemerkungen: „Knabe lügt, stiehlt, beißt, kratzt, spinnt. Plagegeist, Biedermeiermiene. War vom *23. VI.* bis *3. IX. 1926* in der „Stephansburg" (kantonale Kinderbeobachtungsstation), keinen Bericht erhalten von dort. Eltern rechte Leute."

Bisherige Schulung: Kleinkinderschule besucht. Nicht zurückgestellt. Trat 1922 in die Volksschule. 5. Klässler. Schulbesuch regelmäßig.

Schulkenntnisse: Genügend. — *Auffallende Eigenschaften:* Ist ziemlich leicht anzuregen, lebhaft, unruhig, schwatzhaft, zerfahren, gesellig, gleichgültig, reizbar, launisch, zänkisch, frech, dienstfertig. Imstande, sich auf einen Gegenstand zu konzentrieren? „Ja, wenn er will." Spieltrieb, —. Liebhabereien?: Andere zu quälen. Unreinlich.

Ärztliche Erhebungen (Referent Mutter, ferner beigezogen Krankengeschichte der „Stephansburg"):

Hereditär belastende Momente: Großvater ms. war Trinker. Eine Stiefschwester des Vaters hat gestohlen, eine andere Stiefschwesters „striehlte" und mußte versorgt werden. — Ein Muttersbruder hat Neigung zur Trunksucht. — Eltern nicht blutsverwandt. Mutter 6 Jahre älter als Vater. Vater Monteur, solid, sorgt recht für die Familie. Seine Erziehungspraktiken: Strenge und Schläge. Mutter nervös, erziehungsschwach, hilflos. Hat zweimal geboren und hatte eine Verschüttung.

Daniel ist das erste Kind. Geburt rechtzeitig, normal, langdauernd. Asphyxie 1. Grades. Geburtsgewicht etwa 6 Pfund. Bei Geburt groß, mager, kräftig. Wurde 5 Wochen gestillt. Rasche Entwicklung. Vom 2.—6. Lebensmonat Darmstörungen und Krampfanfälle. Später Keuchhusten, Masern, viel Kopfweh. Lernte mit einem Jahre gehen und sprechen. Machte der Mutter von Anfang an sehr viel Arbeit, schrie sehr viel, war „bösartig", eigensinnig, immer unzufrieden. Immer sehr egoistisch, mit den Kameraden immer im Streit und neidisch auf alle. Als er mit 6 Jahren ein Schwesterchen bekam, erklärte er, er sei der erste, ihm gehöre alles. Zwischendurch konnte er sehr lieb sein, machte auch keinen Kopf, wenn er bestraft werden mußte, sondern tat, wie wenn nichts geschehen.

In der Schule von Anfang an viel Händel, so daß sich die Lehrerin beklagen mußte. Gelogen hat er, seit er in die Schule geht; es geschah immer zu seinem Nutzen oder hin und wieder zum Blagieren. Er leugnete einfach seine Untaten.

Die Mutter brachte ihn am *12. VII. 1926* auf Anraten des Schulsekretärs (letzterer ist Präsident eines Vereins, in welchem Daniels Vater Mitglied ist) in die *Psychiatrische Poliklinik*, weil der Junge seit $1^1/_2$ Jahren lügt und kleinere Geldbeträge wegnimmt. Besserung versprach er immer wieder, änderte sich aber nicht und nahm in der letzten Zeit das Milchgeld verschiedener Hausbewohner aus dem Milchkasten. Das Geld verwendete er für Schleckereien. — Er sei flüchtig, zeige keine Ausdauer, mache trotz guter Begabung in der Schule Sorgen, hatte immer mittlere Zeugnisse mit der Bemerkung, er könnte mehr leisten. Ist aber nie sitzengeblieben. — Strafen laufen an ihm ab wie Wasser; er hat ein „leichtes Wesen", hört auf nichts. Vorbehalte, Bestrafungen hat er augenblicklich vergessen. — Trotzdem er kleine Geldbeträge stiehlt, kann man ihn gut für Botengänge verwenden und ihm Hunderte von Franken anvertrauen, es passiert nie etwas, er vergriff sich nie an diesem Geld, das ihm von den Eltern oder von Lehrern anvertraut wurde. Auffallend war ferner, daß er seit dem Schulbesuch das Bett näßte und noch näßt, während er vorher reinlich war.

Daniel weilte vom *12. VII.—1. IX. 1926* in der *„Stephansburg"*. Die von dort eingeholte Lehrerauskunft vom *5. VIII. 1926* lautet (ähnlich wie die für die Bk.), nämlich: „Daniel H., 5. Kl., ist faul, macht Aufgaben in der Regel nicht, fälscht Unterschrift des Vaters, lügt, stiehlt, beißt, kratzt, sticht, ersinnt Märchen und gibt sie für wahr aus, sagt krasse Lügen im Biedermeiertone, Ermahnungen meist wirkungslos. Leistungen mittelmäßig, sehr zerstreut. Unbeliebt. Plagegeist. Sehr dienstfertig. Eltern rechte Leute."

Das *Resümee der gemeinsamen ärztlichen Untersuchung* lautet: Psychopathie mit gesteigerter Anregbarkeit, gute Intelligenz, aber flüchtig, allzu großzügig, aufdringlich, unechte Gefühlsäußerungen, Drang nach Süßigkeiten und deshalb Stehlen. Verkehrte Erziehung mit Schlägen durch offenbar ebenfalls psychopathischen Vater, die ihrerseits gewisse Protestreaktion hervorgerufen haben mag. Wesentlich neurotische (komplexbedingte) Momente bisher nicht nachweisbar. Macht durchaus nicht vertrauenerweckenden Eindruck. Anstaltsversorgung in Aussicht genommen. *Entlassungsdiagnose: Psychopathie,* mangelhafte moralische Instinkte, ungebessert entlassen.

Die Anstaltsbeobachtungen berichten in der Hauptsache von des Knaben Unverträglichkeit, von Streit- und Plagsucht einer-, von aufdringlichen Zärtlichkeitsanwandlungen andererseits. Aus einem Schreiben der Direktion an die Fürsorgeabteilung des Vormundschaftswesens vom *31. VIII. 1926* sei angeführt: „... Wir fühlen uns verpflichtet, darauf aufmerksam zu machen, daß es sich um einen äußerst schwererziehbaren Psychopathen handelt, der in dem häuslichen Milieu nicht nur nicht gefördert wird, sondern auch im Interesse der Mitschüler der Anstaltsbehandlung bedarf. Der Junge war nun seit dem *12. VII.* in unserer Beobachtungsstation; wir versuchten ihn erzieherisch zu beeinflussen, er geht auch auf alles ein, aber nichts haftet. Kaum ist er draußen, so belästigt er die andern Schüler wieder, geht über deren Schubladen, neckt alle und ist in jeder Beziehung unangenehm. Die Intelligenz ist gut, aber flüchtig, seine Gefühlsäußerungen aufdringlich, unecht, der affektive Rapport nur oberflächlich. Wir halten dafür, daß über kurz oder lang die Anstaltsversorgung, die sich fürs erste wegen der finanziellen Seite der Angelegenheit zerschlagen hat, sowohl im Interesse des Jungen als seiner Umgebung durchgeführt werden muß und die Eltern für diese Versorgung finanziell unterstützt werden sollten."

Rücksprache mit der Mutter am 8. X. 1926 ergab, daß Daniel seit der Entlassung aus der „Stephansburg" sich merklich zusammengenommen habe. Stehlen und Lügen seien nicht mehr vorgekommen. Die Angst vor Anstaltsversorgung wirke! Auch der Lehrer gab bei der persönlichen Erkundigung an, in den letzten Wochen sei es in der Schule ordentlich gegangen. Er habe den Knaben jetzt nur auf besondere Aufforderung des Schulpräsidenten in die Bk. angemeldet, von sich aus hätte er zuwarten können. Eine wesentliche Charakteränderung sei freilich nicht eingetreten.

Obwohl der „Fall" durch die erst wenige Wochen zurückliegende klinische Beobachtung genügend geklärt war, empfahl der Spezialarzt die versuchsweise Versetzung des Schülers in die Bk., in der Meinung, daß die Anstaltsversorgung durchgeführt werden sollte, falls in der Sonderklasse die gleichen Schwierigkeiten auftreten und sich nicht beheben lassen. (*13. X. 1926.*)

Körperlicher Befund am *8. X. 1926:* Allgemeiner Körperzustand: schlank, gracil gebaut, nervöse, mittelkräftige Konstitution. — Körpergröße: 143 cm.

Körpergewicht: 33,5 kg. Kopfumfang: 53 cm. Sehschärfe r. und l. 2,5, hypermetrop. Brillenträger. (Kopfschmerzen, Ermüdbarkeit teils auf die Übersichtigkeit zurückzuführen). — Äußerer Zustand der Augen: Brauen blond, Bewegungen frei, kein Nystagmus. Conjunktiven blaß. Farbe der Iris: grünblau. Pupillen rund, mittelgroß, beiderseits Reaktion auf Licht und Akkommodation prompt. — Hörweite: normal. Äußerer Zustand der Ohren: o. B. — Gesicht im allgemeinen: symmetrisch, Andeutung von Winkelprofil. — Nase: gerade, stumpf. — Mundhöhle: Gaumen o. B. — Zunge: gerade, feucht. Rachen: o. B. Zäpfchen gerade. — Zähne: Caries. — Hals: Schilddrüse etwas vergrößert. — Brust- und Bauchorgane: o. B. — Haut: rein, leichtes Hautnachröten. Knochensystem: grazil. — Besondere Anomalien: keine.

Daniel H. trat am *25. X. 1926* in die Bk. ein und verblieb in der Sonderklasse bis zum Frühjahr 1928, d. h. solange wir ihn behalten mußten, bis zum Ende der 6. Primarklasse.

Hausbesuch des Arztes am 4. II. 1927: Die Mutter macht den gleich sorglichen, nicht unvernünftigen Eindruck wie bei der Aufnahmebesprechung im Herbst 1926. Sie faßt jetzt des Knaben Zustand als „krankhafte Anlage“ auf. Was das Lügen und Stehlen anbelange, so sei das Schlimmste weg. Es komme ja noch hier und da vor, daß Daniel schnell etwas behaupte und sage, z. B.: er sei bei Botengängen da oder dort gewesen und lasse die Mutter auf diesem Glauben. Das sei zweimal vorgekommen, bedeute aber nichts gegen früher, wo er in jeder Beziehung gelogen habe. — In die Bk. gehe Daniel gerne, mache auch willig die Aufgaben. Er erzähle, die Lehrerin sei wie eine Mutter zu den Schülern. Daheim kommen noch ab und zu Streiche vor, wie z. B. gestern: Da durfte Daniel in der Mittagspause in den Hof hinunter. Von einer (der Mutter übrigens nicht bekannten) Nachbarsfrau erhielt er zum Entgelt für gelegentliches Posten zwei Wirsingköpfe, die er, statt sie sofort in die Wohnung hinaufzubringen, auf den Boden legte, um mit Kameraden weiterzuspielen. Einer der Jungen habe nun den Vorschlag gemacht, mit den Wirsingköpfen „Fußball“ zu spielen. Daniel war sofort mit dabei, und die Bescherung im Hof meldete dann der Hausmeister den Eltern. Das gab natürlich bei dem leicht erregten Vater ein „Donnerwetter“. Der Vater habe halt auch ein etwas jähzorniges Temperament, stoße sich täglich an dem nervösen Getu des Knaben, besonders beim gemeinsamen Essen, wo Daniel keinen Moment ruhig sitzen könne, den Stuhl hin und her rutsche. Der Vater müsse sich sehr zurückhalten mit Schlagen. Wenn es auf ihn ankäme, würde er den Knaben stets auf den Kopf schlagen. Meistens werde Daniel mit Entzug von Begünstigungen bestraft, eben z. B., daß er in der Mittagspause oder abends nach der Schule nicht mehr ins Freie dürfe. Daniels Stimmung sei daheim sehr wechselnd, zeitweilig liebenswürdig, willig, hilfsbereit, dann wieder unwirsch, gehässig, reizbar. Mit dem Schlaf sei es schlecht bestellt. Er behaupte oft, keine Stunde schlafen zu können, und es sei auch richtig, wann immer man zu ihm ans Bett komme nachts, liege er noch wach. — Der Mutter ist es, auch aus wirtschaftlichen Bedenken, eine große Erleichterung, daß wir Daniel in die Bk. aufgenommen haben. Sie ist denn auch mit unserm Vorschlag, Daniel vorderhand ein weiteres Halbjahr in der Bk. zu belassen, sofort einverstanden. Wegen der Augen wird Frau H. demnächst mit Daniel zum Augenarzt gehen. — Gegen die Schlaflosigkeit und die nervösen Allgemeinstörungen des Knaben riet ich der Mutter zu einer Sedobrolkur. — *Antrag* auf Beginn des neuen Schuljahres: weitere Belassung des Schülers in der Bk., vorderhand bis Herbst 1927.

Hausbesuch der Lehrerin am 5. V. 1927: Die Veranlassung gab eine Wunde eines Knaben im Schulhaus. Daniel hatte den Knaben am Halse gewürgt, so daß offenbar eine Drüse zu bluten anfing. Ich verabredete mit der Lehrerin des

Knaben, daß ich den Geschädigten nach der Schule Frau H. zeigen werde, um sie aufmerksam zu machen auf eventuell entstehende Arztkosten. Daniel, als wir ihn dem Knaben gegenüberstellten, war einzig darauf bedacht, die Schuld des andern immer und immer heftig zu betonen. Während des nachherigen Unterrichtes störte er in alter Weise, wie wenn nichts geschehen wäre, einen Klassenkameraden mit Stupfen.

Frau H. meinte unter anderm, wenn es ja ein kränklicher Knabe sei, so könne die Schuld nicht Daniel (finanziell) aufgebürdet werden. Und wenn der Knabe schon in ärztlicher Behandlung stehe, so könnten am Ende dessen Eltern nur Nutzen daraus ziehen und *sie* (Daniels Eltern) müßten die gesamten Arztkosten bezahlen. Auch erkundigt sich Frau H. genau, wann es geschehen sei. (Ich vermute, wenn es in der Schulpause geschehen wäre, sie hätte die aufsichthabende Lehrkraft für die Angelegenheit haftbar gemacht.) — Sie erwartet mehr Aufgaben für Daniel! Ich verweise auf die freiwilligen. Aber die mache er halt nicht. Ich muß auch gestehen, daß Daniel seine alten Taktiken noch ausführe. Wenn ihm etwas nicht passe, so werfe er Buch und Heft auf den Boden. Es gehe einzig ruhig zu, wenn ich ihn ganz allein in einer Ecke etwas handarbeiten lasse. Mit den andern zusammen entstehe meistens ein Handel. Daniel wolle eben in alles hineinreden, das ließen sich die andern nicht bieten usw. Hin und wieder gehe ein Tag etwas besser; wie es denn mit dem Gelde stehe? Die Mutter meint, es sei gar nichts mehr vorgekommen an Stehlereien.

Für die Sommerferien wurde die Vermittlung der Fürsorgeabteilung in Anspruch genommen, die Daniel nach B. tun werde. (Kostgeld 1 Fr. im Tag.) — Der Vater wolle demnächst einen Schulbesuch machen.

Besprechung mit Herrn H., Daniels Vater, anläßlich seines Schulbesuches am 25. V. 1927: Herr H. ist etwa $1^1/_2$ Stunde in der Schule, während welcher Zeit Daniel sich sehr gesittet aufführt, d. h. schnell einmal mit Dino plaudern, das gibt es auch. Es gibt aber keine Widersetzlichkeit und es gibt ziemliche Aufmerksamkeit, selbst dann, als ich eine geometrische Arbeit kritisieren muß, die er freiwillig noch einmal macht.

Der Vater ist ein hagerer Mensch, der mehr als einmal mir in den Gesprächen während der Pausen zugibt, es brauche Geduld mit diesen Kindern. Ich erkläre dem Vater, ich behalte Daniel schon in meiner Klasse, aber ich könne keine Verantwortung übernehmen weder für sein späteres Verhalten noch für seine Aufnahme in die Sekundarschule. Intellektuell sollte es Daniel schon in die Sekundarschule bringen, aber seine ungleiche Arbeitsweise, die er jetzt an sich habe, werde ihm einen Streich spielen. Der Vater sagt, er habe es den Heften nach zu urteilen, noch halb gedacht. Aber dann fällt ihm ein, wie wichtig die Sekundarschule für die Berufswahl sei, und er erklärt, daß er alles tun werde, was er könne, um Daniel zum Arbeiten zu bringen. Er sei gewiß streng mit ihm! Da bremse ich wieder ab und versuche dem Vater zu sagen, daß man auch Gelegenheit nehmen müsse, *mit* Daniel zu sein, und daß man nicht immer gegen ihn sein könne. Ich versuche dies, in eben dem Unterricht und in den Pausen sowie in den Stunden, die (mit Absicht) nicht so straff zugeschnitten seien. Ich erkläre weiter, daß Daniel sich sofort benachteiligt vorkomme, wenn ich von ihm mehr verlange als z. B. von Schülern, bei denen ich von vornherein wisse, daß ihre Schulung bald abgeschlossen sei, die gar kein weiteres Streben nach intellektueller Verfeinerung besäßen. — Der Vater sagt im Laufe des Gespräches, er glaube, Daniel komme bei fremden Leuten besser „zweg". Hier packe ich den Mann natürlich und sage, ja dann sollte man ihn doch zu fremden Leuten tun! E r krebst zurück. Immerhin steht fest, daß Daniel für die Sommerferien zu fremden Leuten kommt. Ich meinerseits sage, ich wolle gerne sehen, was für eine Wirkung dieser Aufenthalt für den

Knaben habe. Nachher könne man ja daran denken, ihn zu versetzen. Nicht, daß ich glaube, er sei gebessert, aber es wäre wohl gut, wenn man Daniel noch vor Abschluß der 6. Klasse aus Anpassungsgründen in eine große Klasse zurückkehren lasse. (Die hierzu noch einzuholende Ansicht des Arztes wurde dem Vater gegenüber ausdrücklich vorbehalten.) Alles dies unter der Voraussetzung, daß sich der Vater wirklich nicht entschließen könne, Daniel zu fremden Leuten zu geben.

(Vermutung: Es scheinen finanzielle Gründe in dieser Familie sehr das Übergewicht zu haben. Außerdem: „Die jetzige Generation hat vor nichts mehr Angst, deshalb tut sie Unrechtes." Dies die weltanschauliche Auffassung der Familie. — Und der innere Kompaß?). M. S.

Besprechung mit Frau H. am 11. Juni 1927: Ich schicke Daniel vor die Türe, da er mit seinem lauten Rufen den Beginn der Unterrichtsstunde stört. (Daß etwas in der Pause wieder war, sehe ich schon, will aber mit der Besprechung absichtlich noch zuwarten, um Distanz in die erhitzten Gemüter zu bringen.) Daniel, wohl wegen eines schlechten Gewissens, rennt nach Hause. Nach einiger Zeit klopft es. Seine Mutter steht draußen und spricht ziemlich aufgebracht auf mich los, beschuldigt drei Klassenkameraden Daniels, Theo, Dino und Ernst G., namentlich den letzteren, wie sie immer gegen Daniel seien, ihn, der doch so leicht wütend werde, necken, reizen, heimlich stören, zu ihr nach Hause kommen und wegen der Brille sich beklagen. Sie werde zum Schulpflegepräsidenten gehen und sich beklagen. Überhaupt habe namentlich Ernst G. einen schlechten Einfluß auf Daniel. — Ich erkläre, daß ich nicht wisse, was in der Pause geschehen sei, und daß wir es erst in der nächsten Stunde besprechen werden. Die Besprechung ergibt den Tatbestand, den ich Daniels Mutter in einem Briefe mitteile. (Man hat deutlich den Eindruck, daß eben Daniel bei den Buben unbeliebt ist. Er will nun mit Dino gewissermaßen wieder einlenken, indem er ihn eher beschönigt. Ernst G. war nur mit Neckereien dabei. Daniel möchte ihn aber gerne mitschuldig machen.) Frau H. will mir bei der Besprechung nun gewissermaßen die Augen öffnen über Ernst G. und sagt mir, er schwatze allerlei über mich und die Briefe, die ich nach Hause schreibe, würden alle zerrissen. Ich erkläre, daß ich die Verantwortungslosigkeit von Ernst G.s Pflegeeltern schon kenne, und daß dies mich nicht in Erstaunen setze. Sie würden aber auch die Folgen dann tragen müssen.

Dann kommt sie zu sprechen auf die wöchentlichen Besuche, die Daniel nun in der medizinischen Poliklinik machen müsse. Der Arzt dort behandle ihn da mit Medizinen und mit Aussprachen. Es scheint, wie wenn Daniel dort seine „Schuld" namentlich auf seine Mitschüler abwälzen wollte. So auf Ernst G. Nun hat Ernst eben gemerkt, daß er Daniel leicht in Wut bringen kann mit Reizen, Sticheln usw. Dies dauert ja immer nur eine Zeitlang. Und ein gleiches könnte man umgekehrt auch von Daniel zu bestimmten Zeiten sagen.

Am liebsten hätte ich meinerseits auf die Klagen über den schlechten Einfluß der Mitschüler auf Daniel der Mutter gesagt: „So nehmen Sie ihn doch aus der Bk. heraus!" Ich habe geschwiegen. Über die Schulleistungen konnte ich von der *laufenden Woche* eher ein günstigeres Urteil abgeben als auch schon.

Der Knabe ist heimgegangen, weil er wohl fürchtete, wenn es auskomme, daß er wieder gebissen habe, so werde er nicht mehr in der Klasse bleiben können. Er habe dies auch zu Hause gesagt und wünschte dringend, daß ihm die Mutter beistehe. Er hat erreicht, was er wünschte. Frau H. hat sich tapfer für ihren Daniel gewehrt. M. S.

Während der *Sommerferien 1927* weilte der Schüler bei einer Landwirtsfamilie G. in B. Der Ferienort ist den Eltern von der Fürsorgeabteilung vermittelt worden.

Ein *Ferienbericht vom 12. VIII. 1927* (Akten der Fürsorgeabteilung) lautet: Daniel sitzt eben vor dem Haus und sieht prächtig aus, sagt mir auch, es gefalle ihm so gut, daß er am liebsten in B. bleiben würde. Ich bekomme auch von den Ferieneltern ganz ordentlichen Bericht. Die Ferienmutter meint zuerst, es gehe so mit Daniel, man könne weder rühmen noch schimpfen. Man habe gewiß auch ziemlich zu reden gehabt, aber im allgemeinen sei Daniel nicht unangenehm, er gehorche, helfe willig, sei auch aufrichtig und ehrlich. Bei der Arbeit habe man ihn brauchen können, es wäre mit der Zeit auch noch besser gekommen, einzig Kartoffeln abkeimen habe ihm gar nicht gepaßt, er fürchte die Käfer im Keller, sei zuerst überhaupt vor jeder Ameise davongesprungen. Er habe einen Meister nötig, werde sonst gerne etwas übermütig und frech, wie das die Art der Stadtbuben sei, aber sonst könne man nicht klagen. Daniel habe 4 Paar Hosen durchgemacht, leider sei es der Pflegemutter nicht möglich gewesen, diese geflickt zurückzugeben, während der Ernte komme sie einfach nicht dazu. Man möchte dies Daniels Mutter melden. — Daniel begleitet mich noch ein Stück weit; er erzählt viel, stellt sich gerne in ein gutes Licht und hat jedenfalls die Gabe, sich besser anpassen zu können als F. M. (ein anderer Ferienknabe aus der Stadt, der später auch in die Bk. kam). Daniel schmeichelt gern, ist jedenfalls auch zu allen Streichen bereit, wird sie aber kaum selber ausdenken, sondern tun, was die andern ihn heißen, sich dann aber doch sehr groß fühlen. Er erzählt mir unterwegs von allem, was F. M. angestellt hat und freut sich sichtlich, daß er so viel besser ist.

19. VIII.: Frau H. war recht zufrieden mit dem Ferienaufenthalt von Daniel bei Familie G. in B. — Daniel sei selber auch recht gern dort gewesen, er habe schon gesagt, daß er im Herbst wieder gehen dürfe. Die Mutter ließe ihn auch wieder gehen, wenn der Mann mit einverstanden sei. Sie hofft, daß es weitergehe mit dem Bub. Etwas Sorge hat sie auf den Herbst, wo Daniel wieder in die Normalklasse zurückkehren soll, und wie vorauszusehen sei, wieder zu seinem alten Lehrer komme, für den er gar nicht schwärme ...

Schulbesuch der Mutter am 25. VIII. 1927: Sie erkundigt sich nach Daniel. Mit mir (der Lehrerin) findet sie, daß er recht nervös sei, fast nicht zum Ertragen mit seinem vielen Reden und Maulen. Aus den Ferien habe sie einen guten Bericht erhalten. Er sei durchaus ehrlich gewesen. Wenn etwa etwas war, so habe ihn der (oben erwähnte) F. M. angesteckt. Er nehme eben das Böse so schnell an. Im Grunde sei er eine gute Natur. Wenn sie nur etwas tun könnte gegen die Nervosität! Wie es denn in den Schulfächern gehe? (Es sei, so sage ich, immer zuerst eine Abwehr zu überwinden, aber meistens schaffe er dann doch. Lesen hapere.) Es habe sich gezeigt, daß er über die Verwendung des Geldes doch nicht alles richtig angegeben habe. Er sei mit ein paar Knaben ein paarmal mit dem Motorboot hin und her gefahren. — Was ich davon halte, wenn sie Daniel am Samstag zum Jugendrotkreuz gehen ließe? Ich finde, Daniel lerne am ehesten etwas durch Hantieren. Wenn nun die Knaben unter Aufsicht seien, so könne ja einmal ein Versuch gemacht werden. Es sei recht, wenn er sich mit Kameraden vertragen lerne. — Das Handorgelspiel habe er schon lange aufgegeben. Ein Nachbarknabe habe einmal, als Daniel auf dem Balkon spielte, gesagt: „Daniel, willst du einen Fünfer?" Dies habe ihn so wütend gemacht, daß er nicht mehr spielen wollte. Ich sage: „Ja, Daniel verstehe eben keinen Spaß." Die Mutter findet ihrerseits, daß es doch wohl kein Spaß gewesen sei. Sie erzählt dann noch, wie er zuerst, als er hörte, sein früherer Lehrer sei krank, gesagt habe, dies geschehe ihm recht. Die Mutter habe ihm dann die Schmerzhaftigkeit der Gicht erklärt, worauf Daniel meinte, er wolle dem kranken Lehrer nun doch eine Karte schreiben. (Ich sage: diese Impulsivität, dieser Wechsel von einer Stimmung in die andere sei für Daniel eben charakteristisch. Leider haften eben jeweilen solche guten Aufwallungen nicht. Die Mutter läßt dann noch durchblicken, daß sie gern mehr Aufgaben sähe. Auch bin ich ihr wohl zu wenig streng mit Schimpfen über eine schlechte schulische Leistung. Ich erkläre, Daniel steigere sich sonst schon schnell genug in eine Reizbarkeit hinein. M. S.

Schulbesuch der Mutter am 21. IX. 1927: Auf die Frage, wie es mit Daniel stehe, antworte ich: „Unterrichtlich gibt er sich Mühe; im Betragen ist immer wieder das gleiche zu sagen: er hetzt mit seiner Nervosität die andern auf; sie setzen sich zur Wehr; er beißt sie. (Letzthin war in der Pause ein Auflauf: Theo und Daniel zerschlugen einander bis sie bluteten; der Abwart riß sie auseinander. Dabei habe Theo (ein Bk.Zögling) auf Vorhalte wegen seiner blutigen Ohren gesagt: „Wem es nicht gefällt, kann ja wegschauen!" Daniel habe eine Szene wegen seiner Brille gemacht, an der aber fast nichts verbogen war.) Frau H. meint, Theo habe halt gemerkt, daß er ihren Daniel meistere, darum schlage er ihn so sehr. Ich weise auf die nervöse Art Daniels hin, die eben irgendwie „gifteln" müsse. (Wie oft habe ich die andern Buben schon von Daniel wegreißen müssen im Schulzimmer, nur damit sie sich kein Leid antun.) Frau H. redet dann noch von „Krachbrüdern", aus denen die Klasse bestehe. Ich sage 6—7 Schüler (von 12) seien keine Krachbrüder. — Wie es denn mit dem Versetzen stehe? Ich erkläre ihr, daß wir unsererseits Daniel nicht in eine große Klasse versetzen könnten. Auf ihren Wunsch aber würden wir es tun. Sie solle sich mit ihrem Manne besprechen; die Eltern hätten letzten Endes die Verantwortung zu tragen. Mehr als bisher könne ich bei Daniel nicht tun. Die Mutter redet immer wieder von ärztlichen Untersuchungen. Ich lasse meine Zweifel an der Nützlichkeit einer solchen Unternehmung durchblicken. Sie wünscht dann noch, falls Daniel versetzt werde, daß er zu einem andern Lehrer komme. Ich erkläre mich bereit, mit dem Schulpräsidenten in dieser Sache zu reden, aber erst dann, wenn sie mir ihren Wunsch auf Versetzung mitgeteilt hätten. M. S.

Zuschrift Daniels an den im Militärdienst weilenden Arzt der Bk., *7. X. 1927:* „Sehr geehrter Herr Dr. Herr Doktor wir geben den Armen in dem Kat. Graubünden die mit Wasser überschwemmt sind Geld. Die haben keine Kleider keine Hauser. Und wir sparen dafür. Ich lese Ihnen vor, wieviel Geld wir gespart haben. Sie haben keine Ahnung wie wir viel Geld zusammen gespart haben, Aber wir machen dafür kein Reislein nach der Kiburg. Wir haben Geld!! Achtung, aber nicht steht! (Dann folgt die Aufzählung der einzelnen Posten, worunter er das „Hausiergeld von Daniel H." nicht vergißt und mit einem „fertig. Im Ganzen müssen es . . Frs . . Rp sein" schließt.)

Schulbesuch der Mutter am 21. XI. 1927: Sie antwortet mir auf meinen Brief. (Ich hatte angefragt, ob Daniel mit ihrer Erlaubnis schlecke und einen Malkasten gekauft habe.) Dies sei alles mit ihrer Erlaubnis geschehen. Sie erkundigt sich nach seinem Verhalten. Sie erzählt, daß er zu Hause bei seinen Arbeiten immer Szenen mache; sage die Schwester nur ein Wort, so brause Daniel geradezu in Hässigkeit auf. Man müsse ihm beinahe für seine Arbeiten sein Zimmer heizen. Im Bett liege er, wann sie auch immer in sein Zimmer komme, wach. Man müsse ihn nie wecken! Er habe wiederum Würmer. Sie müsse ein Mittel dagegen aus der Apotheke holen. An einem Gelenk habe er wieder eine Geschwulst; sie sehe dies als Gelenkrheumatismus an. Er werde wieder einmal in die Poliklinik gehen. Übrigens habe sie selbst wegen ihrer Nerven doktern müssen. Ihre kleine Tochter, die in Aegeri war, hat wiederum Husten und Heiserkeit. Der Mann liege an einer Brustfellentzündung seit 14 Tagen im Bett. Er unterstütze übrigens Daniel in keiner Weise. Als Daniel neulich das nett ausgeführte Dorf nach Hause gebracht habe, konnte er nur daran herumnörgeln, es als Spielerei bezeichnen. Auch bei den Basteleien mit allerlei elektrischen Dingen, Glühlämpchen usw. finde der

Vater nur Unsinn heraus. Der Bub soll lesen, rechnen, schreiben! Sie rede ihrem Manne immer zu, man könne Daniel nicht in die Sekundarschule schicken. Er, so sage ich, hätte wohl die Intelligenz dazu, aber nicht die genügende Ausdauer und Stetigkeit. Eine arbeitsame Stunde ohne Abschweifung sei bei Daniel höchst selten. Er antwortete auf jeden Reiz sofort und über die Maßen. Die Mutter sieht nun ein, daß auch mit den Freundschaften Daniels kein Bestand ist; heut hat er diesen, morgen jenen als Freund oder Feind. Ich verweise auf Ernst G., den er, wie sie ja wohl wisse, eine lange Zeit gehaßt habe; heute scheine Ernst G. sein Freund zu sein. Die Mutter meint, Daniel fürchte den G., deshalb tue er ihm den Willen. — Sein Vater sage immer wieder, Daniel bekomme zu wenig Prügel! Sie, die Mutter, habe es manchmal sehr schwer, einen Auftritt zu vermeiden. M. S.

Am *23. XI. 1927* hat Daniel auf der Straße mit Willi W., einem Klassenkameraden, Streit. Es geht so weit, daß sich eine Passantin darüber aufregt. Daniel ruft ihr ein Schimpfwort zu. Der Schulhausvorstand muß die Buben hereinholen. Daniel kann nicht schweigen, er redet von G. und andern, die schuld sein sollen. Der Hausvorstand gibt Daniel einen Klaps auf die Hand. Einen Augenblick ist Daniel still. Nachher im Schulzimmer fängt er von neuem an. Ich spediere ihn schließlich auf den Gang hinaus, da wir doch mit seinem Gerede nie fertig werden. Natürlich poltert er an die Türe so lange, bis ich ihn im Wachtmeisterton zur Ruhe weise. Nun ist er tatsächlich still. M. S.

Schulbesuch von Frau H. am 6. XII. 1927: Sie entschuldigt Daniel, der 40 Grad Fieber habe. Der Hausarzt meine, es handle sich um eine „innere Vergiftung" (septisches Fieber). Daniel hat Schmerzen in der Achselhöhle, am Oberarm ist er geschwollen ... Man muß ihm Umschläge machen. Er benötigt Medizin als Herzstärkung. Der Arzt sehe die Sache recht ernst an. Daniel läßt mich um ein Bibliotheksbuch bitten. Ich gebe ihm vorerst seinen „Samichlaus" (eine Mandarine und spanische Nüsse) nach Hause und verspreche meinen Besuch gegen Ende der Woche, wobei ich dann das Buch mitbringen werde. Es ist typisch für die Mutter, daß sie aus meinem Kauf der Mandarinen und Nüsse für die Schüler eine so große Geschichte macht. (Die Wertschätzung des Geldes könnte ich wohl von dieser Frau lernen und das Rechnen auch!) Daniel rühme mir auch immer nach, daß ich schon manchen Franken für die Schüler ausgegeben habe. Auch dieser Maßstab ist typisch. M. S.

Zuschrift des Schülers an den Arzt vom 7. Januar 1928: „An Herrn Docktor. Herrn Docktor ich will ihnen ein gutes Neujahr weil ich es vergessen habe. und sagen will ich ihnen auch daß ich ihnen kein Wort mehr verlieren lasse, von ihnen will ich kein nichts mehr wissen, warum? ..... Sie können mich fragen, aber nichts mehr! .! .! .! . Viele Grüße von .... Daniel H."

(Erklärung: Die Schüler der Bk. konnten auf Anregung des Arztes eine Weihnachtsaufführung „Rumpelstilzchen" besuchen. Daniel fehlte zu diesem Zeitpunkt krankheitshalber in der Schule, war noch Rekonvaleszent. Er faßte den Theaterbesuch der Bk. ohne ihn als ganz persönlich auf ihn gemünzte Benachteiligung auf und gefiel sich wochenlang darauf in einer demonstrativ zur Schau getragenen Empfindlichkeit.)

Schulbesuch der Mutter am 26. I. 1928: Sie teilt mit, daß Daniels Drüsen immer noch nicht zurückgegangen sind. Sie war mit dem Buben neuerdings beim Arzt. Er sagte, es sei skrofulös, und nur die Sonne könne es heilen. Daniel sollte für ein Vierteljahr in den Tessin. Nun habe ihr Mann gefunden, so einseitig wolle man sich nicht beraten lassen und habe in der orthopädischen Poliklinik eine Untersuchung angeordnet. Je nach dem Befund würden sie sich dann entscheiden. Die Nasenoperation soll auch noch diese Wochen stattfinden. So komme Daniel nun zwei Halbtage wieder nicht in die Schule. Es werde wohl kaum mit der

Sekundarschule gehen? Ich erkläre ohne weitere Worte: Nein. Man merkt es der Frau an, daß ihr ein Strich durch die Rechnung gemacht wurde. Sie müsse immer mit dem Buben von einem Arzt zum andern walzen! Und was das dann wieder koste, wenn man ihn fortlassen müsse! Wenn schon die Krankenkasse eingreife! Überhaupt gehe es nicht seinen gemeinten Gang. Ich sage gar nichts und verschweige auch die unendliche Unruhe, die Daniel wieder in der Schule entwickelt. Er hat immer etwas zu tun. Entweder zu reden oder dann zu hantieren oder zu streiten. Dies sagt die Mutter dann noch: „Wenn man nur einen Lehrer finden könnte, der auf Daniel besonders Rücksicht nähme! Sie wisse wohl, daß es eine Zumutung sei. Aber es wäre doch gut.

Wenn Daniel fortkommen sollte, so fragt es sich, ob man ihn in eine große Kinderstation gehen lassen darf. Ich habe auch den Eindruck, als ob Frau H. sich fürchtet, Daniel fortzulassen, weil dann seine ungünstige Art zu sehr bekannt wird. M. S.

Schulbesuch der Mutter am 22. II. 1928: Sie entschuldigt Daniel. Er muß zu Hause bleiben, weil seine Schwester die Windpocken hat. Wegen der Ansteckungsgefahr für die Kinder der Klasse.— Sie sagt dann, sie möchte nun einen Anmeldungszettel für einen Kuraufenthalt. Auch in der orthopädischen Poliklinik habe man gefunden, es sei eine skrofulöse Sehnenscheidenentzündung. (Der Hausarzt hat Daniel unterm *11. I. 1928* wegen Drüsenschwellungen am linken Oberarm und rechter Brust vom Turnen vorläufig dispensiert.) Man habe erstaunt gefragt, ob Daniel auch schon fortgewesen sei. Nun meine der Hausarzt, Daniel solle in ein Kinderheim ins Graubündnerland gehen. — Ich sage hier, mir scheine, daß für Daniel nur ein kleines Heim in Betracht käme. Es mache mir Sorgen, ihn in einem Heim zu wissen. Die Mutter sagt dann ganz merkwürdig, daß der Hausarzt im Attest schreiben werde, Daniel müsse wegen Körperschwäche fort. Den eigentlichen Grund verschweige er. Ich werde sehr stutzig. — Der Mutter ist es recht, wenn Daniel auf Anfang März fortkommt. Dann hat sie noch eine etwas heikle Anfrage an mich zu richten. Daniel ist am Freitag morgen in Tränen aufgelöst nach Hause gekommen und hat eine Szene gemacht. Er hat von mir erfahren, daß wir am Samstag morgen auf den Uetliberg gehen würden. Er, Daniel, mußte zum Arzt, um sich noch eine Nasenöffnung ausbrennen zu lassen. Er empfand nun unsere Wanderung als einen Akt, ihm zu leide getan. In der Schule hatte er schon eine Szene losgelassen, wie sie nur eben Daniel fertig bringt. Franz L., der im gleichen Falle war und am Samstag morgen auf das Kinderfürsorgeamt mußte, hatte die Tatsache der Wanderung ganz ruhig genommen. Ich sage dies Frau H. und verheimliche auch nicht, daß Daniel am Samstag morgen den von mir an die Türe gehefteten Zettel schlankweg zerrissen habe (er hat mir dies gestern in aufschneiderischem Tone mitgeteilt); ich verheimliche ferner nicht, daß er gestern eine ganze Stunde statt einen Aufsatz zu schreiben, gemurrt hat und mir dann um 12 Uhr einen Brief abgab, eben wieder einen Brief, wie ihn nur Daniel schreiben kann. (Vgl. den Brief an den Arzt der Bk. vom *7. I. 1928.*) Ich werde den Eindruck nicht los, daß Frau H. gefühlsmäßig ihrem Daniel in seinem „Beziehungswahnsystem“ hilft und auch ihrerseits die Auffassung hat, man tue es ihm zuleide, wenn man an einem Samstag morgen auf den Uetli gehe, während dessen Daniel beim Arzt sein muß. Ich verstehe die Frau nicht; denn sie war es, die mir sagte, der Hausarzt habe die Turnstunde für Daniel verboten, er dürfe auch nicht in die Pause und müsse am warmen Ofen sitzen. Und nun empfindet sie es als eine Zurücksetzung ihres Kindes, daß es nicht mit uns in den Schnee des Uetli hinaufgestiegen ist. — Zuletzt weint sie! M. S.

Der Arzt der Bk. setzte sich mit dem Hausarzt in Verbindung und stellte mit Einverständnis des letzteren zu Händen des Kinderfürsorgeamtes ein ausführliches Zeugnis aus. Daniel kam am *3. März 1928* in das *Erziehungsheim von* Dr. phil. *Gündel in Berlingen*, Kt. Thurgau. Er weilte dort bis *15. Juni 1928*.

Unterm *9. II. 1928* erstattete die Lehrerin, Frl. Dr. *M. Sidler*, folgenden *zusammenfassenden psychologisch-pädagogischen Bericht:*

„Bedeutet ‚nervös' eine erhöhte Erregbarkeit, eine geringe Gesamtleistungsfähigkeit und ein geringes Ausgleichsvermögen, so ist Daniel H. als nervös zu bezeichnen. Bezeichnet man unter ‚gemütsarm' einen Menschen mit verkümmertem Sympathiegefühl und mit überwiegend feindseliger Einstellung zur Umwelt, so gehört Daniel H. zu diesen Menschen. Seine erhöhte Erregbarkeit: im Verlaufe einer Unterrichtsstunde ist es dem Knaben nur auf ganz kurze Zeit möglich, in ruhiger Gelassenheit zu bleiben. Er hantiert mit Büchern, Federn, Papier. Er rutscht in der Bank herum; er beginnt für sich zu singen, mit dem Nachbar zu sprechen, seine Meinung über Dinge abzugeben, die ihn gar nicht berühren. Er reagiert sozusagen auf den kleinsten Reiz, sei er gerichtet an welchen Sinn er wolle, in übersteigerter Weise. Auch außerhalb des Unterrichts, in den freien Gelegenheiten ist das nämliche Verhalten festzustellen. Die Kameraden sagen von ihm, er mische sich in alles hinein. Er antwortet indessen auch auf die Reize seines eigenen Körpers in extremer Art. Eine Kratzwunde ist eine Krankheit, ein Jucken belästigt ihn, es flimmert vor seinen Augen, es rauscht in seinen Ohren, es surrt in seinen Zähnen.

Sollen und müssen alle diese Empfindungen bewußt erfaßt werden, so muß die Gesamtleistungsfähigkeit, die sich in Arbeit oder Spiel auswirkt, logischerweise gering sein. Anläufe zu Leistungen liegen immer vor. Sie bewegen sich in hitziger, in leidenschaftlicher Bahn. Aber aus den Anläufen folgt keine Steigerung. Fast durchweg ist Abfall in der Arbeit festzustellen. Die rein geistige Arbeit gelingt zufolge des Fehlens eines Haltes am schlechtesten. Am besten arbeitet Daniel beim Basteln. Hier bezeugt er Geschick und Ausdauer, handle es sich nun um Papparbeiten oder um technische Leistungen am Matadorkasten. Ich führe diese Tatsache psychologisch darauf zurück, daß vom Material eine gewisse disziplinierende Wirkung ausgeht, die der starken Sinnenfälligkeit des Knaben entgegenkommt. Das geringe Ausgleichvermögen zeigt sich bei Daniel in seinen extremen Verhaltungen, die in übersteigerter Lustigkeit und Beweglichkeit und in gereizter Hässigkeit und Starrheit schwingen. Da die Nachtruhe sehr mangelhaft ist und der Knabe wenig schläft, so findet die starke Anspannung des Tages in den Nächten nicht vollgültige Entspannung. — Sein verkümmertes Sympathiegefühl: Daniel kann gelegentlich einen Kameraden, der sich ihm harmlos nähert, auf die Hand spucken. Er kann geradezu winseln um die Zuneigung eines Menschen, der sich ihm gegenüber freundlich zeigen soll. Ist diese erreicht, so beantwortet er es mit einer hinterlistigen Tat. Entweder wird etwas weggenommen, oder es wird ein Gegenstand des Kameraden beschädigt, oder er selber wird an Gewand oder Gesicht beschmutzt. Die Ausdrucksformen für Mitgefühl und Sympathie fehlen Daniel keineswegs. Aber sie erscheinen angesichts der vielfachen entgegengesetzten Handlungen als Maske und Vorwand. Denn im Grunde genommen überwiegen die feindseligen Einstellungen. Wehe, wenn es jemand wagen wollte, auf einen von Daniel begehrten Baustein ein Auge zu werfen. Er wird nicht nur mit einer Reihe von Flüchen und Lästerungen bezeichnet, er bekommt auch alsbald Faust und Fuß zu spüren. Gelegentlich dienten Werkzeuge, die gerade benutzt werden mußten, als Waffe. Kein Wunder, daß Daniel H. auch von den Mitschülern nicht geliebt wird. Teilweise fürchten sie ihn, teilweise bewundern sie seine kaltschnauzige Art der Lehrerin gegenüber, im Grunde atmen sie auf, wenn er nicht da ist. Mehrmals äußerten sie sich spontan bei seinem Fehlen: Heute gibt es keinen Streit, weil Daniel nicht da ist. — Im Verhalten zur Lehrerin sind zwei Seiten festzustellen. Er ist oftmals übertrieben gefällig in Dienstanerbietungen und kann sich in solchen Stimmungen nicht genug tun, auch die Mitschüler zur Bravheit zu mahnen, indem er auf die geplagte Lehrerin hinweist, der man das Leben nicht sauer machen sollte. Zu andern Zeiten wird jede unterrichtlich-sachliche Anordnung als Schikane empfunden, extra und ‚zleid' ausgeklügelt, um ihn, Daniel, zu ärgern. Dann schleudert er im Zorn Drohungen und Anklagen ihr entgegen, schreit mit maßlos lauter Stimme Vorsätze von künftigem Nichtstun und von Racheakten ins Zimmer. Solche Szenen ergeben sich leicht, wenn Daniel in seinem überspannten Geltungsbestreben nicht gebührend — seiner Meinung nach — unterstützt wurde.

Seine Intelligenz an sich bewegt sich in normalen Bahnen. Er vollzieht Denkakte im Gebiete der Vorstellungen und der Begriffe in richtiger Weise. Befund nach *Binet-Terman*: Intelligenzalter: 11; 0; —WirklichesAlter: 11; 6.— Intelligenzquotient: 96 = normale Intelligenz.

Eine derartige Leistung ist im Einzelunterricht und bei guter Affektivitätslage wohl zu erzielen. Im Klassenunterricht und bei irgendwie auch nur leiser Affekttrübung bleiben die Intelligenzleistungen unter dieser Höhe.

Das *häusliche Milieu* bemüht sich um diesen sehr schwerererziehbaren Knaben. In Nahrung, Wohnung und Kleidung leidet er keinen Mangel. Es bestehen auch Erziehungsbemühungen. Man versteht ohne weiteres, daß sie nicht immer mit der gleichen Energie und Konsequenz durchgeführt werden, denn Daniels Art wirkt zermürbend. Als von einer Ferienversorgung die Rede war, sagte die Mutter: „Wir werden Sonntag haben, wenn Daniel nicht daheim ist. Freilich werden wir die Sorge nicht verscheuchen können, wie er wohl am fremden Orte sich aufführt." Schon als kleiner Knabe ist Daniel aufgefallen durch rohe Handlungen. Er konnte Gespielen ohne eigentlichen Grund mit Stöcken traktieren, daß ärztliche Hilfe für sie in Anspruch genommen werden mußte. Die Lehrerin seiner drei ersten Schuljahre bekennt, was sie mit Daniel durchgemacht habe, das wisse nur sie allein. Nach den Erfahrungen dieser $1^1/_2$ Jahre zu urteilen, wird Daniel H. keiner leichten Zukunft entgegen gehen. Da er die Altersgrenze der Bk. erreicht hat, erhebt sich die Frage seiner weiteren Schulung. Laut ärztlichem Zeugnis bedarf er zunächst eines Erholungsaufenthaltes in Berglage. Der Vater hat die Einsicht besessen, den Knaben in die 7. Klasse anzumelden. Sollte sein Verbleiben in einer städtischen Klasse nicht möglich sein, so wäre eine Landversorgung in Betracht zu ziehen. Ich hatte diese zunächst beantragen wollen, stehe aber davon ab, da der Knabe vorerst seinen Kuraufenthalt zu erleben hat und dessen Folgen abzuwarten sind."

Mit Bericht und Antrag einverstanden, ihn nicht durch lange Ausführungen verwässern wollend (die ärztliche Diagnose war ja geklärt), legte der Spezialarzt der Bk. zur Ergänzung sein ausführliches Zeugnis vom *10. II. 1928* an das Kinderfürsorgeamt in Kopie bei mit dem Bemerken, daß der Schüler schon seit einigen Wochen in Kuraufenthalt weile. (*30. III. 1928*). Der Schularzt setzte unterm *31. III. 1928* sein „Eingesehen" darunter, und die Schulpflege verfügte unterm *10. V. 1928*: „Daniel H. wird *versuchsweise* in eine 7. Klasse aufgenommen. Der neue Lehrer wird ersucht, auf Beginn der Sommerferien einen Bericht über den Knaben zu erstatten."

Inzwischen traf am *16. IV. 1928* ein erster *Bericht* über den Knaben *aus Berlingen* ein. Dr. *Gründel* berichtete an das Kinderfürsorgeamt: „Zur Charakterisierung Daniel H.'s teile ich mit, daß es sich bei ihm um einen körperlich normal entwickelten Knaben handelt, bei dem die Nasenatmung etwas behindert ist, so daß er mitunter recht schnaufen und auch nachts durch den Mund atmen muß. Wenn er darüber aufwacht, kann er nicht leicht wieder einschlafen. Im übrigen aber schläft er gut. Eine gewisse Kurzatmigkeit zeigt sich beim Steigen, Laufen und Lastentragen. — Daniel ist ein sehr aufgeregter, unruhiger und schwatzhafter Knabe, dessen Nervosität auch ihre Schatten auf seine geistige Entwicklung wirft. Nicht auf sein praktisches Wissen aus der täglichen Umgebung und Erfahrung, über die er mitunter überraschend gut orientiert ist, sondern auf sein Schulwissen, das sich wohl etwas unter dem Durchschnitt seiner Altersstufe bewegen dürfte. Seine nervöse Hast läßt ihn nur zu flüchtigen Wahrnehmungen und oberflächlicher Auffassung, namentlich im Lesen, in der Rechtschreibung usw. kommen. Bei praktischen Verrichtungen zeigt er Geschicklichkeit, guten Willen, und wenn er allein ist, auch Ausdauer, namentlich, wenn dieselben seinem regen Bewegungstriebe Nahrung bieten.

Allerdings beschäftigt er sich lieber mit anderen als allein. In der Gesellschaft gibt er gern den Ton an und zeigt auch antisoziale Züge. Im Grunde seines Herzens aber gutmütig und auch dem Erzieher gegenüber folgsam und anhänglich."

Am *7. Mai 1928* bringt die Mutter des Knaben die alten Schulbücher der Lehrerin. Die Eltern waren am letzten Sonntag in Berlingen. Es hat ihnen gut gefallen. Sie haben aber beschlossen, Daniel Ende Mai nach Hause zu nehmen. Dr. G. habe ihnen die Nervosität Daniels bestätigt. Daniel sei gut, nur zu gut! Es komme mit ihm schon noch recht. Die Entwicklungsjahre würden vieles ausgleichen. Mit dem Schlafen gehe es jetzt gut. Auch über Mittag ruhe Daniel jetzt. Allerdings, dies hat die Frau Dr. doch gesagt, Streit habe er sehr oft, sobald er mit Buben zusammen sei. Im Garten könne man ihn aber gut haben und brauchen. Auch sein Interesse an den Tieren sei groß. Er habe schon eine ganze Anzahl Teppiche geflochten. Gewachsen sei er und habe 2 kg zugenommen. Er sehe gut aus. Sie sei froh, daß die Aussichten doch nicht so schlimm stünden. Daniel mache sich Sorgen wegen seiner 7. Klasse. Offenbar die Mutter auch. Die Lehrerin anerbietet sich, Daniel nachzuhelfen, wenn es nicht gehen sollte. Die Mutter möge ihm dies nur schreiben, wenn er jammere. Daniel habe übrigens gesagt, nun würden die in seinem früheren Schulhaus sagen, der mit dem großen Maul komme doch nur in die 7. Klasse! (Ich bin auf die weitere Entwicklung D.'s sehr gespannt!) Dr. G. habe gesagt, Daniel brauche wohl Strenge, aber sehr viel Liebe. Die Mutter, so habe ich den Eindruck, ist froh, bei mir über ihren Sohn reden zu können. M. S.

Schlußbericht der Heimleitung (Erziehungsheim Dr. G. in Berlingen): „Hilfsbereit, gutmütig, zutraulich und folgsam, solange er allein ist. Sein allzu reger Geselligkeitstrieb und sein stark affektives, eigenmächtiges Wesen treiben ihn aber öfters zu Zusammenstößen mit seinen Kameraden. Empfindlich, fast überempfindlich gegen Tadel, eingebildeten Zurücksetzungen, unerfüllten Wünschen usw. Die Tränen sitzen ihm locker. Sehr kritisch. Leider läßt er heimlicherweise fremde Sachen mit sich gehen, wenn sie sein besonderes Interesse erregen (Marken, Puppengeschirr). — Die schulischen Leistungen leiden unter seiner Nervosität. Mit den Vorgängen des Lebens weiß er dagegen gut Bescheid und sucht leicht allenthalben zu helfen. Namentlich schwach im mündlichen Rechnen, in Orthographie, Lesen und Gedankenausdrücken, weil seine nervöse Hast und Ablenkbarkeit ihn an der aufmerksamen Verfolgung gegebener Vorstellungen und erst recht an der selbständigen Bildung logischer Assoziationsreihen hindert. — Kurzatmig, sonst körperlich nichts besonderes. Hochgradiger Neurotiker. Jeden Augenblick in Bewegung, muß stets schwatzen, Fragen stellen, die anderen meistern oder anklagen, mit den Händen und Füßen zappeln, singen, pfeifen, Luft durch die Hände ziehen, springen, in nützlicher wie unnützer Weise hantieren usw. — Periodisch rechtsseitig nervöse Kopfschmerzen, die nach dem Geständnis der Eltern von der Mutter stammen. Die Schreckhaftigkeit und das Aufschreien bei Überraschungen, die Furcht vor Hunden und Gewittern, eine leichte Ermüdbarkeit seiner aktiven

Aufmerksamkeit und die weiteren Auswirkungen seiner Nervosität machen Daniel zu einem etwas schwierigen Erziehungsobjekte, auf das besonders demnächst bei der ihm bevorstehenden Entwicklungszeit besondere Sorgfalt wird verwendet werden müssen. Sein Zustand hat sich in letzter Zeit eher etwas verschlimmert. Vielleicht infolge der Hitze oder des Badens. Er darf deshalb schon seit einigen Tagen nicht mehr ins Wasser. Körpergewicht beim Eintritt am *3. III. 1928:* 39,6 kg, beim Austritt am *15. VI. 1928:* 41,5 kg."

In der *7. Klasse* ging es nicht gut. Ende *September 1928* gab der neue Lehrer der Schulpflege seinen Bericht über Daniel ab, der dahin lautete: Daniel störe die Klasse zu sehr, da er sich nicht ruhig und angepaßt verhalten könne. Er zerreiße auch seine Zeichnungen, wenn sie ihn stören. Er halte sich nicht an die Vorkehrungen des Lehrers. Bei Vorhalten ist er immer unschuldig. Die Klasse ist sowieso schwer zu führen. Der Antrag des Lehrers ging dahin, daß Daniel H. aus der Klasse zu entlassen sei.

Die Lehrerin der Bk. äußerte sich auf Wunsch der Schulpflege zu diesem Antrage dahin, daß sie die Beobachtungen des Lehrers nur bestätigen könne. Es sei tatsächlich nicht gut möglich, den Knaben in einer Normalklasse zu halten. Sie beantragte entweder Landversetzung, wie schon im Bericht vom 9. II. 1928, oder man könne den Schüler ja privat unterrichten lassen, oder man setze ihn in eine Anstalt.

Ende Oktober erfahren wir über den Knaben, er befinde sich in einem der städtischen Jugendheime und in privat-nervenärztlicher Behandlung (Psycho-Katharsis).

Am *6. IX. 1928* hatte Frl. Dr. *Sidler* Gelegenheit, mit Daniels Lehrer Rücksprache zu nehmen. Sie berichtet darüber in ihrer anschaulichen Art: „Als ich mich vor dem Garten beim Schulhaus Y-Str. von meinen Schülern verabschiede, kommt ein aufrechter, rüstiger Mensch auf mich zu (graue Haare, lebhafte Augen, humoristisches Wesen) und sagt mir: Ich stelle den Antrag, man soll Daniel H. töten! Er sagt dies natürlich lachend, aber dann höre ich doch schier mich selber über Daniel reden. Seine ungeheure Zappligkeit! Die Hände könne er einfach nicht stillhalten! Er werde von einer Fliege an der Wand beeindruckt, rufe dann etwas in die Klasse, und die ganze Andacht der übrigen sei auch dahin. Letzthin im Turnen hätte er ihn am liebsten genommen und fest in den Boden hineingesetzt, so wütend hätte er ihn gemacht mit seinem ewigen Aus-der-Reihe-Laufen, seinem besonderen Getue. Eine Frau aus der Nachbarschaft von H.'s Wohnung habe sich beklagt, daß Daniel alle kleinen Kinder tyrannisiere. Wehe, wenn eines ihm nichts aufs Wort folge! Ihr kleiner Knabe heule beim Anblick von Daniel. Ihr Mann werde den Bengel bald mal nehmen und ganz jämmerlich abschlagen! Er, der Lehrer, habe abgeraten, da sie ja nur den Kürzeren ziehen werde, denn Daniel sei nicht normal. Dann folgt die Schilderung von einer Szene beim geometrischen Zeichnen, aus der ich Daniel erkenne, wie er leibt und lebt. Im Intellektuellen sei er nicht schlecht; Bruchrechnen verstehe er sogar. Auch wenn man ihn zu Botengängen schicke, so sei er anhänglich. Mit den Kameraden gäbe es häufig Krach. Die Buben ließen sich natürlich Daniels Wesen nicht gefallen. So erhalte er oftmals Prügel von ihnen. Er, der Lehrer, wolle sich noch überlegen, was er der Schulpflege beantragen wird. Lachend sagt er beim Fortgehen: Ich bin für's Töten!"

Eugen M. Geboren 27. VI. 1918.

Am *11. II. 1928* von der Lehrerin zur Überweisung in die Bk. empfohlen mit folgenden Angaben:

Bisherige Schulung: besuchte Kleinkinderschule, nicht zurückgestellt, trat im April 1925 in die Volksschule. Drittklässler. Schulbesuch regelmäßig. — *Schulkenntnisse:* Zahlenbegriffe bis 1000, der Knabe kennt alle Operationen, rechnet aber gern „ungefähr“. Mündlicher Ausdruck: gut. Schriftlicher Ausdruck: mangelhaft, macht viele Fehler, schlechte Schrift und zum großen Teil Flüchtigkeitsfehler. Memorieren: gut. — *Auffallende Eigenschaften* des Schülers: Sehr leicht anzuregen. Lebhaft, unruhig, gelenkig, schwatzhaft, zerfahren, gesellig, reizbar, hier und da zänkisch, frech. „Der Schüler ist sehr gesellig, bekommt aber leicht Streit“, kann sich nicht lange auf einen Gegenstand konzentrieren. Spieltrieb: Der Knabe spielt gerne, d. h. er turnt und spielt gern Ball, ist dabei sehr leidenschaftlich und wild. — Reinlichkeit? Nässen? Lediglich schmutzige Hände und zerknüllte schmutzige Hefte, hat den Abort verschmiert mit Pech. — *Besondere Bemerkungen:* Eugen stört in der Schule beständig durch irgendetwas, er ruft drein, singt plötzlich, hat auch schon gepfiffen, kann nie richtig in der Bank sitzen, hält die Füße auf die Bank oder in den Gang zwischen den Bänken, sitzt selten still, dreht sich um und schaut zum Fenster hinaus, er paßt nur solange auf, als er drankommt, streckt auf und weiß nichts, wenn man ihn dann fragt, sagt dann irgend etwas, rüttelt so in der Bank, daß er die vorderen stört. Als er in der vordersten Bank saß, drehte er sich oft um und schnitt während des Unterrichtes den anderen Grimassen. — Er könnte ganz ordentlich rechnen, rechnet aber selten bei sich selber richtig vor, er überschlägt nur, was es so ungefähr geben könnte. — Im Umgang mit anderen Kindern ist er oft grob, „fuxt“ sie gern, spritzt am Brunnen die Seife umher, um die anderen zu necken usw. — *Zur Überweisung in die Bk.* führen mich *folgende Vorfälle:* Eugens Vater gab dem Schulvorstand eine Herrenuhr ab, Eugen habe sie auf der Spielwiese gefunden. Es stellte sich folgendes heraus. Eugen hatte die Uhr in der Werkstatt Z. weggenommen. Er wußte, wem die Uhr gehörte. Den Eltern sagte er, er habe sie auf der Spielwiese gefunden. Eugen ging dann häufig zu Frau Z. und fragte: Hat Ihr Karl seine Uhr wiedergefunden? Ebenso fragte Eugen den Schulhausvorstand: Hat jetzt schon jemand die Uhr abgeholt? Wenn sie nicht abgeholt wird, bekomme ich sie dann? Der Frau Z. fiel das Fragen auf. Sie erfuhr durch Eugens Mutter von der angeblich gefundenen Uhr und erkundigte sich im Schulhaus. So kam die Sache heraus. Zur Rede gestellt, leugnete Eugen zuerst außergewöhnlich hartnäckig. — Eugen kam zu spät mit einem Sack Konfekt. Während der Stunde fiel ihm das Geld (20 Rp) aus der Tasche. Ich nahm es weg. „Das ist für die Photo, ich muß es sparen für die Schulphotographie“ rief er. Ich schickte durch einen Schüler das Konfekt der Mutter. Am Mittag fehlte Eugen. Er hatte das Geld der Mutter aus dem Portemonnaie genommen und (das erste Mal), als sie ihn strafte (erst als es durch die Schule auskam, daß er Konfekt kaufte, vom Gelddiebstahl merkte die Mutter nichts), ging er durch und verbrachte den Nachmittag auf dem Ütliberg. Eugen leugnet sehr hartnäckig, wenn man ihn nicht überweisen kann, gibt er nichts zu. Er findet immer eine Ausrede. — Eugen stieß einen Viertklässler die Treppe hinunter. Der packte ihn und warf ihn zu Boden. Während der Rauferei riß Eugen dem Buben eine Medaille vom Rock (Wert nicht groß). Er behielt die Medaille und steckte sie an. Zu Hause von der Mutter befragt, log er, er habe sie in der Stadt in einem Laden bekommen. Mittags kam der Viertklässler zu mir. Eugen leugnete zuerst, sagte dann, er habe die Medaille bei sich, suchte überall; er finde sie nicht mehr, sagte endlich, er habe sie zu Hause im Nachttisch versteckt. Ich schickte einen Buben heim. Die Medaille sei nirgends zu finden. Endlich rückte Eugen aus: er habe die Medaille hinter dem Ofen in einem Spalt in der Wand versteckt. — Genau so hat er das Heft eines Mitschülers nach Hause genommen (er sagte aus Versehen, ich glaube eher, um abzuschreiben) und unter der Matratze seines Bettes versteckt. Er sagt, er lüge aus Angst. Es ist ihm bei all diesen Vergehen nie eine Strafe zuteil geworden. Einzig als er den Abort verschmierte, bekam er vom Schulhausvorstand Strafarrest.

Sind die Eltern mit der Versetzung in die Bk. einverstanden? Der Vater hat sich einverstanden erklärt. Er nimmt die Sache etwas leicht. Er sagte mir: Ja, das ist eben ein aufgeweckter, lebhafter Knabe. Die Mutter wird Eugen nicht Meister. — Einer Anstaltsversorgung sind die Eltern ganz abgeneigt, auch einer Beobachtung auf der klinischen Station. Der Vater war auch anfänglich mit der Versetzung in die Bk. nicht einverstanden.

Am *24. IV. 1928* Eintritt in die Bk. Er besuchte hier die 4. Klasse. Die Ereignisse spitzen sich so rasch zu, daß nicht alles notwendige Material für einen ausführlichen Bericht gesammelt werden konnte.

Es ist am *9. VI. 1928*, dem Tage des Austrittes des Knaben aus der Bk., folgendes seitens der Lehrerin auszusagen:

Die Intelligenz erweist sich, geprüft an außerschulischem Stoffe, normal. Die Auffassungsgabe ist rasch, aber ungenau. Für Zahlen ist sein Gedächtnis schlecht, sowohl was das unmittelbare Behalten, wie auch, was die Treue anbelangt. Schon bei den Prüfungssituationen zeigte es sich, daß Eugen vor nichts zurückweicht. Es kommt ihm der Gedanke nicht, er könnte die Lösungen nicht finden. Er greift überall unkritisch zu. Kommt die Lösung nicht recht zustande, dann sagt er leichthin: „Ich chumme halt nüd drus." Von einem Lernenwollen ist nichts zu spüren.— Die Wahrnehmungsfähigkeiten an sich gehören auch einer durchschnittlichen Höhe an. Aber die Leistungen bleiben hinter den Fähigkeiten zurück, immer dann, wenn der Knabe der Aufgabe überdrüssig ist. Dies ist recht häufig der Fall. Einmal darum, weil fast mit reflexartiger Promptheit auf äußere und innere Reize mit Bewegungen reagiert wird, die den Knaben natürlich von der Aufgabe ablenken. Man hat den Eindruck, Eugen handle aus dem Lebensgefühl heraus: „Ich darf alles." Dann, zum anderen, ist sein Aufgabenbewußtsein recht schwach entwickelt. Das fremde Zimmer im psycho-technischen Institut hat ihn in keiner Weise behindert. Selbstverständlich faßt man die Apparate an, selbstverständlich steht man am Fenster nicht still, wie einem geheißen wurde, sondern man geht, da es einen gelüstet, auf den Parquettstreifen spazieren. — Seine Körpergeschicklichkeit ist dem Alter entsprechend. In übermütiger, lustbetonter Art führt er die Übungen aus. Wenn irgendwo, so ließe sich von dieser Seite her wohl eine Erziehung zur Selbstdisziplin anpacken. — Natürlich zeigen die eigentlichen Schulleistungen dasselbe Bild. Er arbeitet in schneller Weise; was einige Mühe erfordert, wird abgelehnt. Eine selbstgefundene, stille Beschäftigung, wie z. B. Zeichnen, gibt es nicht. Bei Aufgaben, die von der Lehrerin nicht begrenzt gestellt werden, will er extra und ausdrücklich wissen, wieviel höchstens zu schreiben ist. Freiwillige Aufgaben sind äußerst selten gelöst worden. Eine selbstgewählte Beschäftigung kommt auf ein Necken der Kameraden heraus. Im Stoffgebiet seiner Klasse kann er wohl folgen, wenn schon seine mündlichen und schriftlichen Schulleistungen den Stempel des Flüchtigen, Unzuverlässigen an sich tragen. Im Verhalten zu den Kameraden zeigt er sich oft als Störenfried. Trotzdem er der jüngste Knabe der Klasse gegenwärtig ist, greift er die größeren und älteren an, am liebsten allerdings aus dem Hinterhalt. Er vermochte bei einem Diebstahl einen Schulgenossen in die Geschichte hineinzuverwickeln. Andererseits haben ihn die Kameraden gerade dieses Diebstahls wegen zur Rechenschaft gezogen. — Zur Lehrerin besteht dasselbe ungescheute Verhältnis wie zu allen anderen Personen. Wie er der Mutter Geld stiehlt, so nimmt er auch vom Tisch der Lehrerin, wenn dort 20 oder 50 Rappen liegen. Er kann anderntags nach langem Sträuben den Diebstahl schriftlich bekennen, aber kurz darauf ihr mit lachendem Munde die Schokolade beschreiben, die er für das genommene Geld gekauft hat. — Aus allen diesen Verhaltungsweisen und aus den Tatsachen der früheren Zeit geht hervor, daß Eugen M. in seiner Trieborganisation an Mängeln leidet, die mit Hemmungslosigkeit zu bezeichnen sind. Seine Gefühle gehen nicht in die Tiefe. Sie schwingen leicht oben auf. Er dürfte vielleicht durch eine konsequente Erziehung zu größerer Angepaßtheit an die landläufige Moral zu bringen sein, zumal, da er Intelligenz genug besitzt, seinen Vorteil zu wahren. Aber das *häusliche Milieu* hat bisher diese Konsequenz nicht besessen. Dem Vater mag der Bub insofern ein Dorn im Auge sein, als dessen Existenz ihn an ungeordnete Verhältnisse erinnert. Er hält ihn in letzter Zeit nach Aussage der Mutter sehr kurz und gönnt ihm oftmals kein Wort. Andererseits beurteilt er des Buben Ungehemmtheit als aufgeweckte Intelligenz. Die Mutter ihrerseits verzärtelt Eugen in ihrer Schwäche. Für sie mag die Existenz das Unterpfand ihres sogenannten Eheglücks gewesen sein. Eugen äußerte sich einmal leichthin, als ich auf sein Gewand aufmerksam machte, das er schonen sollte: „O, d' Muetter wäscht's wieder!" Diesen Eindruck macht die kleine Frau. Sie ist immer bereit, ihrem Buben Ordnung zu schaffen. Bei einer weniger gefährlichen und für die Zukunft nicht Unheil versprechenden Art des Buben mag diese opferbereite Liebesschwäche ja hingehen. Für Eugens Art ist sie Gift. Wir berieten deshalb die Eltern, sie möchten freiwillig in eine Anstaltsversorgung einwilligen. Sie suchten im Einverständnis mit ihrem katholischen Priester, der Religionslehrer von Eugen ist, die Anstalt W. Was aber die verantwortungslose Art der Eltern typisch zeigt, ist die Tatsache, daß Eugen vom Vater aus der Klasse abgemeldet wurde ohne Angabe des künftigen Aufenthaltsortes. Es konnte erst durch einen Hausbesuch erfahren werden, daß man am *10. VI.* vorerst mit Eugen zu den Verwandten nach Deutschland gehe, bei denen Eugen als kleines Kind gelebt hatte. Vielleicht lasse man ihn dort, vielleicht bringe man ihn wieder zurück. So ist denn Eugen nicht nur in einem für ihn ungünstigen Milieu aufgewachsen, er trägt zudem die Last eines Erbes mit sich, eine Last, welche ihm wohl zu schaffen machen wird.

Der Arzt der Bk. fügte diesem Berichte, gestützt auf die Schulbeobachtungen, eigene Untersuchungen des Schülers und mehrere Besprechungen mit den Eltern, folgendes hinzu:

Aus den mir erst nach und nach zugänglich gewordenen Angaben über die erbliche Belastung (zur Aufnahmeuntersuchung erschienen, ein ungewohntes Bild, beide Eltern, der Vater, wie sich nachher zeigte, gewissermaßen zur Kontrolle darüber, daß die Mutter nicht aus der Schule schwätze) sei angeführt, daß beim Großvater väterlicherseits Trunksucht als wahrscheinlich angenommen werden kann. Ein Großvatersbrudersohn hat in finanzieller Bedrängnis (wie gesagt wird) Hand an sich gelegt. Ein Vatersbrudersohn hat im Schulalter angefangen zu stehlen und ist in einen arbeitsscheuen Lebenswandel hineingekommen. Er mußte in jungen Jahren verwahrt werden. Der Vater Eugens war in erster Ehe mit einer Französin verheiratet, kehrte 1924 zum aktiven Dienst in die Schweiz zurück. Die Frau mit zwei Kindern blieb in Frankreich, wollte nicht in die Schweiz ziehen. Scheidung. — Eugen wurde vorehelich geboren. Zu Beginn der zweiten Ehe war das Einvernehmen der Eltern nicht das Beste. Der Mann war grob zur Frau, nahm es auch mit der ehelichen Treue nicht genau. Das hat sich erst mit der Geburt eines Mädchens (1925) gebessert, nicht nur aus inneren Gründen affektiver Bindung, sondern wahrscheinlicher, weil der Vater waisenamtlich verwarnt worden war. Die Mutter hängt an ihrem ersten Kind in verzärtelnder, schwacher Art, während der Vater sich des Knaben nie viel angenommen hat. Diese kurzen Hinweise mögen genügen, um das erziehlich ungünstige, äußerlich jedoch geordnete häusliche Milieu zu charakterisieren. — Geburt und körperliche Entwicklung des Knaben verliefen im ganzen ungestört. Eugen wuchs bis zum 4. Jahre bei seinen Großeltern mütterlicherseits im Bayerischen auf und soll bis zum 5. Jahre Bettnässer gewesen sein. Auch jetzt näßt er noch hier und da. Aufgefallen ist er sehr früh durch seinen unruhigen Schlaf, seine Unruhe und Lebhaftigkeit, seine Ungebundenheit. Mit vier Jahren kam er zu seinen Eltern nach Zürich. Der Vater hebt zur Begründung seiner etwas lieblosen Stellung zu Eugen hervor, daß Eugen schon als klein keine Anhänglichkeit, wie sie z. B. das jetzt dreijährige Schwesterchen zeige, gehabt habe. Die Mutter habe ihm im Vorschulalter und in den ersten Schuljahren allzuviel durchgehen lassen. Die Mutter berichtet ihrerseits, wie Eugen der kindliche Spieltrieb gefehlt habe, er konnte sich allein nie verspielen. Auch den Eltern fiel sehr bald auf, wie gern Eugen andere Kinder neckt, stupft, plagt. Jetzt folgt er der Mutter gar nicht, dem Vater, wenn er ihn abklopft. Aber das nütze nichts: im Augenblick darauf „vergesse" sich Eugen wieder. In der Schule störte er durch seine motorische Unruhe und seine antisozialen Handlungen (Stehlen, hartnäckiges Lügen). Auch die Eltern klagten seit einem Jahre über sein Lügen, seinen Eigensinn, seine Unfolgsamkeit. Über sein Verhalten in der Bk. gibt der prägnante, den Schüler vorzüglich schildernde Bericht der Lehrerin Auskunft. Nachdem auch in der Sonderklasse antisoziale Handlungen vorgekommen waren und wir das erzieherisch ungünstige und unfähige Milieu näher kennengelernt hatten, zögerten wir nicht, den Eltern in diesem Falle sofortige Anstaltsbehandlung anzuraten. Wir dachten den Schüler durch die Fürsorgeabteilung in einer gutgeleiteten katholischen Erziehungsanstalt unterbringen zu können, und der Vater versprach auch, sich mit der Fürsorgeabteilung in Verbindung zu setzen. Von einem vorgängigen Ferienaufenthalt bei den Verwandten in Deutschland riet ich beiden Eltern, jedem einzeln, dringend ab. Die Frau schob den Plan dazu auf den Vater, dieser auf die Mutter, aber ... bald darauf erfolgte die Abmeldung des Schülers aus der Schule, und erst durch einen neuerlichen Hausbesuch konnte die Lehrerin erfahren, daß nach dem Willen des Vaters die ganze Familie vorerst nach Deutschland in die Ferien geht. Was mit dem Schüler weiter geschieht, ist uns unbekannt und vorläufig ungewiß. Es handelt sich also um einen erethischen, hemmungsarmen, wenn nicht hemmingslosen, schwer erziehbaren Knaben, bei dem sich früh ein Fehlen von Anhänglichkeit manifestierte, der sich, bei zugegeben verzärtelnder Erziehung von seiten der Mutter, frühzeitig dem elterlichen Einfluß entzieht, im Verkehr mit anderen Kindern durch seine Neck- und Plagsucht störend wirkt, seit einem Jahre lügt und stiehlt und dabei, wie die Untersuchung zeigt, gefühlsmäßig jeder Empfindung für das Unzulässige seiner Handlungen bar ist. Seine bisherige Entwicklung mit den obenerwähnten Zügen legt es nahe, daß Eugen M. zu den schwer-, wenn nicht schon unerziehbaren Psychopathieformen zu zählen ist, die man angefangen hat, die Gemütslosen und Gemütsarmen zu bezeichnen. In dieser Richtung geht auch teilweise die erbliche Belastung (Vatersvetter). Erziehungsversuch in einer gut geleiteten Anstalt ist angesichts des geschilderten häuslich und erziehlich unzulänglichen Milieus und der verantwortungslosen Art der Eltern, besonders des Vaters, die Ratschläge wohl verbindlich entgegennehmen, aber dann doch machen, was sie wollen, dringend geraten. Ich möchte beantragen, falls der Knabe in die Schweiz zurückkommt, daß seine Versorgung von der Schulbehörde aus via Fürsorgeabteilung in die Wege geleitet wird (*23. VII. 1928*).

Die Schulpflege verfügte in diesem Sinne unterm *10. VIII. 1928*.

Besuch der Lehrerin bei Familie M. am 9. VII. 1928: Von den Buben habe ich gehört, daß Eugen M. um den *27. VI.* herum wieder hier war. Um vor den Ferien auch diese Sache klarzustellen, fragte ich nach, wo Eugen jetzt sei. Es waren zu Hause: Mann, Frau und Töchterchen. Der Mann elegant, mit einer roten Nelke im Mund. Die Frau im Putzgewand, die Stube herunterwaschend. Das kleine Mädchen weinend. Ja, Eugen sei nun in der Anstalt W. (Und dann geht ein „Gerühme" der Anstalt an, das in starkem Gegensatz steht zu den Worten, die ein zuständiger Fürsorgebeamter am gleichen Tage über dieselbe Anstalt sagt. Dort sei Ordnung! Man solle nur sehen, wie die Schwestern die Kinder dort in

Zucht haben! Eugen habe schon am ersten Tage der einen aufs Wort gefolgt! Und die Schlafsäle! Die seien schön in Ordnung! 70 Buben! Die müßten ihre Betten selber machen. Eugen helfe vorderhand in der Küche. Auf's Land hinaus dürfe er noch nicht. Er sei dort in der 5. Klasse. Der Vater sagt, er habe die Versorgung bis zur Sekundarschule (also für etwa drei Jahre) bewilligt. Wenn er schon die Kosten trage müsse, dann wollte er sich nicht vorschreiben lassen, in welche Anstalt Eugen zu tun sei. Von der ihm vom Arzt empfohlenen habe er keinen guten Bericht bekommen; hingegen haben die Geistlichen die Anstalt W. sehr empfohlen. (Sie ist die billigste!)

Ich frage nach dem Aufenthalt in Deutschland. Ja, der Bub sei dort in die Schule gegangen. Er habe die Schulbücher kaufen müssen, aber er, der Vater, habe dies doch getan. Allerdings hätte man Eugen dort nicht lassen können. Der Bub habe sich um keinen Befehl der Verwandten gekümmert, er sei einfach immer fort gewesen. Man habe ihn fast nicht ins Haus bringen können. Auch sei bloß am Vormittag Schule gewesen. (Die Schwestern in W. haben übrigens schon gesagt, es handle sich bei Eugen um ein intelligentes Kind, das ein gutes Herz habe. Die Eltern dürfen ihn erst im September wieder besuchen. M. S.)

Bericht der Anstalt mit Absicht bis heute noch nicht eingeholt. Der Fall wird im Auge behalten.

Psychopathische Schüler in höheren Schulen.

Von

Dr. **Theodor Heller**, Wien-Grinzing.

Die Mittelschulen (höheren Schulen) haben bisher kein näheres Verhältnis zur Heilpädagogik gewonnen. Dies erscheint auf den ersten Blick begreiflich, denn zum Unterschied von den Grundschulen, die Pflichtschulen sind, und allen Kindern, auch den schwachen und zurückgebliebenen, Rechnung tragen müssen, sind die Mittelschulen (höheren Schulen) Ausleseschulen, für die nur Schüler von mindestens durchschnittlicher Begabung in Betracht kommen. Man sollte glauben, daß es durchaus in der Machtsphäre der höheren Schulen gelegen sei, die für das Studium an höheren Schulen nicht Geeigneten zurückzuweisen oder zeitgerecht auszuschalten. Bei näherem Zusehen zeigt es sich aber, daß dies keineswegs zutrifft. Zwei Kategorien von Schülern beschweren die höheren Schulen: Die Schwachbefähigten, oder, wie ich sie in Rücksicht auf die besonderen Verhältnisse der höheren Schulen eher bezeichnen möchte, die Unterbefähigten und die Psychopathen. Eine strenge Scheidung dieser beiden Kategorien ist nicht möglich. Es gibt Schwachsinnige mit so zahlreichen und so deutlichen psychopathischen Zügen, daß es nur Auffassungssache ist, ob man derartige Fälle als Debile oder als intellektuell minderwertige Psychopathen gelten lassen will. Das Problem, wie es denn möglich wäre, das Eindringen Unterbefähigter in die höheren Schulen zu verhüten, ist vielfach und mit großem Ernst behandelt worden. Eine endgültige Lösung ist bisher nicht gefunden. Ich verweise hinsichtlich der hier bestehenden Schwierigkeiten auf den Vortrag: „Probleme der Schülerauslese“ von Professor William *Stern*, der auch dieser Frage näher tritt. Unterbefähigte sind in den höheren Schulen schwerer und schwerster Überbürdung ausgesetzt. Ich habe schon im Jahre 1904 dargelegt, wie sich unter dem Druck von Anforderungen, denen die Unterbegabten nicht gewachsen sind, ernste nervöse Störungen ergeben können, die sich auch dann nicht völlig ausgleichen, wenn das ungeeignete Schulverhältnis aufhört. Oft ist das Gefühl der Minderwertigkeit, des Unvermögens, das einzige, was die betreffenden Kinder oder Jugendlichen aus ihrer verunglückten Mittelschulzeit ins Leben mitnehmen. In vielen Fällen leidet der ausgeschulte Unterbegabte zeitlebens an der Sehnsucht nach Zielen, die ihm nunmehr unerreichbar bleiben, er fühlt sich deklassiert, in einer andern, seinen Kräften vielleicht weit eher angemessenen Berufswidmung unglücklich und unzufrieden und versagt auch hier, weil ihm das neue Ziel nicht erstrebenswert erscheint. So ist der Zusammenbruch mancher Existenz, mancher verunglückte Lebenslauf im Grunde zurückzuführen auf die unverwindbare schwere Enttäuschung, die das Kind beim ersten Aufstiegversuch erlitten hatte.

Aber auch in Fällen, in denen Unterbegabte mit Mühe und Not, als Repetenten und Nachzügler, bei beständiger Nachhilfe die höhere Schule schließlich als Leidensweg schlimmster Art zurücklegen, erlebt man häufig schwerste Enttäuschung, da eine Auswertung des so mühsam errungenen Erfolges unmöglich erscheint. Die jungen Leute haben in dem Existenzkampf, der ihnen aufgenötigt wurde, ihre Kräfte verbraucht, sie sind gleichsam vorzeitig invalid geworden und wir sehen oft, daß derartige Minderbegabte später im Leben versagen und immer tiefer, manchmal bis zur Verwahrlosung herabsinken. So bringt das Verbleiben in den höheren Schulen Unterbefähigten keinen Segen. Man könnte ihnen keinen besseren Dienst erweisen, als sie so früh als möglich auszuschulen. Dies scheitert aber vielfach an den Prätensionen der Eltern, die das Mittelschulverhältnis zumeist aus sozialen Rücksichten aufrecht zu erhalten suchen.

Allerdings muß man sich davor hüten, nach Mißerfolgen in der ersten Schulzeit vorzeitig den Stab über einen Schüler zu brechen. Es gibt Kinder, die unreif zur Schule kommen, noch ganz und gar im Spielalter stecken und den Ernst nicht aufbringen können, der die Voraussetzung zu jeder pflichtgemäßen Arbeit ist. Diese Infantilen wachsen aber oft später durchaus in das Pflichtenverhältnis der höheren Schule hinein und haben dann gute, selbst vorzügliche Leistungen aufzuweisen. Solche Fälle von Spätreife sind jedem erfahrenen Mittelschullehrer hinlänglich bekannt.

Bei anderen Kindern sind anfängliche Mißerfolge darauf zurückzuführen, daß sie der Technik und Ökonomie des Lernens zunächst fremd gegenüberstehen. Hier kann ein pädagogischen Prinzipien entsprechender Nachhilfeunterricht in oft kurzer Zeit die richtige Einstellung des Schülers seinen Aufgaben gegenüber herbeiführen. Auch ein Lernen unter Aufsicht genügt nicht selten, um die Anfangsschwierigkeiten zu überwinden. In allen diesen Fällen tritt aber die intellektuelle Unversehrtheit eines Kindes so deutlich in Erscheinung, daß es — besonders bei der gegenwärtigen psychologischen und pädagogischen Ausbildung der Lehrer — kaum zu befürchten ist, daß sonst fähige und nur den formalen Seiten des Unterrichtes noch nicht gewachsene Schüler von der Abschulung zu Unrecht betroffen werden.

Wenden wir uns nunmehr den Psychopathen zu. Viele derselben, auch solche von normaler und sogar von überragender Intelligenz, finden sich in den höheren Schulen nicht zurecht, weil ihnen die Fähigkeit zur Einordnung und Anpassung fehlt. Der Trieb, sich ihrer Konstitution entsprechend auszuleben, bringt sie nicht selten in Konflikt mit der Schulordnung und mit den Forderungen der Lehrer. Unter den schwierigen Schülern, die in ihrem Fortgang und in ihrem sittlichen Verhalten viel zu wünschen übriglassen und den Lehrern manches schwere pädagogische Problem aufgeben, befinden sich der Mehrzahl nach Psychopathen. Sie leiden in und an der Schule, ihnen erscheint die Notwendigkeit, hier auszuharren, als harter Zwang, dem sie sich nur darum fügen, weil sie doch der Vorteile, die die Absolvierung höherer Schulen bietet, nicht verlustig gehen wollen. Aber sie finden kein inneres Verhältnis zur Schule. Nur selten verschafft ihnen das, was in der Schule gelehrt wird, volle Befriedigung. Manche derartige Schüler eignen sich durch Privatlektüre und privates Studium, das neben der aufs äußerste eingeschränkten Arbeit für die Schule betrieben wird, ein erstaunlich reiches Wissen an, das oft geradezu ins Spezialistentum übergeht. Aber selbst in dem Gegenstand, dem ihr spezielles Interesse und ihre spezielle Arbeit zugewendet sind, erscheinen die Leistungen, soweit sie schulmäßige Anforderungen betreffen, kaum mehr als durchschnittlich. Ein psychopathischer Schüler, der angeregt durch *Gobineaus* Werk „Renaissance" diesem Zeitalter ernstes Spezialstudium widmete, bestand in Geschichte stets nur eben genügend.

Wir finden bei den Psychopathen alle Übergänge von einem wenn auch losen Verbundensein mit der Schule bis zur völligen Gleichgültigkeit gegen diese, die nicht selten darüber hinaus bis zur Haßeinstellung ausartet. Im letzteren Falle erscheint die Schule als feindliche Macht, die das, was der Psychopath als seine eigentliche, berechtigte Eigenart zu erkennen glaubt, beeinträchtigt und zerstört. In den meisten Fällen kommt die Haßeinstellung dadurch zustande, daß alle inneren Konflikte, die innere Zerrissenheit, die Unzufriedenheit mit sich selbst nach außen projiziert und auf die Schule und ihre Lehrer übertragen werden. Dies bezieht sich auch auf manche Einrichtungen des Schulbetriebes. Angstgefühle, die ihrer wahren Natur nach als neuropathische Symptome zu betrachten sind, treten bei vielen Psychopathen auf. Derartige freisteigende Affekte drängen geradezu zwangsmäßig zur Objektivierung. Ereignisse des Schullebens, die schon durch ihre häufige Wiederkehr und durch ihr Verknüpftsein mit der Methodik des Unterrichtes alle Schärfe verloren haben müßten, werden auf dem Wege der Übertragung für diese unangenehmen, quälenden inneren Erlebnisse verantwortlich gemacht: Es sind dies namentlich die schriftlichen Schularbeiten und die mündlichen Prüfungen. Aber abgesehen von diesen Anlässen, die sicherlich die starke Affektbesetzung kaum rechtfertigen, genügen bei Psychopathen nebensächliche und geringfügige Vorkommnisse des Schullebens, an denen andere achtlos vorübergehen, um das Verhältnis zur Schule immer weiter zu verschlechtern. Hier ist es namentlich das Gefühl, von den Mitschülern mißachtet, von den Lehrern geringgeschätzt zu werden, das die Psychopathen aufwühlt und ihnen immer wieder neue Motive zum Haß gegen die Schule erbringt.

Es gibt keine psychopathische Konstitution, bei der diese Eigentümlichkeiten mehr hervortreten als bei der Psychasthenie, deren Wesen in dem Unvermögen besteht, Unlustgefühle zu überwinden. Der glückliche Leichtsinn normaler Kinder ist solchen Psychopathen fremd. Jedes unangenehme Erleben, das von anderen Kindern alsbald überwunden und vergessen wird, läßt bei ihnen ein Unlustresiduum zurück. Lustgefühle müssen hier eine besondere Höhe erlangen, um sich überhaupt geltend zu machen. Zur Zeit der Pubertät steigern sich alle diese Beeinträchtigungen bis zur Unerträglichkeit. Ich habe im Jahre 1907 diese Vorgänge als psychasthenische Krisen des Näheren beschrieben. In sehr vielen Fällen versagen dann alle sittlichen Hemmungen, es tritt ein Zustand schwerer Amoral ein. Sexuelle Ausschweifungen, Alkoholexzesse, Mißbrauch von Kokain und anderen narkotischen Mitteln kommen vor, ziel- und planloses Herumstreifen ist nicht selten. Besonders nahe liegt dem Psychastheniker der Selbstmord. *Alois Pick* hat darauf hingewiesen, daß eine große Zahl von Selbstmorden Jugendlicher auf psychasthenischer Grundlage erfolgt, was ich aus eigener Beobachtung bestätigen kann.

Nicht immer sind es so krasse Bilder, die wir vom Lebenslauf der Psychastheniker empfangen. Seelisch feiner Organisierte suchen Zuflucht in Genüssen höherer Art, und es ergibt sich dann oft ein schwärmerisches Verhältnis zur Musik, zum Theater, zur Literatur. In ihrer Überspannung sind aber auch diese an und für sich zu billigenden Vorlieben der Einstellung zur Schule nicht günstig.

In der Pubertät empfangen viele Psychopathen erst ihre eigentliche Eichung und Prägung. Die vorher undifferenzierte Psychopathie, die sich als schwere Erziehbarkeit zu erkennen gab, bekommt in der Pubertät ihre besondere Struktur, ihr besonderes Gefüge und verleiht dem Psychopathen dann seine seelische Eigenart, die später wohl kaum wesentlichen Abänderungen zugänglich ist. Während man einerseits allem pädagogischen Pessimismus entgegen behaupten kann, daß erziehliche Einflüsse auf psychopathische Kinder von größter Wichtigkeit sind und insbesondere asoziale und antisoziale Tendenzen beseitigen oder doch mildern können, erscheint andererseits die Erziehungsfähigkeit von Psychopathen jenseits des Pubertätsalters sehr beschränkt. In den ersten Jahren, die das psychopathische Kind in den höheren Schulen verbringt, könnte vielfach eine erziehliche Behandlung einsetzen, die das spätere Schicksal des Psychopathen entscheidend zu beeinflussen imstande ist. Niemals sollte unter der Überfülle unterrichtlicher Anforderungen die persönliche Einwirkung auf das psychopathische Kind außer acht gelassen werden. Der Lehrer an höheren Schulen hätte kraft seiner Autorität vielfach Gelegenheit hierzu. Daß solche Möglichkeiten oft ungenützt vorübergehen, ist im Interesse der betreffenden Kinder sehr zu beklagen. Auch Lehrer an höheren Schulen hätten ein besonderes Interesse daran, sich mit der Psychopathologie des Kindes und des Jugendlichen und mit ihrem praktischen Anwendungsgebiet, der Heilpädagogik, vertraut zu machen. Insolange dies nicht der Fall ist, werden immer wieder Fälle vorkommen, in denen Lehrer an höheren Schulen Symptome der Psychopathie verkennen und Disziplinarmittel dort in Anwendung bringen, wo heilende Fürsorge vonnöten wäre. Erschwert wird in den höheren Schulen die erziehliche Einwirkung auf den jungen Psychopathen auch durch die Mehrheit der Lehrpersonen, die auf ihn während der Schulzeit Einfluß gewinnen. Einen Ausweg bietet hier die Bestellung des *psychologischen Beraters* (Stern), der nach sachverständiger Prüfung des auffälligen Schülers dem Lehrkörper Vorschläge über dessen richtige Behandlung zu machen hätte. Seine Einflußsphäre würde sich vielfach auch auf das Elternhaus erstrecken lassen, dem es in nicht wenigen Fällen an der richtigen Einsicht in die wahre Natur der Schwierigkeiten fehlt, die das Kind oder der Jugendliche daheim bereitet. Über weitere Vorschläge zu sprechen, die hinsichtlich der Versorgung und Behandlung psychopathischer Mittelschüler zu machen wären, fehlt es an Zeit. Ich möchte in dieserHinsicht auf den Vortrag hinweisen, den ich auf dem III. Kongreß für Heilpädagogik gehalten habe und auf die vortrefflichen Ausführungen Professor *Homburgers* in seinem Düsseldorfer Vortrag über Fürsorge für psychopathische Kinder und Jugendliche aus dem gebildeten Mittelstand.

Heime für psychopathische Kinder. (Kommunale Einrichtungen zur Betreuung psychopathischer Kinder.)

Von

Stadtmedizinalrat Dr. **W. Fürstenheim**, Frankfurt a. M.

Das Leid, dessen Linderung unsere Darlegungen und Aussprachen vorbereiten wollen, ist nicht an die Nation gebunden, aber in der Form seiner Bekämpfung könnte die nationale Eigenart vielleicht unterscheidend hervortreten. Überblickt man jedoch, welcherlei Bestrebungen sich denn nun tatsächlich auf unserem Gebiet in den verschiedenen Kulturländern geltend machen, so zeigt sich die weitgehenste Übereinstimmung; die Unterschiede sind im wesentlichen von zweierlei Art: solche des Zeitpunktes und der Reihenfolge, in der die einzelnen Teilglieder des Gesamtsystems dieses Fürsorgegebietes hervortreten, oft deutlich abhängig von Art, Einstellung und Lebenserfahrung einzelner führender Persönlichkeiten; sodann Unterschiede politisch-wirtschaftlicher Volksart, die es mit sich bringen, daß in dem einen Lande als öffentliche Angelegenheit, vielleicht gar als pflichtmäßige Staatsaufgabe empfunden wird, was in einem anderen vorläufig oder auch grundsätzlich privater Unternehmungslust und Opferfreudigkeit vorbehalten bleibt. Ob nicht auch diese Verschiedenheiten schließlich nur vorübergehender Art sind und mit dem Ausbau der Gefährdetenfürsorge im weitesten Sinne zu einer *volksnotwendigen Selbstschutzeinrichtung* auch noch verschwinden werden, mag hier dahingestellt bleiben; vorläufig sind sie noch vorhanden. Sie sollen denn auch in diesem Referate insofern berücksichtigt werden, als dem von der Konferenzleitung formulierten Doppelthema entsprechend zunächst ein Teilgebiet der Gesamtfürsorge behandelt wird, das die verehrlichen Vertreter unserer Schwesternationen noch offen gelassen haben, und auf dem wir in Deutschland bereits über die ersten Erfahrungen verfügen, die Heime für *psychopathische Kinder*, weiterhin aber soll gezeigt werden, wie sich diese Heime, aber auch die übrigen sich um sie gruppierenden Fürsorgeeinrichtungen für die psychopathische Jugend in den Rahmen unserer deutschen öffentlichen, vor allem kommunalen Fürsorge einfügen.

I. Heime für psychopathische Kinder.

Während bisher die offenen und halboffenen Fürsorgeeinrichtungen für psychopathische Kinder behandelt wurden, Sonderschulen, Sonderhorte, denen man noch die heilpädagogischen Kindergärten wie den am Pestalozzi-Fröbelhaus in Berlin anfügen könnte, ebenso heilpädagogische Sichtungs- und Beratungsstellen (Frankfurt a. M., Heidelberg, Wien), betreten wir nunmehr mit der Erörterung der Vollheime das Gebiet der *geschlossenen* Psychopathenfürsorge. Freilich läßt sich von Geschlossenheit im strengen Sinne nur sprechen, wenn das Heim die Kinder nicht nur tags und nachts beherbergt, sondern, wenn bei Heimen für Kinder im Schulalter, in Deutschland also bis zum vollendeten 14. Lebensjahre, auch die Schule, bei Jugendlichen die Lehr- und Beschäftigungsstätte im Hause ist. Nur bei Geschlossenheit in diesem Sinne läßt sich jener radikale Umgebungswechsel, jene vollständige Umgebungskontrolle durchführen, wie sie für das vollständige Verständnis und für die tiefstgreifende Umgestaltung des Seelengefüges vieler psychopathischer Kinder unerläßlich ist. Hier liegt der entscheidende Unterschied der Heimfürsorge gegenüber allen offenen und halboffenen Fürsorgemaßnahmen.

Das vollständige Verständnis ist nur dann erfahrungsmäßig gesichert, wenn das Kind in all seinen Beziehungen zur Umwelt und zu allen Tages- und Nachtzeiten tatsächlich beobachtet ist und zwar für längere Zeit. Fast alle Menschen und erst recht unsere psycholabilen Schützlinge geben sich ganz verschieden, je nach der persönlichen und dinglichen jeweiligen Umgebung. Es ist nicht nur so, daß wir nicht wissen, was sie auf den Schulwegen treiben, wenn wir sie nur in der Sonderschule beobachten können, was sich daheim in der elterlichen Wohnung abspielt, wenn sie zwar nachmittags nach der Schule im Hort sind, aber abends immer wieder heimgehen. Sondern viel bedeutsamer noch ist die immer wieder sich bestätigende Beobachtung, daß die Kinder sich viel leichter fortgesetzt verstellen können, wenn sie nur einen Teil des Tages beobachtet werden und dann wenigstens stundenweise „ungezwungen", d. h. ohne sich zu verstellen oder zusammenzunehmen sich in jenen Formen bewegen können, die vom psychotherapeutisch-heilpädagogischen Standpunkte zu bekämpfen sind. So wird durch unvollständigen Umgebungswechsel nicht nur die Erkenntnis des Kindes, sondern auch seine Besserung, seine seelische Umwandlung hintangehalten. Umgekehrt wirkt ein vollständiger Umgebungswechsel oft so radikal umgestaltend auf ein Kind ein, wie man es sich gar nicht vorstellen kann, wenn man es nicht immer wieder zu seinem Staunen erlebt hat; und zwar tritt diese Wirkung um so sicherer ein, je schlagartiger der Wechsel erfolgt.

Man sieht deutlich, wie schädlich es z. B. wirkt, wenn die Mutter sich bei der Einlieferung nicht auf einmal von ihrem Liebling trennen kann, wenn sie immer wieder zum Abschied nehmen kommt, um so durch allmähliche Gewöhnung den Abschied sich und dem Kinde leichter zu machen. Diese Zeit ist für die Erziehung meist völlig verloren, das Kind schleppt gleichsam einen Teil seiner bisherigen Umwelt noch mit sich und wird dadurch in der ihm gewohnten seelischen Situation und

Verfassung festgehalten. Nur bei schlagartiger Loslösung, von der nur in ganz besonderen Ausnahmefällen abzuweichen ist, kommt die Wirksamkeit des radikalen Umgebungswechsels voll zur Geltung. Das Kind wird unsicher; es ist genötigt, sich an neue Personen, neue Sacheindrücke zu gewöhnen. Diese Unsicherheit steigert die Empfänglichkeit, die Aufnahmebereitschaft des Kindes für alle positiven Einwirkungen der neuen Umgebung, Anordnungen, Mahnungen, Aussprachen oder gar durch Einschläferung unterstützte Suggestionen, deren erste Erfolge dann durch die Neugestaltung des Tageslaufs zu festen Gewohnheiten werden können.

Diese Beobachtungen stellen kein wissenschaftliches Neuland dar, sie sind vielmehr schon wiederholt beschrieben worden, z. B. als „Impressionabilität des Kindes unter dem Einfluß des Milieus" von dem Berliner Kinderarzt Baginski auf dem ersten Deutschen Kongreß für Kinderforschung Berlin 1906. Sie sind hier nur gleich einleitend so stark hervorgehoben worden, nicht nur, weil sie den pädagogischen, wie den ärztlichen Psychologen immer wieder über die Flüchtigkeit vieler seelischer Erscheinungen belehren, wie sie uns in der freien Beobachtung oder auch im Laboratorium entgegentreten, sondern vor allem, weil nur von hier aus die Bedeutung der vollständigen *Erkennung und Loslösung, der vollständigen Beeinflussung und Wandlung* des Kindes verständlich wird, durch die sich die Versetzung in ein Heim, ein geschlossenes Heim, von allen übrigen milderen Fürsorgemaßnahmen unterscheidet.

Aus diesem eigentlichen Sinn, dieser entscheidenden Eigentümlichkeit der Maßnahme läßt sich sogleich auch ihr Zuständigkeitsgebiet, ihre Indikation ableiten. Angezeigt und zwar dringend notwendig ist die Versetzung ins Heim, wenn die seelisch-nervösen mehr krankhaften oder auch mehr gesellschaftswidrigen Erscheinungen, die es zu bekämpfen gilt, als mittelbare oder gar unmittelbare Reaktionen auf ein bestimmtes Milieu erkennbar sind, dessen Änderung darum unerläßlich und nur durch Versetzung in ein geschlossenes Heim zu erreichen ist. Ohne sich hier in vom eigentlichen Thema abseits führende Einzelheiten zu verlieren, sei hierüber nur so viel gesagt, daß erst jahrelange innige Zusammenarbeit mit den fachlich geschulten Organen einer hochentwickelten Jugendfürsorge den überaus bedeutsamen Anteil äußerer Umstände, Schicksale, Erlebnisse für das Zustandekommen aller Arten seelischer Abwegigkeit erkennen läßt. Hier sind in erster Linie die aktuellen, noch bei der Untersuchung des Kindes vorhandenen Schädlichkeiten gemeint, nicht etwa die schon weiter zurückliegenden, womöglich erst im Untersuchungsgespräch aufdeckbaren. Diese aktuellen äußeren Schädlichkeiten können zwar auch einmal in der Schule liegen, wenn das Kind etwa einen zu weichen oder, was auch vorkommen soll, einen zu herben, der Art des Kindes nicht recht entsprechenden Lehrer hat, allenfalls kann sich auch das Zusammentreffen mit ungünstig einwirkenden Kameraden nachmittags im Hort als solche äußere Schädlichkeit erweisen; bei weitem am häufigsten aber liegen die Umweltschädlichkeiten im Elternhause selbst, sei es, daß es sich um absolute Schädlichkeiten handelt, die keinem Kinde bekommen würden, wie rohe Mißhandlung, Hunger, ungenügende Nachtruhe, Unsauberkeit, sei es, daß es sich um relative Erziehungsschädlichkeiten handelt, Erziehungsbedingungen also, die nur der Eigenart eines bestimmten psychopathischen Kindes abträglich sind, z. B. dauerndes Herumerziehen bei sog. obzessiver Veranlagung, bei der das Kind schon ohnehin zu Zwängen neigt, und, wenn dann noch beständiges Zurechtweisen, das sog. Nörgeln der gleichsinnig veranlagten Mutter hinzukommt, geradezu mit Tic's von Abwehrcharakter zu reagieren beginnt.

Aber mit diesen im Elternhaus wurzelnden Schädlichkeiten ist erst ein Indikationsgebiet getroffen; man könnte diese Schädlichkeitsgruppe allenfalls auch vermeiden, wenn man das Kind in eine Pflegefamilie brächte oder in ein gewöhnliches anderes Kinderheim, ein Waisenhaus oder dgl., von wo aus es dann eine gewöhnliche Volksschule weiter besuchen könnte. In vielen Fällen wird das allerdings ausreichen, nicht aber in solchen, in denen die genannten Erziehungsschäden sich auf dem Boden einer echten, in der Körperlichkeit des Kindes wurzelnden psychopathischen Veranlagung entwickeln, zu deren tieferem Verständnis und kunstgerechter, erfolgreicher Behandlung heilpädagogische Vorbildung und Erfahrung gehört. Wollten wir den Rahmen dieser rein formalen Begriffsbestimmung mit lebendigem Inhalt füllen, d. h. im einzelnen eine Abgrenzung der Typen versuchen, die allenfalls noch in gewöhnlichen Kinderheimen unterkommen können, gegenüber denen, die unter allen Umständen in ein Psychopathenheim gehören, so würden wir die Grenzen unseres Vortrages sprengen und etwa einen Sprung in das Gebiet machen müssen, das auf dieser Konferenz Herrn Kollegen Homburger vorbehalten wurde. Nur vor dem Mißverständnis sei gewarnt, als ob nun alle Kinder, die wegen leichterer psychopathischer Reaktionen auf ein ungünstiges Milieu dieses wechseln müssen, unbedingt in ein Heilerziehungsheim, womöglich ein geschlossenes oder gar fachärztlich geleitetes, gehörten. Etwa Zornanfälle bei beeinflußbaren Kindern ohne besonders ausgesprochene affektive Veranlagung, die womöglich in Nachahmung wenig vorbildlichen ähnlichen Verhaltens der Erwachsenen entstanden sind, ferner Bettnässen bei körperlich und seelisch zarten Kindern ohne ethischen Defekt, sog. induzierte Nervosität, also Unruhe als Reflex einer unruhigen Umgebung ohne wesentliche konstitutionelle Grundlage können auch in einem gewöhnlichen Kinderheim abklingen. Nur muß man sich darüber klar werden, daß der Erfolg nicht nur von der Art des Kindes, sondern mehr noch von der des „gewöhnlichen Kinderheimes" abhängt, seiner Größe, seinen Einrichtungen, der Anzahl und dem Geist der Personen, die in ihm ihres verantwortlichen Erzieheramtes walten. Unerläßlich ist dagegen die Einweisung in ein geschlossenes Psychopathenheim, wenn es sich um ernstere Charaktermängel, womöglich auf konstitutioneller Grundlage handelt, zu deren erfolgreicher Behandlung nicht nur heilpädagogisches Verständnis, sondern vor allem eine dauernde hermetische Abschließung gegen die Rückfallgefahr und eine entsprechende dauernde heilpädagogische Gegenwirkung gehört. Kinder, die sich auf den Schulwegen verträumen und von ihrer glühenden Phantasie geleitet immer wieder mit bewundernswürdiger Behändigkeit dem Billettkontrolleur am Zirkus- oder Kinoeingang ein Schnippchen schlagen oder auch durch die Bahnsperre schlüpfen, um stundenlang den vorüberfahrenden Zügen sehnsüchtig nachzublicken, kann man den Gefahren der Straße um so weniger aussetzen, wenn sie auch noch die weitere Geschicklichkeit besitzen, nur selten ohne Geld in der Tasche heimzukehren, das nicht immer, aber doch oft auf unredliche Weise erworben ist. Noch viel weniger wäre etwa ein Tageshort als ausreichend anzusehen bei jenen wenig sympathischen Kindern, die abends kaum heimgekommen die häßlichsten Schwätzereien über die Vorkommnisse im Hort verbreiten und mit hämischer Freude den sich entwickelnden Mißhelligkeiten zwischen Elternhaus und Fürsorgeeinrichtung zusehen. Erst recht gehören in das geschlossene Heim schizoide, epileptoid veranlagte Psychopathen, bei denen das körperlich bedingte wechselnde Verhalten fortwährend sachverständige Aufsicht und fachärztliche Behandlung zur Unterstützung heilpädagogischen Wirkens erforderlich macht. Zusammenfassend kann man wohl sagen: *In geschlossene Heime für psychopathische Kinder gehören solche Kinder, zu deren Verständnis und Behandlung heilpädagogische Vorbildung und Einrichtungen gehören, einmal, wenn die häusliche Umwelt selbst als wesentliche Gefahrenquelle nachgewiesen ist, ferner, wenn ihnen die Freiheit außerhalb des Heims die Möglichkeit und Gefahr des Rückfalls bringt, so daß sie dauernder heilpädagogischer Aufsicht und Gegenwirkung bedürfen.*

Die Erkennung dieser Kinder ist auf zweierlei Weise möglich, wissenschaftlich und praktisch. Wo besondere Sichtungseinrichtungen noch fehlen, wird man die in Schule, Haus, auf der Straße als asozial oder psychisch-nervös Auffälligen zunächst offenen Fürsorgeeinrichtungen zuweisen, also etwa der Sonderschule und dem Hort, wenn sich die Beratung der Angehörigen durch Lehrer oder Fürsorgeorgane nicht als ausreichend erwiesen hat; zeigen sich auch diese Maßnahmen als unzulänglich, so käme als weiterer Schritt die Versetzung in das geschlossene Heim in Frage. Nun besteht aber die Möglichkeit, daß auf diesem umständlichen Wege kostbare Zeit verloren geht; ist man doch auch nicht einmal sicher, daß nun das geschlossene Heim das richtige ist; vielleicht wäre Überweisung zur Fürsorgeerziehung und längerer Aufenthalt in einer strenger disziplinierten Anstalt schließlich zweckmäßiger oder gleich Überführung in eine Heil- und Pflegeanstalt für Geisteskranke. Je mehr Möglichkeiten einem Kulturvolk zur Verfügung stehen, um so unentbehrlicher erweisen sich daher besondere *ärztlich-psychologische und psychiatrische Sichtungsstellen*[1], deren Gutachten um so zuverlässiger ausfallen werden, wenn sie in inniger Zusammenarbeit mit einer psychologisch gut geschulten Lehrerschaft und mit hoch entwickelten sozialen Fürsorgeeinrichtungen arbeiten und deren soziale und pädagogische Vorermittlungen auf Grund ihrer eigenen wissenschaftlichen körperlich-seelischen Untersuchung kritisch auswerten können. Andererseits werden sich diese Sichtungseinrichtungen, die ja die Anforderungen an geeignete Unterbringungseinrichtungen aus den Bedürfnissen der täglichen Praxis so genau kennen, sich als die stärksten Antriebskräfte für die Schaffung der notwendigen Fürsorgeeinrichtungen erweisen.

Aus solchen Erfahrungen der ärztlichen Fürsorgepraxis ist denn auch das Frankfurter Hermannsheim entstanden, das, am 1. September 1917 gegründet, wohl als das erste deutsche kommunale Heilerziehungsheim zu bezeichnen ist[2], während die schon mehrere Jahre zuvor von Sioli ins Leben gerufene Kinderabteilung der städtischen psychiatrischen Anstalt doch mehr als klinische Beobachtungsstelle und zwar für alle Arten seelisch kranker und schwachsinniger Kinder, keinesfalls als spezielles Kinderheim für psychopathische Kinder anzusehen ist. Wenn sich auch die praktischen Erfahrungen des Referenten auf dieses Heim, das er nun mehr im zwölften Jahre leitet, beziehen, nachdem er zuvor in einem schon weitere zwölf Jahre früher gegründeten eigenen privaten Heilerziehungsheim Erfahrungen hatte sammeln können, so ist doch die folgende Schilderung keineswegs das genaue Abbild einer in der Wirklichkeit vorhandenen Einrichtung; vielmehr ein Idealbild, in das auch schon die Züge eingetragen sind, welche die Wirklichkeit bisher noch vermissen läßt, die sich aber im Leben der Anstaltspraxis als dringend notwendig und darum erstrebenswert erwiesen haben. Genau wie die Abgrenzung des Zuständigkeitsgebietes dieser Heime gegenüber den offenen und halboffenen Einrichtungen, so soll auch die nun folgende *Schilderung eines solchen Heims* im einzelnen den Vertretern der Kommunen, die solche Heime noch nicht haben, deren Einrichtung erleichtern, möglichst unter Vermeidung der Kinderkrankheiten, denen wohl jede derartige Organisation bei ihrer ersten Verwirklichung aus-

[1] *Fürstenheim*: Die Jugendsichtung und ihre Stätte. Z. Kinderforschg, Bd. 31, Heft 3/4.
[2] *Fürstenheim*: Zehn Jahre Heilerziehung. Z. Kinderforschg, Bd. 34, Heft 1.

gesetzt sein wird. Neben der Hervorhebung dessen, was ein Psychopathenheim mit anderen Kinderheimen gemeinsam hat, sollen vor allem auch die Besonderheiten eines solchen Heims betont werden, die außerhalb des Kreises der Fachleute im engeren Sinne auch den die Heime errichtenden und belegenden Stellen vielfach noch keineswegs klar sind, und auf die doch nicht verzichtet werden kann, wenn das Heim wirklich seinem Zwecke entsprechen soll.

Nach den großen Wandlungen, die sich auf pädagogischem Gebiet in den letzten Jahrzehnten vollzogen haben, übrigens teilweise mit unter dem Einfluß gerade auch heilpädagogischer Erfahrungen auf die Allgemeinpädagogik, gehören manche der nun zu schildernden Einrichtungen tatsächlich bereits zum Begriff eines gut geleiteten neuzeitlichen Kinderheims auch für durchaus gesunde und normale Kinder. Dahin rechne man etwa *die Lage möglichst an der Peripherie der Stadt im Grünen* oder jedenfalls inmitten eines größeren staubfrei zu haltenden Spiel- und Nutzgartens, der den Kindern neben der nötigen Bewegungsfreiheit auch Gelegenheit zur Einführung in eine mehr als spielerische gartenbauliche Betätigung gewährt. Daß diese fast selbstverständliche Forderung für psychopathische Kinder mit ihrem oft krankhaft gesteigerten Bewegungsdrang doppelt und dreifach gilt, daß diese oft auch körperlich zarten Kinder Gelegenheit zu Liegekuren im Freien haben müssen, möglichst an einem sonnigen Südabhang, sei wenigstens kurz erwähnt. Die Frage des Hauses, nämlich ob geschlossene Bauweise oder Pavillons, ist in erster Linie von der Größe des Heims abhängig zu machen. Werden die Heime zu groß, so verlieren sie nicht nur ihren intimen Charakter, was pädagogisch ein Fehler ist, sondern vor allem wird, ähnlich wie bei den Krankenhäusern, die Verwaltungsapparatur und damit deren Kostspieligkeit zu groß im Vergleich zu den eigentlichen Erziehungskosten. Ein einheitlicher Bau erleichtert ungemein den dienstlichen Verkehr, die gegenseitige Verständigung der Erwachsenen, wie die Beziehungen der Kinder untereinander und damit die innere Einheitlichkeit, die Aufrechterhaltung eines bestimmten Hausgeistes. Diesem dient auch die Koedukation, die — mit den gebotenen Vorsichtsmaßnahmen durchgeführt — sich auch im Psychopathenheim, man möchte fast sagen: und da erst recht, bewährt hat. Das *Zusammensein der Geschlechter*, wenigstens bei Spiel und Unterricht, bei den Mahlzeiten und Festen, macht das Heim für beide Geschlechter und auch für die Erwachsenen heimlicher, familienartiger, dient der Hebung des Tones im Hause und läßt ungesunde Spannungen, wie sie von gegenseitiger Absperrung begünstigt werden, viel weniger aufkommen.

Als eine Art *Idealtyp* für ein derartiges Heim wäre etwa ein solches für höchstens fünfzig Kinder anzunehmen, eine Zahl, die für eine Stadt bis zu fünfhunderttausend Einwohnern — bei richtiger Auswahl der

Kinder und im Rahmen einer auch sonst gut ausgebauten Jugendfürsorge — ausreichen dürfte. Baulich dürfte sich eine Anlage empfehlen, bei der in der Mitte ein mehrstöckiges Haupthaus liegt, in dem sich unten die ärztlich-psychologischen Räume einschließlich der Aufnahme und Quarantäne befinden, darüber, womöglich mit besonderem Eingang, die Schul- und Tagesräume, vielleicht auch noch die Wohnung des leitenden Heilpädagogen, endlich unter dem Flachdach die Wäsche- und Trockenräume, allerdings mit den übrigen Stockwerken durch Aufzüge verbunden; in den beiden Seitenflügeln Schlafräume, in dem einen Flügel für Knaben, im anderen für Mädchen, unter dem für die Knaben etwa die Werkstätten, unter dem für die Mädchen Küchen- und Nähräume, die Dächer beiderseits ausnutzbar für gegen pralles Sonnenlicht sowie gegen Regen schützbare Liege- und Bewegungskuren im Freien. Ein eigenes Schwimmbad im Hause erscheint als überflüssiger Luxus, dagegen ist eine eigene Turnhalle nicht zu entbehren und auch nicht durch ein paar Geräte in einer Art Aula zu ersetzen, die innerhalb der Schulräume allerdings vorhanden sein muß, mit einer Bühne ausgestattet, als Fest- und Versammlungsraum der Schulgemeinde. Auch ein Lese- und Konferenzzimmer für die Lehrkräfte darf nicht fehlen. Dagegen erscheint es nicht unbedingt erforderlich, Schul- und Tagesräume zu trennen. Der mehr individualisierende Unterricht mit stark praktischem Einschlag gestattet ein Arbeiten an einfachen, linoleumgedeckten Tischen, allenfalls solchen mit schräg verstellbarer Tischplatte, aber noch besser ohne alle Mechanik; nur müssen die Tische und ebenso die einfachen Typenstühle, wie wir sie in Frankfurt haben, der großen Verschiedenheit der Kinder entsprechend möglichst in vier bis fünf verschiedenen Größen vorhanden sein. Auch die Schul- und Tagesräume selbst müssen verschiedene Größen aufweisen, damit die einzelnen Kindergruppen den wechselnden Bedürfnissen gerade des Unterrichts psychopathischer Kinder entsprechend teils kombiniert, teils noch weiter und zwar bis zu völligem Einzelunterricht aufgelöst werden können. Ganz ähnlich müssen auch die Schlafräume verschieden groß sein. Um einen praktischen Vorschlag zu machen, so kämen für etwa fünfzig Kinder sowohl auf der Knaben-, wie auf der Mädchenseite in Betracht: je zwei Zimmer mit sechs Betten, je zwei mit vier, je zwei mit zwei Betten und endlich ein Einzelzimmer. Zwischen je zwei mehrbettigen Zimmern muß ein Erzieherzimmer vorgesehen sein, ferner in jedem Stockwerk eine Anzahl Toiletten und je ein Bade- und Duschraum. Die ganz verschiedene Zuverlässigkeit und Empfindlichkeit psychopathischer Kinder, die Bedeutung ihrer Erziehung zur Sauberkeit machen diese Einrichtungen notwendig. Der Eßsaal wird zweckmäßig zu ebener Erde mit breitem Ausgang zum Garten und in gleicher Höhe mit den Küchenräumen angeordnet. Als Fußbodenbelag ist dem beliebten Linoleum, das oft durch seine Glätte stört, teuer ist und sich auch stark abnutzt, ein parkettartiger Belag aus schmalriemigem Hartbuchenholz vorzuziehen. Für die Wände empfiehlt sich Ölanstrich in warmen, nicht zu leuchtenden Farben; Kinderfriese werden sehr bald nicht mehr beachtet und sind ebenso wenig erforderlich wie komische oder gar phantastisch-schreckliche Märchenszenen, von denen empfindliche Kinder in Alpdruckform träumen können. Sehr bewährt hat sich zur Schonung der Wände und zur Befriedigung, ja Anregung des kindlichen Wandschmuckbedürfnisses eine gerahmte Korkplatte über jedem Bett, auf der die Kinder ihre Lichtbilder, Ansichtspostkarten, Heiligenbildchen oder eigenen Farbenskizzen anbringen können. Die Ausstattung der Räume soll im übrigen denkbar einfach sein, die Sonntagskleider, Wäschevorräte und Stiefel können in besonderen Kleiderkammern aufbewahrt werden; ausreichende Stiefelputzräume in jedem Stock sind nicht zu vergessen, ferner ein Waschraum neben dem Bade- und Duschraum in jedem Stock, natürlich mit angeschlossenen Waschtischen. Die Fuß- und Sitzbadegelegenheiten gehören mit in den Baderaum. — Unerläßlich ist, daß jedes Kind, mindestens vom zehnten Lebensjahre ab, ein eigenes Schränkchen hat, wo es seine kleinen Habseligkeiten aufheben kann, für die Hosentaschen bleibt noch immer genug Ballast übrig. Ohne das ist die Erziehung zur Ordnung, die Entwicklung des Eigentumsbegriffs, der doch in unserer Zivilisation eine so bedeutsame Rolle spielt, gar nicht möglich.

Man soll die Bedeutung des äußeren Rahmens, in dem sich, wenn er erst einmal geschaffen ist, das Leben des Heimes, seiner großen und kleinen Bewohner jahrelang abspielen muß, ja nicht gering einschätzen, am Gelingen oder Mißlingen des ganzen Werkes hat er, durch die von ihm gebotenen Möglichkeiten und Schwierigkeiten, durch seinen Einfluß auf Stimmung und Verhalten der Insassen entscheidende Wichtigkeit. Von noch weit größerer Bedeutung sind freilich *die Personen*, die in dem Heim walten, vor allem die leitende heilpädagogische Kraft. Im Regelfalle wird das eine Lehrerpersönlichkeit sein müssen mit gründlicher psychologischer, psychiatrischer und all der anderen Sonderausbildung, wie sie etwa bei den preußischen Prüfungen für die Befähigung zum Hilfsschullehrer gefordert wird. Für die Lehrer am Hermannsheim ist diese Vorbildung vom Minister ausdrücklich vorgeschrieben worden. Zu einem Heim von dem hier geschilderten Umfang würden ferner mindestens noch je zwei weibliche, wie zwei männliche jüngere Lehrkräfte gehören, die vormittags unterrichtlich, nachmittags erziehlich tätig sein müßten. Es zeigt sich nun, daß dabei die vorgeschriebene Pflichtstundenzahl weit überschritten wird, selbst wenn jede Lehrkraft nur die Hälfte der pflichtmäßigen Lehrstunden erteilt und die übrige Hälfte der Erziehung widmet, wobei eine Unterrichtsstunde gleich zwei

Erziehungsstunden gerechnet wird. Will man daher Überanstrengungen vermeiden mit ihren bei psychopathischen Kindern besonders bedenklichen Folgen für das seelische Gleichgewicht der Lehrer, so kann man diese nachmittags nur wechselweise arbeiten lassen, so daß dann gerade am Nachmittag, wenn am meisten Zeit zur seelischen Einwirkung auf das Einzelkind übrig wäre, stets die Hälfte der Kinderschar, also fünfundzwanzig, in nur einer Hand wären. Die Anwesenheit des leitenden Pädagogen wird hier nicht immer vollen Ersatz schaffen können, zumal, wenn diesem am Nachmittag auch noch Verwaltungsgeschäfte obliegen, und die wechselweisen Sonntagsausgänge der Erzieher, die ausgiebigen Lehrerferien dazukommen, die gerade die in der zweifellos besonders anstrengenden und verantwortlichen Psychopathenheimarbeit stehenden Pädagogen besonders nötig haben. So wird man sowohl auf der Knaben- wie auf der Mädchenseite eine weitere pädagogische Hilfskraft nicht entbehren können, die jedoch nicht unbedingt eine volle pädagogische Ausbildung zu haben brauchte, also vielleicht dem Kreise der künftigen Fürsorgekräfte entnommen sein könnte, denen man ja nach *Klumker* u. a. Gelegenheit zur praktischen Mitarbeit in solchen Heimen geben soll. Selbst wenn man diese Kräfte, die den Pädagogen manche Nebenarbeit abnehmen könnten, z. B. das abendliche Wecken der noch nicht völlig bettreinen Kinder, und dadurch deren kostbare Zeit für qualifiziertere Arbeit freimachen würden, nicht voll besoldete, als pädagogische Kräfte, nämlich gegenüber den hauswirtschaftlichen, muß man sie immer mitrechnen. Hauswirtschaftlich wären bei dem hier angenommenen Heim mindestens fünf Kräfte nötig, eine Wirtschafterin, gleichzeitig Hauptköchin, ferner vier Hausgehilfinnen, nämlich eine für die Küche, eine für das Haupthaus, sowie je eine für jeden der beiden Seitenflügel. Unter dem wird man nicht auskommen, zumal, wenn die Wäsche sparsamerweise im Hause miterledigt wird, auch wenn sowohl bei der Hausarbeit, wie beim Nähen und Stopfen die Kinder bis zu einem gewissen Grade mithelfen. Rechnet man dann noch zur Entlastung des Leiters eine Bürokraft, so kommt man als *Mindestpersonalbedarf* auf folgende Zahlen: auf vier Kinder ein Erwachsener, auf sieben Kinder ein Pädagoge, auf zehn Kinder eine voll ausgebildete hauptamtliche Lehrkraft. Dabei könnten durch die entlastende Mitwirkung der heilpädagogischen Hilfskräfte von den beiden jüngeren Lehrern die Leitung des Gartenbaues und der Handfertigkeit, von den Lehrerinnen Turn- und Gesangunterricht sowie Anleitung zur Nadel- und Hausarbeit mit übernommen werden. Für psychopathische Kinder ist es jedenfalls besser, wenn sie möglichst in der Hand der Lehrkräfte bleiben, die sie genau kennen; wenn ferner nicht zu viele verschiedenartige Personen ins Haus kommen. Bedeutet doch jeder neue Mensch für unsere erregbaren Schützlinge eine neue Reizquelle und Ablenkungsgelegenheit.

Man hat oft darauf hingewiesen, daß es bei der Heilerziehung in erster Linie auf künstlerische pädagogische Phantasie, auf liebevoll-verstehende Einfühlung, auf opferfreudige Hingabe ankäme. Ohne die unbedingte Notwendigkeit dieser Tugenden für den Heilerzieher bestreiten zu wollen, muß doch der Praktiker immer wieder auf den ebenso notwendigen festen äußeren Rahmen und eine gründliche pädagogische Ausbildung der Lehrer und Erzieher in solchem Heim für psychopathische Kinder hinweisen. So fehl am Orte hier einer der bekannten reinen „Unterrichtsbeamten“ wäre, so notwendig und segensreich erweist es sich, daß *Unterricht und Erziehung nach Möglichkeit in eine Hand gelegt* werde; auch ist nicht einzusehen, warum sich jene unerläßlichen persönlichen Eigenschaften nicht auch bei gut ausgebildeten Vollpädagogen finden sollen; andere Menschen, als diese verantwortungsvolle, schwierige und nicht immer durch sichtbare Erfolge lohnende Arbeit braucht, werden schwerlich auf die Dauer ihr Genügen in ihr finden. — Mehrfach konnte dagegen beobachtet werden, wie die Arbeit selbst von außen an sie herankommende, nach Einstellung und Auftreten scheinbar wenig für sie geeignete junge Pädagogen allmählich in ihren Bann gezogen und mehr oder weniger schnell und vollständig umgemodelt hat.

Der Verlockung hier auf die Einzelheiten der Heilerziehungsarbeit selbst und des inneren und innersten Getriebes solcher Heime einzugehen, muß sich der Referent entziehen, denn das würde in die Problematik der Heilerziehung selber führen; das wenige, was an dieser Stelle gesagt werden kann, möge in erster Linie zur Begründung der oben aufgestellten praktischen Forderungen dienen. Zugegeben sei, daß sich die allgemeinen Erziehungsmaßnahmen äußerlich nicht allzu weit von denen eines gut geleiteten neuzeitlichen Erziehungsheims für gesunde und normale Kinder unterscheiden. Gedacht ist hier an die Herausnahme aus der oft mehr als bedenklichen häuslichen Umgebung und Versetzung in die reizfreie friedliche Umwelt des Heims, ferner an die dort vorhandene ständige, wenn auch unwissentliche Bewachung, die Ablenkung von den Schwächen des einzelnen Kindes durch möglichste Inanspruchnahme in der Richtung unschädlicher oder gar wertvoller positiver Anlagen und Neigungen, den trotz aller inneren Bewegtheit ruhig-gleichmäßige Rhythmus des Anstaltlebens mit seiner Ordnung, Sauberkeit, Pünktlichkeit, guten Verpflegung, ausgiebigen Bewegung in frischer Luft, seinen vielen reinen Freuden und Festen, der Gemeinschaftserziehung zu gegenseitiger Rücksicht. Nur daß es unseren Kindern so besonders schwer und manchmal unmöglich erscheint, sich in das Ganze einer solchen Erziehungsgemeinschaft reibungslos einzufügen. Schon deswegen ist so viel Raum erforderlich, weil ja das Zusammenpferchen die inneren Spannungen oft unerträglich steigert und zu explosiver Entladung bringen kann. Deswegen viel Personal, damit die Kinder nicht nur beaufsichtigt und äußerlich ruhig gehalten werden, sondern damit der Erzieher Zeit finde, sich nicht nur der Gruppe, sondern auch dem einzelnen Kinde und zwar gerade dann zu widmen, wenn es im Augenblick nötig scheint, um das Aufkommen ungesunder Spannungen, Verdrängungen, Mißverständnisse zu verhüten. Größte Schwierigkeit bereitet die Verwirklichung der unerläßlichen Forderung, innerhalb der Gruppenbeschäftigung, d. h. ohne eine äußerlich sichtbare Sonderveranstaltung für das einzelne Kind zu treffen, beim Umgang mit ihm, in der Art, wie man es anfaßt, ihm antwortet oder sonst auf seine Äußerungen eingeht, sich stets von dem Sonderbild des Kindes leiten zu lassen, wie man es aus den Akten des Kindes, den eigenen Beobachtungen und den regelmäßigen Besprechungen mit der heilpädagogischen Leitung, dem ärztlich-psychologischen Berater gewonnen hat. Es ist durchaus keine Verwöhnung, wenn man auf die Reizbarkeit des Empfindlichen Rücksicht nimmt und auch die Kameraden zu gleicher Rücksicht veranlaßt, wenn man auf gleiche Weise versucht die Wutanfälle affektiv Erregbarer zu vermeiden; denn nur dadurch kann man zunächst die Neigung zu solchen Gewohnheitsreaktionen zum Abklingen bringen, während jeder neue Ausbruch erfahrungsgemäß die Reizbarkeit steigert. Die Erzieher müssen Zeit haben, ihre Charakteristiken der Kinder niederzuschreiben, nicht nur als Grundlage weiterer Besprechungen mit der Anstaltsleitung und für deren weitere Prüfungen und Berichterstattungen, sondern vor allem, um sich selbst stets Rechenschaft abzulegen genötigt zu sein über die eigenen Beobachtungen, Maßnahmen und deren Erfolge im Einzelfalle. Allmählich wird dann das Verhalten dem Einzelkinde gegenüber fast instinktmäßig verschieden gegenüber einem anderen, und das Verhalten der Lehrer wird, wie es überall beispielgebend wirkt, auch von den Kindern nachgeahmt. *Der Einwand, daß Kinder nicht verstünden, wenn gleiche Vergehen verschiedener Kinder verschieden geahndet und bewertet würden, kann und darf mindestens für das Heilerziehungsheim nicht gelten.* Eine allmähliche Abschleifung solcher unterschiedlichen Behandlung mit dem Abklingen der psychopathischen Reaktionsweise muß freilich das Ziel bleiben, schon um den Kindern späterhin das Leben im unspezifischen Milieu wieder zu ermöglichen. Und wiederum muß der Erzieher Zeit finden das einzelne Kind, soweit nötig, bei Seite zu nehmen, ein gutes mahnendes oder ermutigendes Wort mit ihm zu sprechen oder auch bestimmte Sonderübungen, etwa Ruheübungen, mit ihm vorzunehmen. Freilich müssen besonders bei jüngeren Kindern meist zuerst bestimmte Fehler abgewöhnt, bestimmte Lebensformen gewohnheitsmäßig erworben werden, ehe das Kind zur Reflektion darüber veranlaßt, ehe mit ihm darüber gesprochen werden kann. Das Problem „Zwang oder Freiheit“, mit dem sich die wissenschaftliche Pädagogik so gerne befaßt, ist nach den Erfahrungen der

Psychopathenfürsorge eine Frage der Altersstufe: *das Kleinkind braucht Zucht und feste Gewöhnung, das Schulkind Führung, das Berufsschulalter Einführung*, nämlich in die Welt der Werte. Man sieht immer wieder, wie schädlich es wirkt, wenn eine dieser Stufen, wie so häufig bei unserem Kindermaterial — aber keineswegs nur bei diesem —, in der Erziehung übersprungen worden ist, so daß dann auf höherer und entsprechend weniger geeigneter Altersstufe das Versäumte unter vielen Mühen nachgeholt werden muß. Natürlich müssen die Werte in praktischer Form den Kindern schon von Anfang an dargeboten werden, immer wieder muß ihm z. B. Liebe und Geduld zuteil werden. Wenn aber schon feste Gewöhnungen vorliegen, bei gemütlich verkümmerten Kindern, keimt diese Saat erst nach längerer Zeit, die selbst bei Kindern von sieben bis acht Jahren schon zwei volle Jahre währen kann; dann erst zeigen sich die ersten Äußerungen von wirklicher Neigung und Anhänglichkeit an die Erzieher und greifen belebend und erwärmend in den Erziehungsvorgang ein. Das Alter gar, in dem diese Regungen als Eigenbesitz empfunden und aus der Tiefe der eigenen Seele des Kindes als dessen eigenstes, innerstes Bedürfnis wiedergeboren werden, liegt jenseits des Schulalters und damit jenseits des Aufenthalts im Heim, wobei an das Heim für Kinder im Schulalter, also etwa bis zur Vollendung des vierzehnten Lebensjahres, gedacht ist.

Nach dem Hinweis auf die Bedeutung eines klar erkannten, innerlich dem Erzieher stets gegenwärtigen Artbildes des Einzelkindes als Ausgangspunkt, nach Betonung der Notwendigkeit, die verwundbaren Stellen der Kinder behutsam zu schonen und doch auf ihre allmähliche Überwindung methodisch hinzuarbeiten als dem einzig möglichen *Wege der Heilerziehung*, folge hier zur Vervollständigung noch ein kurzes Wort über das *Erziehungsziel* unserer Arbeit. Auch der Heilerzieher braucht ein allgemeines Leitbild als das Ziel, zu dem er die Kinder zu führen gedenkt. Mag dies im einzelnen weltanschaulich wie auch immer ausgestaltet sein, es wird die künftige soziale Volltauglichkeit oder wenigstens Teiltauglichkeit der Kinder stets für ihn im Vordergrunde stehen müssen. Für das Einzelkind wird sich dies allgemeine Bild sehr bald zu einem möglichst konkreten Zukunftsbild ausgestalten, das sich der Erzieher auf Grund seiner Beobachtungen an diesem Kind und unter Verwertung seiner sonstigen Erfahrungen entwirft. Bedeutsam aber ist es, die Kinder selbst solches Bild ihrer Zukunft voraus erleben und daraus Zielsetzungen und Bemühungen für die pädagogische Gegenwart ableiten zu lassen. Schon die Kleineren können es bei heimatkundlichen Spaziergängen erleben, daß sie nicht nur einer Wohn- und Baugemeinschaft angehören, deren Siedlungen sie um sich herum emporwachsen sehen, daß die Vaterstadt nicht nur ein Steuer- und Wirtschaftsgebiet ist, dessen Leben und Treiben sie an der Großmarkthalle, am Hafen erkennen, sondern vor allem auch eine Bildungs- und Fürsorgegemeinschaft, die ihnen im Heim Schule und das oft fehlende Elternhaus ersetzt. So keimt dann, zuerst unbestimmt als ein mehr gefühlsartiger Komplex, bald aber bei richtiger Führung immer klarer und bestimmter das Zukunftsbild des Vollbürgers auf, der Wohlstand und Ordnung, Wissen und Können von sich aus mehren hilft, der, statt sich unterstützen und als schutzbedürftiger Teiltauglicher mit durchschleppen zu lassen, vielleicht selbst einmal anderen Schutz und Hilfe gewähren und so durch die Tat der Stadt und ihren Vertretern danken kann.

Vielleicht werden solche rein pädagogisch klingenden Ausführungen hier und da die Frage nach der Aktivlegitimation gerade des Arztes zu solchen seiner Sphäre doch eigentlich ferner liegenden Bemerkungen auftauchen lassen und dies mit um so größerer Berechtigung, als ja vom ärztlichen Anteil an der Heilerziehungsarbeit selbst bisher tatsächlich noch gar nicht die Rede gewesen ist. Das hat seinen guten, besonders analytisch eingestellten Lesern ohne weiteres verständlichen Grund. Gerade aus naheliegenden pädagogischen Gründen soll der Arzt bei dieser Arbeit nach Möglichkeit nicht äußerlich hervortreten, sondern lieber als Regisseur hinter den Kulissen wirken. Im übrigen wird sein Anteil an der Arbeit im Heim verschieden sein, je nachdem, ob es sich um ein ärztlich geleitetes oder nur um ein ärztlich beratenes Heim handelt. Der Arzt soll in mindestens dreimonatigen Zwischenräumen jedes einzelne Kind körperlich-seelisch nachprüfen, wobei vorausgesetzt ist, daß er es spätestens beim Eintritt, wenn möglich schon vorher, auf seine Eignung für das Heim fachärztlich und fachpsychologisch eingehend untersucht hat. Er soll nicht nur als Körperarzt den Pädagogen zur Seite stehen, die Diät der Bettnässer regeln, für Hebung des Ernährungs- und Kräftezustandes der Kinder sorgen, beginnende Krankheiten entdecken und, soweit das heute möglich ist, durch ärztliche Behandlung und Konstitutionsverbesserung (Vigantol, Organpräparate, Lipatren), Mast-, Bestrahlungs-, Ruhe- und Bewegungskuren die Bemühungen der Pädagogen unterstützen, sondern diese vor allem in regelmäßigen Konferenzen vom psychologisch-psychiatrischen Standpunkte aus beraten, gemeinsam mit ihnen die Erfolge der medikopädagogischen Bemühungen verfolgen und je nach dem Ergebnis den Heilerziehungsplan abändern helfen. Tut er das, so wird es ihm im allgemeinen nicht schwer fallen, sich auch auf erziehlichem Gebiet Einfluß zu sichern, vor allem, soweit die seelische Gesundheit der Kinder, die Gewinnung, Erhaltung und Festigung ihres seelischen Gleichgewichts in Frage steht, ein Ziel, dem sich selbstverständlich auch die unterrichtlichen Anforderungen an die Kinder unterordnen müssen. Vermag der Arzt nicht durch innere Autorität sich in diesen Richtungen maßgebenden Einfluß zu sichern, so wird ihm die äußere Stellung als Leiter auf die Dauer auch nicht allzuviel nützen, ihm nicht und auch den Kindern nicht, denen doch die ganze Bemühung gilt. Hat er ihn, so kann er die äußere Stellung als Leiter schließlich entbehren. Nach dem heutigen Stand der Entwicklung in Deutschland, wo es eine hochentwickelte Heilpädagogik gibt, wird man kaum als Verräter an der ärztlichen Sache geziehen werden können, wenn man die Kollegen davor warnt, sich um die Leitung heilpädagogischer Anstalten, zumal solcher für das schulpflichtige Alter, zu bemühen, wenn sie nicht über eine gründliche pädagogische und heilpädagogische Ausbildung und Erfahrung neben ihrer psychologisch-psychiatrischen verfügen und auch dann nur, wenn es sich um einen Posten handelt, auf dem sie sich, ohne durch allerhand Nebenaufgaben in Anspruch genommen zu werden, dieser an sich schon dreifachen Aufgabe als Verwaltungsleiter, Heilpädagoge und Arzt hingeben können. Sonst ist es um ihre persönliche Freude an der Arbeit und ein erfolgreiches Arbeiten bald geschehen.

Die Erfolge unserer Arbeit werden noch oft bezweifelt. Man muß allerdings zugeben, daß die doch in erster Linie wirtschaftlich denkenden Praktiker, die solche Heime einrichten und betreiben sollen, das Recht und sogar die Pflicht haben, nach den Erfolgen dieser immerhin nicht ganz billigen Einrichtung — Zahlen folgen weiter unten — zu fragen. Freilich ist die Zahl der vorhandenen Heime noch klein; es sei hier auf die verdienstvolle Zusammenstellung *R. v. der Leyens* in der Z. f. Kinderforschg. verwiesen, die fortlaufend ergänzt werden soll, und wohl kaum eines entspricht einigermaßen dem hier aufgestellten Idealbilde. Dennoch läßt sich schon jetzt sagen, daß wir zweifellos auf dem richtigen Wege sind und nach einer mehr als zwei Jahrzehnte umfassenden Erfahrung mit gutem Gewissen die weitere Öffentlichkeit zur Nacheiferung auf diesem Wege aufrufen können und darum — müssen. Dabei ist scharf zu unterscheiden zwischen den unmittelbaren sozialen Erfolgen, die ja eigentlich gar nicht in Frage stehen, nämlich die Beseitigung des Schadens durch Entfernung störender Elemente, Verhütung der Nachahmungsgefahr, Beruhigung des Elternhauses und den eigentlichen Erfolgen an den betrauten Kindern selbst, gemessen an ihrer späteren sozialen Tauglichkeit, der Verhütung ihres Absinkens zu reinen Anstaltspfleglingen, ihres Verfallens in Geisteskrankheit, Kriminalität, Prostitution, Alkoholismus oder Vagabondage. Wenn neuerdings wieder aus den Schicksalen ehemaliger Hilfsschülerinnen, die im Frankfurter Tagheim erzogen wurden, nicht der Schwachsinn, sondern in erster Linie dessen Verkupplung mit schweren Charakterfehlern als Ursache späteren sozialen Versagens erfahrungsmäßig nachgewiesen wurde[1], so

[1] *Schlesinger*: Ein Heim für schwachbegabte schulentlassene Mädchen. Sonderdruck durch den Verein der Freunde des Fürsorgeseminars Frankfurt a. M.

ist das in unserer arbeitsteiligen Wirtschaft, die auch und erst recht die geistig Armen mit einfachsten mechanischen Verrichtungen zu beschäftigen weiß, eigentlich selbstverständlich. Aber nicht vergessen darf man, daß diese jungen Mädchen erst nach beendigter Schulpflicht in jenes Heim eintreten, zu einer Zeit also, in der auch der sog. erworbene Charakter sich schon weitgehend gefestigt und an Beeinflußbarkeit verloren hat. Hingegen ist die Schwierigkeit der Erfolgsstatistik im Heim für das Schulalter, in dem an sich bessere Erfolge zu erwarten wären, überaus groß und zwar deshalb, weil ja die Kinder das Heim verlassen in dem Augenblick, in dem zugleich mit der Pubertät eine Periode besonderer Schwierigkeiten erst einsetzt. Ist es wirklich ein Mißerfolg, wenn ein zu Beginn der zweiten Kindheit schwieriges Mädchen, das sich im Heim schnell beruhigt und dann jahrelang ordentlich geführt hat, in der Pubertät vorübergehend entgleist, um schließlich wieder ordentlich zu werden?

Die wissenschaftliche Ehrlichkeit erfordert es, einzugestehen, daß wir über den Grad der Übereinstimmung zwischen Erziehungserfolg und Lebenserfolg tatsächlich noch recht wenig streng wissenschaftlich Gesichertes wissen. Bekanntlich hat es schon erziehlich schwierige Kinder gegeben, bevor es Heilerziehungsheime gab, und nicht selten sind später ganz ordentliche Menschen geworden aus solchen Kindern, die — wenigstens in manchen Fällen — heute von den Fürsorgern als asozial, den Pädagogen als schwer erziehbar, den Fachärzten als psychopathisch bezeichnet worden wären. Andererseits entwickeln sich „brave" Kinder oft jenseits der Pubertät zu recht wenig wertvollen Menschen. Weder in dem einen noch auch in dem anderen Falle wird man so ohne weiteres im Lebenserfolg oder Mißerfolg den Erziehungserfolg erkennen wollen. Dazu kommt als weitere Schwierigkeit, daß gerade im Heilerziehungsheim der Aufenthalt oft nicht länger als unbedingt nötig dauert, d. h. bis zur Beseitigung der akuten Erziehungsschwierigkeiten. Lassen sich überhaupt von einem mehrwöchigen bis auch mehrmonatigem Heimaufenthalt charakterologische Dauererfolge erwarten? Zu alledem kommen die Schwierigkeiten technischer Art für jede Erfolgsstatistik. Solange die Kinder und Jugendlichen noch betreut werden, ist die Kontrolle einfach; sobald einmal die Akten weggelegt sind, macht schon das Auffinden der in alle Welt zerstreuten ehemaligen Heimlinge die größten Schwierigkeiten, und wo soll man oft zuverlässige Nachrichten über sie einziehen, ohne ihnen womöglich durch Erregung von Mißtrauen zu schaden?

Die Erfahrung hat nun zunächst einmal gezeigt, *daß das Schicksal psychopathischer Kinder ganz wesentlich von den Verhältnissen abhängt, in die sie nach dem Verlassen des Heims gelangen.* Hier aber, auf dem Gebiete der offenen Fürsorge für ehemalige Heimlinge, befinden wir uns ebenso sehr noch in den Anfängen, wie in der Heimerziehung selbst, wo wir mindestens in den ersten Jahren sicherlich manche Fehler begangen haben, die wir heute zu vermeiden trachten. Wir wissen ferner, daß reine Erziehungsschäden ohne wesentliche konstitutionelle Grundlage meist auch ohne Nachwirkung abklingen, während sich konstitutionelle Abweichungen meist nicht beseitigen, wohl aber soweit heilpädagogisch überbauen oder in ihrer Wirksamkeit abmildern lassen, daß trotz ihres Übrigbleibens soziale Volltauglichkeit oder wenigstens Teiltauglichkeit eintritt[1]. So hat eine Statistik über das Schicksal ehemaliger Heimlinge wenig Wert, wenn man nicht genau weiß, wie das Material zusammengesetzt war, das sich ja von Jahr zu Jahr ändert. In diesem Stadium unserer Kenntnisse sind darum einzelne genau bekannte Fälle besonders lehrreich und beweiskräftig, wie dies ja auch im Auslande als anerkannt gelten kann und etwa im amerikanischen case work zum Ausdruck kommt. Wir verfügen über Fälle wie etwa den eines kleinen Mädchens, das im sechsten Lebensjahr plötzlich anfing zu stehlen, als einziger dafür ersichtlicher Grund nach genauer Analyse der Lebens- und Erziehungsbedingungen die schwere Belastung durch die Mutter, die, wegen ihres leichtsinnigen Lebenswandels aus dem Elternhaus verstoßen, Unterkunft bei einer Frau gefunden hatte, der sie nach ihrer Entbindung ihr uneheliches Kind hinterließ, dafür aber wertvolle Kleidung und Wäsche mitnahm, als sie heimlich verschwand. Trotzdem wurde das Kind von den sehr ordentlichen Leuten behalten und bestens erzogen, bis das plötzliche Auftreten des Stehlens zur Abgabe des Kindes an das Heilerziehungsheim geführt hatte. In etwa zweijähriger Arbeit ist es im Heim gelungen, das auch mit gewissen körperlichen Abweichungen als abgeartet gekennzeichnete Kind von seinem mutmaßlich doch auf innerer Anlage beruhenden Stehlzwang zu befreien, so daß es seit Jahren ohne Rückfall im Hause des Großvaters aufgenommen werden konnte, der einst die Mutter herausgeworfen hatte. Erwähnt sei ferner ein Junge mit ausgesprochen epileptischer Veranlagung, der Sohn einer schweren Epileptika, der sieben Jahre im Heim erzogen worden ist. Anfangs zu Stimmungs- und Leistungsschwankungen geneigt, zu allerhand die Erziehung aufs äußerste erschwerenden Impulsivhandlungen, mit gelegentlichen sog. Hemmungsentladungen, plötzlichem Erblassen, Schwächeanfällen, wie sie für epileptisch veranlagte Kinder kennzeichnend sind, ist er im Laufe der Jahre so weit gebessert worden, daß er, fast ohne aufzufallen, in einer Diamantschleiferei tätig sein und zu Hause leben sowie die Anfälle der Mutter mit ansehen konnte, ohne wieder in seinen früheren krankhaften

[1] Vgl. *Fürstenheim*: Ärztl. Fürsorge f. schwererziehbare Kinder. Verh. d. soz. Seminars. Veröffentl. Nr. 23 des Leipziger Verbandes. Leipzig 1910. S. 71 u. ff.

Zustand zu verfallen. Man kann natürlich nicht beweisen, daß die Erziehung im Heim, die schonende Rücksichtnahme auf seine wechselnden Zustände, die pendelnden Bromdosen, die reizfreie Umgebung dies günstige Ergebnis verursacht haben; andererseits ist es aber nach zahlreichen, sich jetzt über Jahrzehnte erstreckenden Erfahrungen doch auch wenig wahrscheinlich, daß die Lebens- und Erziehungsbedingungen ganz ohne Einfluß auf dies günstige Ergebnis geblieben sein sollten. Auch bei schizoiden Psychopathen scheint es nach den vorliegenden Erfahrungen möglich, daß eine über Jahre sich erstreckende sorgfältige, wirklich sachverständige Heilerziehung den Ausbruch des eigentlichen Prozesses bisweilen hat verhüten helfen. — Trotz der oben angedeuteten Vorbehalte kommen wir natürlich auf die Dauer um eine Statistik doch nicht herum, sei es auch nur um zu ermitteln, ob sich überhaupt gesetzmäßige Beziehungen zwischen dem Verhalten psychopathischer Kinder und ihrem Erwachsenenschicksal ermitteln lassen. Seit längerer Zeit ist bereits eine solche Statistik für unser Hermannsheim eingeleitet, die sich auf solche jungen Leute erstreckt, die wenigstens zwei Jahre im Heim waren, und es mindestens seit zwei Jahren wieder verlassen haben. Ein Endergebnis läßt sich leider noch nicht mitteilen, wenn dem Ref. auch persönlich viele recht günstige Ergebnisse neben vereinzelten ungünstigen bekannt sind, weil sich eben bei der Durchführung alle die obengenannten Schwierigkeiten immer wieder hindernd in den Weg gestellt haben. Vor allem hat sich gezeigt, daß der Zusammenhang mit der offenen Fürsorge noch viel inniger gestaltet werden muß, und daß es besonders wichtig ist, über eine große Anzahl gut geschulter Familienpflegen zu verfügen. Aber damit haben wir das Gebiet der Heime und der Heimerziehung im engeren Sinne schon überschritten und kommen zum zweiten Teil des oben kurz umrissenen Vortragsprogramms.

II. Heime für psychopathische Kinder im Rahmen der kommunalen Betreuungs-Aufgaben.

Man ist in Deutschland auch in den Kreisen der kommunalen Fürsorge keineswegs der Ansicht, daß eines Tages die kommunale Fürsorge die private völlig zu ersetzen hätte. Vielmehr wird die private Fürsorge neben der öffentlichen staatlichen, kommunalen oder gar Reichsfürsorge immer ihren Platz zu behaupten wissen und zwar nach drei Richtungen hin: sie muß Schrittmacher der öffentlichen sein und mit kühnen Versuchen bahnbrechend vorangehen, sie muß fernerhin die öffentliche ergänzen, insbesondere soweit eine besonders intime, besonders viel persönliche Hingabe erfordernde Fürsorge in Frage kommt, oder auch die Fürsorge aus einer besonderen weltanschaulichen Gesinnung heraus zu leisten ist, endlich vermag die freiere Beweglichkeit der privaten

Organisation, wenn auch mit behördlicher Unterstützung, private und öffentliche, nationale und internationale Fürsorgearbeit auf neutralem Boden zu fruchtbarem Wirken zusammenzuführen, wie es unsere Tagung wieder einmal beweist. Auch auf dem Gebiete der Heimfürsorge sind geschichtlich betrachtet private Anstalten und Organisationen vorangegangen; es sei an das Heilerziehungsheim der früheren Zentrale für Jugendfürsorge in Templin erinnert, das seinerzeit auf Anregung von Prof. *Ziehen* (Theodor), im Anschluß an seine grundlegenden wissenschaftlichen Arbeiten und in Verbindung mit der genialen unvergeßlichen *Frieda Duensing* entstanden und später von der Stadt Berlin übernommen worden ist. Heute ist aber wohl die Zeit gekommen, um aus solchen privaten Vorversuchen zu öffentlichen Einrichtungen überzugehen. Wie ein solches öffentliches Heim auszusehen hätte, ist hier zu zeigen versucht worden. Hoffentlich entschließen sich recht bald weitere Kommunen zur Errichtung ähnlicher Heime. Wenn eine Stadt solche Heimschule erst einmal hat, so läßt sie sich aus dem Organismus der öffentlichen Schul- und Fürsorge-Einrichtungen gar nicht mehr wegdenken; soviel Ruhe und Erleichterung bringt sie in das Leben der übrigen Schüler, wie der Lehrer, wenn auf diese Weise für jene schwierigen Elemente nun wirklich allerseits befriedigend gesorgt ist, so glücklich sind ratsuchende Eltern, wenn man ihnen nicht nur mit mehr oder weniger unausführbaren Ratschlägen, sondern mit wirklich praktischen Maßnahmen helfen kann, wenn sie, ohne den Zusammenhang mit ihren Kindern oder gar, wie bei der Fürsorgeerziehung, ihr Erziehungsrecht zu verlieren, die Kinder geborgen wissen, sich an ihren Fortschritten freuen, für die Zukunft ihre richtigere Behandlung vom Heimleiter erlernen können, während zu Hause endlich wieder Ruhe und Frieden herrscht. Gerne tragen sie oftmals nach dem Maß ihrer Kräfte zu den Kosten des Heimaufenthaltes bei, die übrigens an dieser Stelle nachgeholt werden können. Ein Heim für etwa fünfzig Kinder kostet, ohne die Lehrergehälter, etwa fünfzigtausend Mark im Jahr, mit diesen etwa fünfundsiebzigtausend. Zu den Lehrergehältern werden die bekannten Zuschüsse aus der Landesschulklasse, wie bei den Hilfsschulen geleistet, sie werden im übrigen auf den Schuletat zu übernehmen sein; die übrigen Kosten trägt zunächst das Fürsorge- oder Jugendamt und zieht sie, soweit möglich, von den Eltern wieder ein. In Frankfurt gehört das Hermannsheim aus besonderen Gründen zum Stadtgesundheitsamt, anderwärts wird ein solches Heim wohl in gemeinsamer Arbeit von Jugendamt, welches das Heim erstellt, und Schulbehörde, welche die Schule im Heim einrichtet und beaufsichtigt, betrieben werden; als Schularzt oder Heimarzt empfiehlt sich die haupt- oder nebenamtliche Bestellung eines geeigneten Facharztes, der als eine Art Fachfürsorgearzt den Behörden auch in der offenen Gefährdetenfürsorge zur Seite stehen und vielleicht in Verbindung mit einem psychologisch-experimentell gut geschulten Heilpädagogen eine Erziehungsberatungsstelle leiten kann.

In manchen deutschen Städten, so auch in Frankfurt, gibt es heute zwischen den Hauptschulen und den Hilfsschulen noch Förderschulen oder wenigstens Förderklassen, in denen nach eigenen Untersuchungen des Ref.[1] neben Kindern mit leichteren Begabungsmängeln, infantilen und ungleichmäßig begabten, sog. dementalen Kindern, ferner asthenischen mit mangelndem Kraftmaß, sich vor allem auch ein nicht unbeträchtlicher Teil psychopathischer Kinder befindet, die durch nervöse oder charakterliche Schwächen an der Ausnutzung ihrer an sich oft ausreichenden Intelligenz behindert sind. Man kann diese Schuleinrichtungen durch Sonderhorte ergänzen, außerdem aber auch das Heilerziehungsheim zweckmäßig so einrichten, daß es, wie in Frankfurt, Tagesgäste, schließlich auch nur Schulgäste mit aufnehmen kann. Für das nachschulpflichtige Alter kommen neben offenen Wohnheimen und halboffenen Heimen und Werkstätten zur Vorbereitung auf Außenarbeit wie etwa das Westendheim in Frankfurt, geschlossene Arbeitslehr- und Heimstätten in Betracht, die wohl noch leichter als die für das Schulalter bestimmten Heime von privaten Vereinen oder konfessionellen Gesinnungsgemeinschaften betrieben werden können. Für sie alle bildet dann zweckmäßig die Abteilung „Gefährdetenfürsorge" des Fürsorge- oder Jugendamtes den organisatorischen Mittelpunkt, dem als fachlich-wissenschaftliche Instanz die schon erwähnte ärztlich-psychologische Beratungsstelle zur Seite steht.

Die Frage der gesetzlichen Grundlage der Heilerziehung ist noch nicht so gelöst, daß der medikopädagogische Fachmann und Kommunalpolitiker ganz zufrieden sein kann. Bekanntlich haben in Deutschland teilweise die öffentlichen Heil- und Pflegeanstalten, wie sie in Preußen schon nach dem Gesetz von 1891 von der provinziellen Selbstverwaltung für hilfsbedürftige Geisteskranke, Geistesschwache, Epileptiker, Blinde, Taube zu unterhalten sind, seit einigen Jahren besondere Beobachtungs- und Heilerziehungsstätten auch für psychopathische Jugendliche eingerichtet; ähnliche Sondereinrichtungen bestehen im Rahmen der Fürsorgeerziehung, in Preußen eine Auftragsangelegenheit ebenfalls der provinziellen Selbstverwaltung, die sie an Stelle des Staates und unter dessen finanzieller Kontrolle und Mitwirkung ausüben. Der Staat trägt hier zwei Drittel der Kosten, weil, juristisch und historisch, die Fürsorgeerziehung als Abkömmling der älteren Zwangserziehung ein Ausfluß der Polizei- und in letzter Linie sogar der restriktiven Strafgewalt des Staates ist. Scharf davon zu unterscheiden ist die Erziehung

[1] *Fürstenheim*: Beob. an Förderklassen. Die Hilfsschule, XX, Heft 1, 1927. C. Marhold, Halle a. S.

hilfsbedürftiger Kinder, unter Umständen bis zur Erwerbsbefähigung, wie sie als Ausfluß der älteren Armenunterstützung zu den jetzigen Wohlfahrts- und Fürsorgeaufgaben der Kommunen gehört und zwar nach Absatz D des Paragraphen 6 der Reichsgrundsätze über Art und Maß der Fürsorgepflicht vom 4. XII. 24. — Diese Bestimmung ist u. a. der Grund dafür, daß die Vormundschaftsrichter Fürsorgeerziehung nach § 63 Abs. 1 des RJWG. kaum noch anordnen; denn die Fürsorgeerziehung eines nicht verwahrlosten, nur im Milieu gefährdeten Kindes darf nach jenem Paragraphen nur erfolgen, wenn „keine anderweitigen Mittel zur Verfügung stehen", was aber seit Erlaß der angeführten Reichsgrundsätze vom 4. XII. 24 jetzt eigentlich niemals mehr der Fall ist. So ist hier auf dem Wege der Reichsverordnung den in ihrer steuerlichen Selbständigkeit stark eingeengten Städten eine Verpflichtung auferlegt worden, die nach Ansicht maßgebender Juristen zweifellos auch die Pflicht zur Schaffung von Heimschulen für seelisch gefährdete Kinder einschließt, wenn sich solche Einrichtungen zur körperlichen, seelischen und sittlichen Ertüchtigung dieser Kinder als erforderlich herausgestellt haben. Mindestens das Heim wäre nach dieser Auffassung von der Kommune zu errichten, an den Kosten hätten sich die Eltern nach dem Maß ihrer Kräfte zu beteiligen; die Schule im Heim wäre, ähnlich wie dies bei der Hilfsschule der Fall ist, von der Landesschulklasse zu tragen, wenigstens soweit die Zahl der angestellten Lehrkräfte eine bestimmte Schlüsselzahl nicht übersteigt. Das ist genau der Zustand, wie er zur Zeit im Frankfurter Hermannsheim verwirklicht ist, wo die Schule zwar als Einrichtung im Heim auf die seelisch-gesundheitlichen Verhältnisse der Kinder nach den Angaben der ärztlich-psychologischen Heimleitung weitgehend Rücksicht nimmt, aber selbstverständlich der Dienstaufsicht der Schulbehörde untersteht — der Arzt kann nie Schulaufsichtsbeamter sein —, ohne daß dieses Verhältnis im Laufe von nunmehr über 11 Jahren zu ernsthaften Mißhelligkeiten Anlaß gegeben hätte. Diese Regelung hat zwar den Vorteil, daß sie ohne Rechtsminderung der Erziehungsverpflichteten erfolgt, wie sie bei der staatlichen Fürsorgeerziehung unvermeidlich und dem Publikum heute bei gesteigertem Persönlichkeitsgefühl erfreulicherweise besonders anstößig ist; sie hat aber den Nachteil, daß sie bei den kommunalen Jugendämtern vielfach die Neigung begünstigen wird, aus Ersparnisgründen Fürsorgeerziehung zu beantragen, wo man allenfalls mit vorbeugender Gemeindeerziehung auch zum Ziel käme. Da nun durch Einrichtung kommunaler Heimschulen zweifellos Ersparnisse an der Fürsorgeerziehung entstehen, so ist die Forderung naheliegend, daß die Fürsorgeerziehungsbehörden, in letzter Linie also der Staat mit seinem Fürsorgeerziehungsfonds, auch zu den Kosten solcher vorbeugenden Erziehung beisteuern mögen. Das wäre freilich nur durch eine begriffliche Konstruktion zu erreichen, die in scharfer Weise den tatsächlich ja vorhandenen Unterschied betonte zwischen der Erziehung im älteren Sinne armenrechtlich hilfsbedürftiger Kinder und denjenigen, bei denen eine anlagebedingte oder relativ umweltbedingte pädagogische Situation die Zuweisung zu einer Heimschule, etwa auch zum Schutz wohlgearteter anderer Kinder, erforderlich erscheinen läßt. Man müßte dann also dreierlei unterscheiden: neben der restriktiven Fürsorgeerziehung des Staates, der armenrechtlichen Erziehungshilfe der Gemeinden die öffentlichen Aufgaben kultureller Art, etwa Unterricht und Heimerziehung aus ärztlich-pädagogischen Gründen, wie sie durch besondere Zweckverbände, bei den Schulen z. B. die Schulunterhaltungsträger, mit staatlicher Unterstützung durchgeführt werden. — Logisch müßte dann freilich der „Landeserziehungsfonds" beim Kultusministerium, nicht aber beim Wohlfahrtsministerium zu bilden sein. Praktisch erscheint erheblich wichtiger als die Frage ministerieller Zuständigkeit die Einführung bestimmter Schlüsselzahlen, nach denen die Heimschulträger aus diesem Fonds zu speisen wären, damit die umständliche Rechnungskontrolle durch die Oberrechenkammer von Fall zu Fall fortfiele, wie sie im Rahmen der Fürsorgeerziehung zur Zeit noch bestehen soll. — Man darf die Bedeutung solcher legislativen und wirtschaftlichen Voraussetzungen unserer Arbeit ja nicht unterschätzen. Die Praxis lehrt, daß es sehr wesentlich auf die Auffassung und Darstellung der vorbereitenden Fürsorgeorgane ankommt, ob ein Vormundschaftsrichter bereits die Voraussetzungen der Fürsorgeerziehung für gegeben hält oder ein Kind nur erst als gefährdet ansieht. Die Schwierigkeiten liegen ja nicht in der Findung von Definitionen, sondern in der richtigen Zuordnung des Einzelfalls zu dieser oder jener Kategorie, die wiederum von der klärenden Feinfühligkeit und mitsinnigen Unterscheidungsfähigkeit zwischen aktuellen Reaktionen auf eine mißliche Erziehungssituation, also Gefährdung, und einer bereits eingetretenen charakterlich abwegigen Entwicklung in der Richtung der Verwilderung, Verbildung oder Verkümmerung, der eigentlichen Verwahrlosung, zu unterscheiden weiß. Die Neigung der Gemeindeorgane, in kultureller Werdelust auf solche Unterscheidungen einzugehen und die praktischen Folgerungen aus ihnen zu ziehen, würde durch finanzielle Beihilfen des sozialen Kulturstaates wesentlich gefördert werden. Manchen Kindern und Jugendlichen würde dadurch aus schwerer Bedrängnis geholfen, manche Rechtsminderung der erziehungsverpflichteten Angehörigen vermieden, in Familien und Schulen Frieden gestiftet und mit der Zeit allenthalben die schon auf der Gesolei verkündete Frankfurter Forderung verwirklicht werden: Hilfsschulen für die schwachbegabte, *Heimschulen für die seelisch gefährdete Jugend*!

Aussprache zu den Vorträgen über

Moos: „Sonderschulen inkl. Unterricht für psychopathische Kinder und Jugendliche“,
Heller: „Psychopathische Schüler in höheren Schulen“,
Fürstenheim: „Heime für psychopathische Kinder (Kommunale Einrichtungen zur Betreuung psychopathischer Kinder)“.

Im Anschluß an die Vorträge über die Praxis der Heilerziehung kam eine Reihe von Fragen zur Sprache, die zwar nicht alle in unmittelbarem Zusammenhang mit den Themen standen, die aber für die Praxis der Heilerziehung von Bedeutung waren. Es wurde die Frage diskutiert, ob dem Heim die Schule anzugliedern sei, oder ob die in Heimen untergebrachten Kinder öffentliche Schulen besuchen sollten, ferner ob in der Art der Zürcher Beobachtungsklassen auch Sonderbeschulungsmöglichkeiten für Schüler höherer Lehranstalten eingerichtet werden sollten. Im Anschluß an diese Fragen wurde das Problem: Heimleiter in Personalunion mit Heimlehrer zur Sprache gebracht.

Ergebnis: Heimschulen sind für alle die Kinder zu fordern, die für längere Zeit auf Grund ihrer psychopathischen Reaktionen auf ärztlichen Wunsch vom Besuch der öffentlichen Schule, sei es um ihrer selbst, sei es um der Schulgemeinschaft willen, zu befreien sind. Der Versuch einer Einschulung in die Normalschule solle immer erneut gemacht werden, um die Kinder nicht mehr als nötig der normalen Gemeinschaft zu entfremden. — Eine Personalunion von Heimleiter und Heimlehrer wurde abgelehnt: „Die armen Kinder werden den Lehrer nie los.“ Ein Versuch mit einer Sonderbeschulung im Sinne der Zürcher Beobachtungsklassen mit Schülern höherer Lehranstalten wurde bisher in der Schweiz noch nicht gemacht, da noch kein dringendes Bedürfnis dafür empfunden wurde. *Kramer*-Berlin wies besonders darauf hin, wie viele Schüler höherer Lehranstalten sich trotz guter Intelligenz auf Grund ihrer psychopathischen Reaktionen zeitweilig nicht in den allgemeinen Schulbetrieb einfügen oder sich nicht in ihm halten können, sei es, daß sie selbst sich in einer starken Opposition zur Schule befinden (vgl. Heller), sei es, daß die Schule sich in einer Opposition zu ihnen wegen ihrer Disziplinschwierigkeiten befindet. Sie werden deswegen aus der Schule entfernt und erleiden eine erhebliche Schädigung für ihr späteres Berufsleben dadurch, daß sie keinen oder keinen ausreichend fördernden Unterricht genießen. „Die Beschulung dieser Kinder biete ein bisher noch ungelöstes Problem[1].“ Gerade bei dem psychopathischen Kinde jedoch müsse getrachtet werden, ihm alle nur mögliche schulische Förderung zu vermitteln, um dadurch die späteren Berufsmöglichkeiten zu erweitern. — *Homburger*-Heidelberg warnte vor einer zu langen Belassung des psychopathischen Kindes in der Normalklasse, da das Gesamtniveau der Klasse nicht durch die psychopathischen Reaktionen Einzelner herabgedrückt werden dürfe. — Für die Beobachtungsklasse wurde gefordert, daß der Lehrer die offene Fürsorge — Verbindung mit den Eltern, Zusammensein in der Freizeit — mit wahrnehmen müsse, so wie dies auch in Zürich der Fall ist. Es wurden hier Bedenken geltend gemacht, daß der Lehrer durch die Hinzufügung dieser so notwendigen Aufgaben fast über die Grenze seiner Leistungsfähigkeit belastet werde.

---

[1] Die Fragen der heilpädagogischen Zusatzausbildung von Lehrern an höheren Lehranstalten wurden ausführlich in dem Referat über „Ausbildungsfragen“ und in der darauf folgenden Diskussion behandelt.

Stern-Hamburg forderte die Anstellung des Schulpsychologen, der dann auch für die richtige Auswahl und Aussonderung der Schüler für Beobachtungs- und Sonderklassen mitverantwortlich sei. *Homburger*-Heidelberg wandte sich nicht grundsätzlich gegen den Schulpsychologen, forderte aber, daß das Gesamtverhalten eines Kindes maßgebend sein müsse für die Belassung in der Schule oder seine Ausschulung, und daß die Beurteilung dieses Gesamtverhaltens nur vom Psychiater und unter psychiatrischen Gesichtspunkten erfolgen dürfe.

Allgemein gefordert wurden für psychopathische Jungen und Mädchen Übergangsheime für die Zeit zwischen der Entlassung aus dem Heilerziehungsheim und dem freien Leben. Der Eintritt in den Beruf mit dem 14. Lebensjahr sei zu früh, ebenso sei der Übergang vom Heim ins freie Leben zu abrupt. Eine Reihe von Erziehungserfolgen würden durch diesen nicht ausreichend vorbereiteten Übergang zunichte gemacht. Von Dr. *Martha Perl*-Wuhlgarten wurde für Mädchen die Einfügung des weiblichen Dienstjahres zwischen Schulentlassung und Arbeits- bzw. Lehrantritt gefordert: Die Konflikte der ersten Pubertätsjahre wirken sich unter Umständen beim psychopathischen Mädchen gerade in diesen Jahren besonders aus: sie erleiden mehrfach Schiffbruch im Berufsleben durch die Ungehemmtheit ihrer psychopathischen Reaktionen. So wird ihnen das Berufsleben als solches verleidet. Schiebt man den Berufseintritt noch 1 Jahr hinaus, so ist schon eine etwas größere Reifung eingetreten; die Konflikte werden verringert, die Stetigkeit im Erwerbsleben eher gewährleistet.

Von *Engelsmann*-Kiel ging die Anregung aus, die vorhandenen FE-Anstalten stärker entsprechend den Persönlichkeitsgruppen der Zöglinge zu differenzieren und dadurch eine bessere Möglichkeit zu individualisierender Erziehung zu schaffen.

Ausbildungsfragen [1].

Von

Ruth v. der Leyen, Berlin.

Das Thema meines heutigen Referates habe ich ganz allgemein „Ausbildungsfragen“ genannt; es heißt nicht „Ausbildung für Psychopathenfürsorge und -erziehung“, obwohl ich mich natürlich mit diesen Spezialfragen im Rahmen unserer Konferenz zu befassen habe. Der Titel soll den Erwägungen Rechnung tragen, daß wir nicht grundsätzlich eine Sonderausbildung für Lehrer, Fürsorger und Erzieher, die sich unter ihren normalen Kindern auch mit psychopathischen Kindern befassen, fordern, daß psychopathische Kinder und Jugendliche keine festumrissene, in sich geschlossene Gruppe bilden, sondern daß sie sich in jeder Gemeinschaft: Familie, Schule, Heim, Tagesstätte, Berufsausbildungsstätte finden können; eine Kenntnis von den Problemen, die das psychopathische Kind seinem Erzieher zu lösen aufgibt, muß also Jedem,

[1] Der Vortrag wurde ergänzt und auf den heutigen Stand gebracht, da gerade in den letzten Monaten noch wichtige Literatur zu den Ausbildungsfragen erschienen ist, die für den Druckbericht nicht unberücksichtigt gelassen werden durfte.

der sich mit Kindern und Jugendlichen beschäftigt, vermittelt werden. Aus einzelnen Äußerungen, die vorweg zu meinem Thema in den letzten Verhandlungstagen gefallen sind, entnehme ich, daß die Versammlung in diesen Erwägungen mit mir einig geht. Es hieß: Vormundschafts- und Jugendrichter (die sich mit allen Gruppen von kriminellen, verwahrlosten und gefährdeten Kindern befassen) können erst dann, wenn sie einen Einblick in Theorie und Praxis der Psychopathenerziehung getan haben, die Reichhaltigkeit der richterlichen Entscheidungen, der erzieherischen Maßnahmen entfalten. Dem Lehrer — und es wurde besonders auf den Lehrer höherer Lehranstalten hingewiesen — soll es für den Unterricht in der Normalklasse „wie Schuppen von den Augen fallen", wenn er sich mit den Problemen der Psychopathenerziehung praktisch und theoretisch beschäftigt, und Dr. *Williams* wies auf die idealen Aufgaben hin, die der systematisch geschulten *psychiatric social worker* durch ihre Spezialausbildung für die Arbeit der allgemeinen Wohlfahrtspflege erwachsen — ganz abgesehen von ihrer Aufgabe, Mitarbeiterin, Beraterin des Psychiaters zu sein.

Wenn wir also von Ausbildungsfragen sprechen, so soll hiermit angedeutet werden, daß wir uns erstens damit zu beschäftigen haben, auf welche Weise allen denen, die erzieherisch, fürsorgerisch, unterrichtlich mit Kindern und Jugendlichen zu tun haben, Blick und Verständnis für alle die Kinder vermittelt werden kann, die — vielleicht nur zeitweise — leise aus dem Rahmen der normalen Gemeinschaft fallen. Der Kreis, mit dem wir diese Personen umreißen müssen, ist weit; er muß umfassen: Familie, Schule, Heim, Erholungsstätte, Klub, Internat, Berufsleben. Hier hat die Psychopathenfürsorge nicht die Erziehung des *Kindes* im Auge, sondern sie hat die Heranbildung des Verständnisses seiner *Umwelt* zu leisten, eine Aufgabe, die nicht etwa in dem Sinne zu lösen ist, daß die Allgemeinheit, die Gesellschaft sich ihren psychopathischen kindlichen oder jugendlichen Mitbürgern anzupassen, ihnen alles nachzusehen hätte, sondern in dem Sinne eines etwas vertieften, sehenden Verstehens an Stelle des sehr viel bequemeren Ausschaltens des Unbequemen, Uneinfüglichen, Zurückgezogenen aus der Gemeinschaft. Und erst dieses Nachgehen gibt ja der Umwelt das Recht des Handelns. Hier ist Amerika uns in den fürsorgerisch fortgeschrittenen Zentren — wir sahen es aus Dr. *Williams* Vortrag, wir hörten es in manchem Privatgespräch — voraus. Das Bestreben der fürsorgerischen Kreise der Vereinigten Staaten geht viel stärker dahin, die Umwelt dem Kinde anzupassen, viel weniger dahin, das Kind durch heilerzieherische Einwirkung der Umwelt anzugleichen —, wenn wir es auf eine so kurze und allgemeine Formel bringen dürfen. Diese Entwicklung in Amerika wird dadurch begünstigt, daß die Bevölkerung weder Revolution noch Inflation erlebt hat, daß ihr der Krieg mit seinen Folgen auch nicht so in die Nähe gerückt wurde wie den europäischen kriegführenden Staaten. Durch dieses Verschontgebliebensein bringt die Bevölkerung allgemein menschlichen pädagogischen Anforderungen, die an sie gestellt werden, auch eine größere Bereitschaft entgegen. In Deutschland wird der Blickpunkt stärker auf diese Entwicklung gerichtet werden müssen: denn je mehr es gelingt, die erzieherische Verantwortlichkeit der Gesamtheit zu heben, um so besser wird die erzieherische Atmosphäre beschaffen sein, in der Kinder und Jugendliche aufwachsen.

Daneben haben wir uns heute damit auseinanderzusetzen, auf welche Weise diejenigen auf ihre Arbeit vorzubereiten sind, die sich speziell mit der Betreuung psychopathischer Kinder und Jugendlicher beschäftigen wollen. Es handelt sich dabei nicht um die Besprechung von Seminar- oder Kursplänen, nicht um die Frage von Zeugnissen und Bescheinigungen, denn wir wollen durch diese Auseinandersetzung nicht den Anschein erwecken, als ob ein allgemein erlernbarer Beruf geschaffen werden sollte oder könnte. Es gibt bisher weder eine lehrbare Psychopathenpädagogik noch eine Psychopathendidaktik. Nicht das *psychopathische* Kind soll erzogen, unterrichtet werden, sondern das Kind an sich. Seine Sonderbehandlung soll nur dem Erzieher bewußt sein, nicht dem Kinde selbst. Das psychopathische Kind soll sein „So-und-nicht-anders-genommen-Werden" nur unbewußt als wohlig, fördernd und bereitmachend empfinden.

Unsere Fragestellung zu *diesem* Punkte lautet also: Was ist vom Wesen der Psychopathenbeeinflussung vermittelbar? Auf welche Weise kann es vermittelt werden? Wir sind uns bei dieser Fragestellung bewußt, daß Erziehung psychopathischer Kinder ein *Beruf* der Wenigen ist. —

Unsere erste Frage ging dahin, auf welche Weise all denen, die erzieherisch, fürsorgerisch, unterrichtlich mit Kindern und Jugendlichen allgemein zu tun haben, Verstand, Blick und Gefühl geschärft werden könne für Eigenheiten, Schwierigkeiten und Problematik des psychopathischen Kindes, für die Art, wie das psychopathische Kind versucht, sich mit der Notwendigkeit, sich in eine gegebene Gemeinschaft einzufügen, auseinanderzusetzen, und auf welche Weise ihm das gelingt. Das Ziel eines solchen Vertrautmachens können wir kurz bezeichnen als Befruchtung der Normalerziehung mit den Erkenntnissen und Erfahrungen der Psychopathenerziehung.

Ich gliedere diesen weit umfassenden Kreis in zwei Hälften: 1. in das Leben des normalen Kindes und Jugendlichen, 2. in das Leben des gefährdeten, verwahrlosten und kriminellen Kindes und Jugendlichen.

Das Leben des normalen Kindes — ich wiederhole — spielt sich ab in Familie, Schule, Beruf. Neben der Familie kommen also in Frage: Schule (Volks-, Höhere, Fortbildungsschule), Berufsausbildungsstätten.

Die „*Familie*" werden wir als Masse, soweit meine Erfahrungen reichen, kaum nennenswert erfassen und beeinflussen können. Psychiater und Heilpädagogen kommen mit Müttern und Vätern einzeln in Beziehung, wenn die Kinder Schwierigkeiten bereiten. Kann der Berater helfen, empfinden die Eltern dessen Erfahrungen und Verständnis, so wird gewissermaßen von Mund zu Mund manches andere Kind auch zur Beratung gebracht werden. Aber das ist Einzelarbeit, auf persönlichen, menschlichen Beziehungen fußend. Heranbildende, aufklärende, erziehende Elternabende — oder wie man es nennen will — werden leicht daran scheitern, daß die Eltern sich ungern als „Eltern schwererziehbarer Kinder" zu einer neuen Einheit zusammengeschmiedet finden werden; denn ein schwieriges Kind ist doch eine sehr persönliche Angelegenheit. So kann also von „Ausbildung" der Familie kaum gesprochen werden.

Eine ähnliche Kleinarbeit muß geleistet werden, wenn wir an das *Berufsleben* des Volksschülers denken, an Lehrherrn, Arbeitgeber und deren Angestellten, die die jüngeren Kräfte anzuleiten und zu überwachen haben. Der Übergang vom Schulleben in das Arbeitsleben — auch wenn es die Lehre ist — stellt den ca. 14jährigen zum ersten Mal vor die Aufgabe, sich dem Wirtschaftsleben einzupassen. Die Reibungen, die gerade in den ersten Wochen und Monaten dieser Einpassungsaufgabe entstehen, werden überall da, wo nicht ein starker Berufswunsch und eine ausgleichende Häuslichkeit vorhanden sind, häufig zu Reibungen und Konflikten, zu Berufsschwierigkeiten führen, die später leicht zu allgemeinen Lebensschwierigkeiten sich entwickeln können.

Unsere eigene Arbeit an psychopathischen jugendlichen Arbeiterinnen und Lehrmädchen hat uns gezeigt, wie innerlich bereit sich vielfach Lehrmeister und Arbeitgeber im Einzelfalle finden, über in Erscheinung tretende Reibungen hinwegzuhelfen und dadurch an der Erziehung Jugendlicher zum Berufsleben mitzuarbeiten; freilich nur da, wo sie empfinden, daß die Erzieher auch das geschäftliche und Arbeitsinteresse der Firma, die Beziehung des Jugendlichen zum Wirtschaftsleben als solchem berücksichtigen und fördern. Diese Erfahrung ist besonders auffällig in der Zeit des augenblicklich herrschenden harten Wirtschaftskampfes. Sie ermutigt uns, bei Arbeitgebern und Lehrherren das Interesse und das Verständnis für die Psychopathenfürsorge anzuregen und zu vertiefen. Hierzu gehört freilich eine richtige Auswahl der jugendlichen Arbeitnehmer in enger Zusammenarbeit mit den Berufsämtern. Wir sind überzeugt, daß das allgemeine Interesse durch das erzieherische Interesse für den einzelnen, ausgehend vom Erlebnis mit dem einzelnen — vielleicht mit dem Schwierigen — erweitert werden könnte. Der Versuch, Arbeitgeber und Lehrmeister ganz allgemein auf die Bedeutung hinzuweisen, die die Arbeit an jugendlichen Psychopathen hat, könnte leicht zu dem Mißverständnis führen, als wolle die Psychopathenfürsorge besondere Bedingungen für Psychopathen im Arbeits- und Wirtschaftsleben fordern; ihr Bestreben geht gerade umgekehrt dahin, gemeinsam mit dem Arbeitgeber den psychopathischen Jugendlichen für die Anforderungen des normalen Berufs- und Wirtschaftslebens zu erziehen.

In bezug auf die theoretische Ausbildung von Lehrern aller Kategorien einschließlich der Fortbildungsschullehrer kann ich mich kurz fassen. *Flitner* hat inzwischen hierüber seine Ansichten in Band 35, Heft 2 der Zeitschrift für Kinderforschung dargelegt[1]. — Aus der praktischen Erfahrung möchte ich hervorheben, daß gerade in der Schule — wohl angesichts der überfüllten Klassen und der Schwierigkeit, Unterricht und Erziehung harmonisch zu vereinigen — uns noch am häufigsten die Tendenz begegnet, das aus dem Rahmen fallende Kind nicht zu beachten, seiner Wege gehen zu lassen oder es aus der Gemeinschaft auszuschließen. Und gerade für den Lehrer wünschen wir uns am meisten die innige Berührung mit der erzieherischen Praxis mit dem schwierigen, dem psychopathischen Kinde. Für eine Fülle von Schwierigkeiten und deren Zusammenhänge, die für Lehrer, Kind und Gemeinschaft gleich störend sind, könnten ihm durch eine bessere Fühlungnahme die Augen geöffnet werden. Ich fordere dies so nachdrücklich, weil auf der anderen Seite die Fruchtbarkeit einer guten und gedeihlichen Zusammenarbeit zwischen Schule und Erzieher gerade bei groben Schulschwierigkeiten so dankbar von uns empfunden wurde.

Ich komme nun zu der zweiten Hälfte des Kreises: zu gefährdeten, kriminellen, verwahrlosten Kindern und Jugendlichen. Sie finden sich im Kindergarten, Hort, Erholungs-, Dauer- und Lehrlingsheim, in Anstalten, ein Teil der Kriminellen im Gefängnis. Ich denke weiter an die Pflegekinder, die große Menge der illegitimen Kinder — möchte damit die Probleme der Berufsvormundschaft und Fürsorgeerziehung nur streifen —, und endlich an die durch das Jugendgerichtsgesetz erfaßten Kinder.

An Ausbildungsstätten für männliche und weibliche Erzieher aller dieser Kinder und Jugendlichen kommen in Frage: sozialpädagogische Seminare, Wohlfahrtsschulen, Ausbildungsstätten für Anstaltserzieher, Universitäten[2].

Wir kommen hier auf Ausbildungsprobleme, die heutzutage — man kann wohl sagen — alle sozialpädagogischen, sozialfürsorgerischen, sozialhygienischen Kreise bewegen. Sie alle beschäftigen sich seit vielen Jahren mit dem Problem: Wie können wir den Menschen, die in diesen

---

[1] *Flitner*: „Zur Frage der Heilpädagogik in der neuen Lehrerbildung".

[2] *Bäumer*: Die sozialpädagogische Erzieherschaft und ihre Ausbildung. Handb. d. Pädagogik Nohl-Pallat. **5**, Abschnitt 6 (1928).

Stätten zusammenarbeiten, eine einheitliche Richtung geben im Sinne der Sozialpädagogik[1]?

Und nun die fast noch schwierigere Frage: Wie können wir diesen Gruppen, die auf den verschiedensten Grundlagen aufbauen, eine einheitliche Zusatzausbildung in der Richtung der Psychopathenerziehung geben? Die Überkreuzung der wissenschaftlichen Disziplinen: Volkswirtschaft, Medizin, Jurisprudenz, Theologie, Psychologie, Pädagogik stellt Studierende und Ausbildende vor einstweilen noch ungelöste Probleme. Reichtum und Gefahr liegen hier dicht beieinander: Reichtum der Ansatzpunkte, der Grundlagen, Gefahr der Zersplitterung. Die Zusatzausbildung in der Richtung auf das schwierige psychopathische Kind birgt noch eine weitere außerordentliche Gefahr, ganz besonders in der heutigen Zeit, in der das „Interesse" für Krankhaftes, Abnormes, für Seelenaufwühlen und -zersetzen, der mangelnde Respekt vor klinischer Psychiatrie und Neurologie, das Spielen mit dem Wort „Psychotherapie", einen Teil der Erziehungs- und Fürsorgearbeit zu zersetzen, zu vergiften drohen.

So ist — glaube ich — das einzige, was wir für alle diese Berufe im Interesse der Normalerziehung und -fürsorge, der Gefährdetenfürsorge verlangen können, die richtunggebende Beeinflussung des Blickes dieser Persönlichkeiten. Sie müssen versuchen, der Erscheinungsweise, dem Verhalten eines Kindes nachzugehen; es ist zu fordern, daß der Erzieher (Lehrer) sich der Zartheit der kindlichen Psyche, der Impressionabilität der Persönlichkeit jedes Kindes, seiner Reaktionsbereitschaft jeden Augenblick bewußt ist. Diese Blickrichtung ist es m. E., die man in der Zusatzausbildung jedem „Normalen-Erzieher" geben muß. Jeder muß beobachten lernen, und was das heißt, werden die, die es in mühsamer Kleinarbeit angefangen haben, zu erringen, nicht unterschätzen. Die Kenntnis hiervon soll — vom psychopathischen Kind ausgehend, das dies alles besonders eindrucksvoll zeigt — dem „Normalen-Erzieher" die ihm in vielen Fällen höchst bequemen und willkommenen, doch vielfach theoretischen Grenzen zwischen „Normal" und „Abnorm" verwischen helfen, soll ihn zwingen, sich mit vielen Dingen auseinanderzusetzen, die er bisher bequem abgeschoben hat.

In den Wohlfahrtsschulen, insbesondere in denen für Frauen, wächst das Verständnis für die Notwendigkeit eines einführenden Unterrichts in den Fragenkomplex der Psychopathologie, der Heilpädagogik, der Psychopathenerziehung. Es geht dies aus einer Umfrage hervor, die Frau Direktorin *Keller* (Thale) im Sommer 1928 erneut anstellte[2]. Die Frage, ob den jungen Kindergärtnerinnen, Hortnerinnen, die noch über eine verhältnismäßig geringe Praxis verfügen, diese Probleme schon ein-

[1] *Salomon, Alice:* Ausbildung zum sozialen Beruf. Carl Heymann 1927.
[2] Vgl. Z. Kinderforschg **29**, 43; **34**, 662.

gehend nachgebracht werden sollen, bleibt wohl vorerst noch offen. Ihnen müßte Gelegenheit gegeben werden, sich später — zunächst in der Praxis — über die Schwierigkeiten des psychopathischen Kindes zu informieren.

Am meisten fehlt die theoretisch-praktische Fortbildung noch in der Berufsausbildung der Jugendleiterin. Gerade für sie, die die längste sozialpädagogische Ausbildung genießt und hernach berechtigt ist zur Leitung von Erziehungsheimen, muß unbedingt gefordert werden, daß pflichtmäßig die Heilpädagogik und die Psychopathologie des Kindesalters in den Unterricht eingegliedert wird. Für die Ausbildung männlicher Wohlfahrtspfleger kommen einige Universitäten — Münster, Frankfurt, Göttingen[1] —, sowie einige Wohlfahrtsschulen für Männer in Frage. Ein Einblick in die Vorlesungsverzeichnisse (vgl. Z. Kinderforschg 34, H. 4) zeigt, daß die Zahl der Vorlesungen, die geeignet sind, dem Studierenden zu der geforderten „Blickrichtung" zu verhelfen, in den letzten 5 Jahren sehr zugenommen hat. Man hat fast den Eindruck, als wenn jeder Studierende sich während der Dauer seines Gesamtstudiums unter der Führung eines Sachverständigen einen Einblick in die Probleme des psychopathischen Kindes verschaffen könnte. Aber das, was bei aller Lehrbereitschaft, die wir anfangen an deutschen Universitäten zu finden, noch fehlt, ist die Bereitschaft der Lernenden und Praktiker, diese Lernmöglichkeiten auszunutzen. Wie viele Lehrer an Volks- und höheren Schulen, wie viele Fürsorger in offener und geschlossener Fürsorgearbeit, wie viele Juristen — Vormundschaftsrichter, Jugendrichter —, wie viele Gefängnisfürsorger und -beamte sehen denn ein, was ihnen für ihre fürsorgerische und pädagogische Arbeit fehlt, wie viele *benutzen* die vorhandenen Möglichkeiten, wie viele *fordern* neue Möglichkeiten? Denn es ist schließlich eine alte Erfahrung, daß erst immer neu und laut ausgesprochene Forderungen einer sich regenden Bewegung zum pulsierenden Leben verhelfen.

Für die Jugendrichter wird jetzt neuerdings ein besonderer Ausbildungslehrgang während der Assessorenzeit gefordert, der im wesentlichen Soziologie, Sozialpädagogik, Psychologie, Psychopathologie umfassen soll (vgl. die Verhandlungen des Deutschen Juristentages, Salzburg 1928). Es bleibt abzuwarten, inwieweit die aufgestellten Forderungen schon in nächster Zeit verwirklicht werden können.

Es bleibt nun noch aus dem ersten großen Personenkreis die Frage der *praktischen* Ausbildung für den Normalen-Erzieher zu behandeln. Einen gewissen Einblick für Studenten geben die Krankenvorstellungen in den Kollegs über die Psychopathologie des Kindes- und Jugendalters. Einen ähnlichen Einblick kann bei guter Anleitung die praktische Aus-

---

[1] *Bäumer:* Handbuch d. Pädagogik Nohl-Pallat. a. a. O.

bildungszeit den Sozialpädagogen und den Lehrern vermitteln. Hier kann gelernt, beobachtet werden, daß die „psychopathischen“ Kinder sich rein äußerlich in nichts von den normalen unterscheiden. Durch diese schon früher geforderte Grenzverwischung wird der Lernende gezwungen sein, jedes Kind gut zu beobachten, sich der Art jedes Kindes gegenüber nachdenklicher, ansprechbarer, empfänglicher zu verhalten.

Die Anstalts- und Heimbesichtigungen (Anstalten für psychopathische Kinder), die vielfach während der theoretischen Ausbildung auf Universitäten und pädagogischen Akademien, auf sozialpädagogischen Akademien und Wohlfahrtsschulen vorgenommen werden, helfen dem Fernerstehenden verhältnismäßig wenig. Bei Besichtigungen unserer eigenen Heime hören wir immer wieder: „Aber das sind ja ganz normale Kinder!“ Diese Konstatierung trägt zur Grenzverwischung wohl auch bei, nicht aber zu der gewünschten Erkenntnis, daß die *Erziehungsarbeit* an psychopathischen Kindern eine Sonderaufgabe ist. Die unerhörten pädagogischen Probleme, von denen *Nohl* sagt, daß „sie einem den Atem verschlagen können“, werden nur von dem erlebt, der selbst in der Not des „Nichtwissens-wie“, oder zumindest in der Frage nach dem Wie, steht.

Die *Mitarbeit* im Heilerziehungsheim kommt den Forderungen, die Spezialprobleme der Psychopathenerziehung kennenzulernen, schon sehr viel näher, wenn auch erfahrungsgemäß immer eine längere Zeit vergeht, bis diese Spezialprobleme als Problem der Psychopathenerziehung — im Gegensatz zu einer Aufgabe, die zufällig ein einzelnes Kind gibt — erkannt werden.

Abgesehen von der Abhaltung von Kursen zur Einführung von Personen in die Probleme der Psychopathenerziehung und -behandlung, deren Zahl in Deutschland immer mehr zunimmt, möchte ich für die Ausbildung folgendes fordern:

Es sollte an jeder der vorher genannten Ausbildungsstätten (Wohlfahrtsschulen für Männer und Frauen, Kindergärtnerinnen-, Hortnerinnen-, Jugendleiterinnen-Seminaren, Pädagogischen Akademien, Universitäten) eine Persönlichkeit vorhanden sein, an ihr wirken, die die Wege zu einer Zusatzausbildung weisen oder vermitteln kann, die Sachverständige und Einrichtungen der Heilpädagogik (der Psychopathenfürsorge) kennt. Entsprechend der Vorbildung des Studierenden und den eigenen Erfahrungen und Kenntnissen von theoretischen Ausbildungsmöglichkeiten und praktischen Anschauungsmöglichkeiten könnte eine solche Persönlichkeit dem Studierenden zu einer Blickerweiterung durch Klärung bestehender Fragen und Probleme durch Kristallisierung gemachter Erfahrungen, gewonnener Einsichten verhelfen. Wir erleben es immer wieder, daß diejenigen, die in der praktischen Erziehungsarbeit stehen, *einzelne* Situationen, *einzelne* Konflikte erleben und in des Tages Bedrängtheit nicht dazu kommen, hieraus Erfahrungen grundsätzlicher Art herauszuarbeiten. Der Erzieher bedarf also — sollen seine Erfahrunegn fruchtbar gemacht werden, nach einer gewissen Zeit der umschauenden Praxis einer Führung, die ihm zur theoretischen Verarbeitung der gesehenen, erfahrenen Probleme den Weg weist. Das verschiedene Herkommen der dafür in Frage kommenden Persönlichkeiten: von der medizinischen, juristischen, philosophischen Fakultät der Universitäten, aus der Praxis der Fürsorgeerziehung, aus Heil- und Pflegeanstalten, Beratungsstellen, aus der Praxis der speziellen Psychopathenfürsorge würde dem Charakter der Sonderausbildung nur zur Bereicherung dienen. Soweit ich übersehen kann, ist dieses Bindeglied eine erfüllbare Forderung und würde mindestens den Vorzug haben, daß man im Laufe der Zeit Erfahrungen über Maß, Art, Ausdehnung der Zusatzausbildungsforderung sammeln könnte. —

Ich komme nun auf die Ausbildung zur Spezialarbeit, wobei ich mich bedeutend kürzer fassen kann.

Die Spezialarbeit an psychopathischen Kindern ist — ich muß es noch einmal hervorheben — nur ein Beruf der Wenigen, und ich glaube, daß das psychopathische Kind auch nur dann der Sonderbeschulung und -erziehung zuzuführen ist, wenn es durch sein Verhalten in der ihm gegebenen Umwelt zeigt, daß es auf Umwege in seiner Entwicklung gerät, daß es aus eigener Kraft oder durch die Führung seiner natürlichen Erzieher nicht auf die gerade Entwicklungslinie zurückgeführt werden kann. Unter diesem Gesichtspunkt bedeutet jede Sondererziehung Zeit- und Kräfteersparnis, jeder zu lang ausgedehnte Normalerziehungsversuch Zeit- und Kraftverschwendung für Erzieher, Lehrer und Kind. Zahl und Umfang der Sondererziehungsstätten wird um so geringer werden, je intensiver und individueller Unterricht und Erziehung in den Normalanstalten geleistet werden. Im Interesse des psychopathischen Kindes ist es wünschenswert, daß Sondererziehung und -beschulung solange vermieden werden, als es möglich ist, ohne daß dem Kinde Schwierigkeiten bereitet werden, die es nicht überwinden kann, und die es in seiner Entwicklung schädigen.

Eine weitere Einschränkung möchte ich machen: jede Entfernung aus den natürlichen Erziehungs- und Unterrichtsverhältnissen kann an sich schon dadurch zur Schädigung des Kindes werden, daß das Kind zu gegebener Zeit den Weg von der Sonderstellung zum täglichen natürlichen Leben zurückfinden muß, und die Bewältigung dieses Weges bedeutet immer eine große Anstrengung[1].

Das Hauptproblem der Ausbildung in der Psychopathenerziehung liegt m. E. darin, daß es keine in sich geschlossene Ausbildung ist, wie

[1] Vgl. Z. Kinderforschg **34**, H. 4 (Stätten für Beratung, Beobachtung und Unterbringung psychopathischer Kinder und Jugendlicher).

z. B. das medizinische Studium oder das philosophische Studium, sondern daß Kenntnisse aus drei großen Fachgebieten zu einer Einheit verschmolzen werden müssen. Ich sagte „Kenntnisse aus", d. h. daß nicht etwa gefordert wird, daß die Psychopathenerziehung ein vollendetes Studium der Psychiatrie, Jugendwohlfahrt, Pädagogik voraussetzt, sondern daß aus diesen Wissensgebieten das für die Psychopathenerziehung Notwendige herausgegriffen werden muß. Die Gefahr, die hierin liegt, ist die eines Pseudowissens, daß nämlich der Psychopathenerzieher glaubt, wenn er in die die Psychiatrie betreffenden Gebiete eingeführt wird, psychiatrische Diagnosen stellen zu können, daß er durch gewisse Kenntnisse auf dem Gebiet der Jugendwohlfahrt glaubt, das Wissensgebiet der Jugendwohlfahrt erschöpft zu haben usw. So kommt der Psychopathenerzieher in die peinliche Situation, von allem etwas zu hören, nichts gründlich zu lernen, und erst die Praxis und die eigene Vertiefung der in der Theorie angeregten Anschauungen durch die Praxis wird den in sich und seiner Erfahrung ruhenden, bewußten Fachmann aus ihm machen. Durch dieses, besonders im Anfang stark sich fühlbar machende Halbwissen wird der Heilpädagoge leicht in die Gefahr gebracht, auf rein psychiatrische Gebiete überzugreifen. Es besteht aber auch die andere Gefahr, daß der Psychiater auf die Spezialarbeit des Heilpädagogen übergreift, eben weil dieser eine zusammengetragene Ausbildung hat, die scheinbar leicht zu erwerben ist. Die Erkenntnis, daß Psychopathenerziehung eine gelernte Arbeit ist, muß dem Psychiater ebenso bewußt bleiben, wie der Respekt vor der Psychiatrie als solcher dem Psychopathenerzieher stets im Vordergrund des Bewußtseins stehen muß. Werden die gegenseitigen Grenzen überschritten, so wird die so notwendige reibungslose Zusammenarbeit zwischen Arzt und Erzieher gefährdet, es entsteht ein gegenseitiges Mißtrauen, das der Arbeit hinderlich ist.

Die theoretische Ausbildung betrifft zunächst die „psychiatrische Einstellung" (ich sage absichtlich nicht „Psychopathologie des Kindesalters", weil eine Ausbildung auf diesem Gebiet eben nur der Mediziner empfangen kann). Unter „psychiatrischer Einstellung" verstehe ich: Der Erzieher des psychopathischen Kindes darf nicht übelnehmen, sich nicht ärgern, muß objektiv sehen, und zwar nicht vom Augenblick, der gerade bestehenden Situation, sondern von der Gesamtentwicklung aus. Er muß die Gesamt*linie* sehen, nicht die einzelnen *Kurven.* Seine Einstellung darf nicht unter dem Gesichtswinkel des „Erfolges" stehen, sondern unter dem der gegebenen Entwicklung, gleichgültig ob sie gut oder schlecht ist, sonst glaubt er leicht da an Erziehungserfolge, wo eigentlich keine sind, sondern wo es sich vielleicht um einen Krankheitsverlauf oder um das Abklingen eines Zustandes handelt. Zu der richtigen Einstellung gehört ferner eine gewisse Kenntnis von dem engen Ineinandergreifen körperlich-seelischer Zustände. Nur so werden Pflege und Behandlung des psychopathischen Kindes zweckmäßig gestaltet werden können. Eines der Ergebnisse dieser Forderungen ist, daß der Erzieher niemals seine Arbeit allein tun darf, sondern in unausgesetzten Wechselbeziehungen zum Arzt bleiben muß.

Außerdem braucht er selbstverständlich fürsorgerische und pädagogische Kenntnisse. Das möchte ich an einem kleinen Beispiel zeigen. Wenn ich in der ersten Unterrichtsstunde der Jugendleiterinnen die Frage stelle: „Wie verhalten Sie sich, wenn Ihnen von der Schulpflegerin ein schulschwänzendes Kind gemeldet wird?“ so ist die Reaktion dieser pädagogisch vorgebildeten Personen eine ganz andere als die der fürsorgerisch Eingestellten, wenn ich die gleiche Frage etwa in den ersten Stunden der Wohlfahrtspflegerinnen stelle. Die werdende Wohlfahrtspflegerin gibt mir zur Antwort, daß das schulschwänzende Kind eben von zu Hause abgeholt und in die Schule gebracht werden müsse, während die Pädagogen mich fragen: „Ja, warum schwänzt denn das Kind?“ Die fürsorgerische Maßnahme *kann* durchaus die richtige sein, das Wesentliche *kann* sein, daß das Kind, dessen Mutter etwa frühmorgens bei der Arbeit ist, in eine Unpünktlichkeit hineingeglitten ist, aus der es durch regelmäßiges Abholen und In-die-Schule-bringen wieder herausgeholt werden kann. Die Ursachen *können* aber auch viel tiefer liegen, so daß die fürsorgerische Maßnahme ohne Kenntnis der Ursache des Verhaltens Kraft- und Zeitverschwendung bedeuten und dem Kinde nicht weiterhelfen würde. Eine Verbindung der pädagogischen und fürsorgerischen Kenntnisse ist unerläßlich, denn die fürsorgerischen Maßnahmen bedeuten eine Bereicherung und Erweiterung pädagogischen Eingreifens. Aber ebenso ist die pädagogische Blickrichtung für die Fürsorgerin unerläßlich, damit nicht dem Kinde eine Maßnahme aufgepfropft werde, die seinen Anlagen nicht entspricht.

Diese Probleme spitzen sich in der Psychopathenerziehung zu. Ich habe einmal versucht zu formulieren, worin die Schwierigkeit der Psychopathenerziehung liegt: sie liegt in dem Dualismus, der bei der Psychopathenerziehung in Einstellung und Handeln vom Erzieher verlangt wird[1].

Jeder Fürsorger, jeder Erzieher, jeder Arzt kennt aus der Praxis die „Haltlosen“. Der Psychopathenerzieher muß durch sein pädagogisches Handeln immer wieder an die eigene Mitarbeit des Jugendlichen in bezug auf Lügen, Fortlaufen, Schwänzen, Schuldenmachen appellieren, er muß dem Haltlosen immer wieder klar machen, daß er sich den Lebensschwierigkeiten nicht entziehen darf, er muß helfen, anfeuern, an die Kräfte appellieren, fürsorgerisch eingreifen durch Arbeitsbeschaf-

---

[1] Vgl. Handbuch d. Pädagogik Nohl-Pallat: 5 Psychopathenerziehung.

fung, Einkleidung usw. Aber er muß gleichzeitig die inneren Gesetze und die Könnensgrenze des Jugendlichen auf Grund des psychiatrischen Gutachtens sehen. Der Jugendliche muß durch den Erzieher stets das Bewußtsein bekommen, daß er sich zu einem selbständigen Leben entwickeln könne, während der Erzieher sich immer wieder die Frage stellen muß, ob hier nicht konstitutionelle Eigenarten vorliegen, die sich vielleicht einer erzieherischen Beeinflussung unzugänglich erweisen. Diese Doppeltheit: Beeinflussung des Jugendlichen und eigene Stellungnahme zu dessen Erziehungsmöglichkeiten ist es, was die Psychopathenerziehung zu einem so schweren Problem macht, denn es geschieht nur zu leicht, daß durch das Bewußtsein der konstitutionellen Gegebenheiten die so notwendige „Erziehungsleidenschaft" abgeschwächt wird. Und doch wird nur die Kraft eines ruhigen Optimismus zur Erziehung gerade des psychopathischen Kindes befähigen.

Diese Ausführungen waren notwendig, um zu zeigen, daß die Psychopathenbetreuung ein vielfältiges Gebilde ist, und daß, so unbefriedigend ein Halbwissen ist, doch keine bessere Arbeit gewährleistet wäre, wenn der Psychopathenerzieher eine abgeschlossene Spezialausbildung hätte. *Marie Baum* sagt einmal: „Ausbildung setzt nicht nur wissenschaftliche Befähigung aus verschiedenen Fachgebieten voraus, sondern beruht auf erlebter und gefühlter Beziehung zur Umwelt."

Die Praxis hat selbstverständlich für den Psychopathenerzieher langfristig zu sein. Denn nur dadurch, daß er längere Zeit die Entwicklung des Kindes, des Jugendlichen verfolgt, kann er das Auf und Ab in der Entwicklung erleben und die Notwendigkeit der Doppeltheit seiner Einstellung immer wieder empfinden.

Der Deutsche Verein zur Fürsorge für jugendliche Psychopathen hat sich schon seit längerer Zeit mit den Ausbildungsfragen beschäftigt. Die Ergebnisse seiner Sachverständigenkonferenz im Jahre 1923 sind in der Z. Kinderforschg 28, H. 2 niedergelegt. In den letzten 5 Jahren sind die Forderungen und Einrichtungen für die Ausbildung von Sondererziehern außerordentlich gewachsen. Wir haben Anstalten, die eigene Erzieher ausbilden, wie z. B. die Fürsorgeerziehungsanstalten Flehingen und Euskirchen, weiter einzelne Heime und Anstalten, die ihre Praktikanten in Kursen systematisch schulen, wie z. B. das Jugendsanatorium Dr. *Isemann* (Nordhausen), die *Trüper*schen Erziehungsheime Sophienhöhe bei Jena, das Heilerziehungsheim Schloß Ketschendorf. Ferner sind gerade im Laufe des letzten Jahres verschiedene Lehrgänge zur Ausbildung von Psychopathenerziehern eingerichtet worden: im Zentralinstitut für Erziehung und Unterricht (Pestalozzi-Fröbelhaus), in den *Trüper*schen Heilerziehungsheimen und vom Deutschen Verein zur Fürsorge für jugendliche Psychopathen (Seminar für Psychopathenfürsorge und -erziehung, Eröffnung 15. Oktober 1928). Das sind alles erst Versuche, mit denen noch keine geschlossenen Erfahrungen vorliegen. Das, was wir versucht haben, in dem Seminar des Vereins zur Geltung zu bringen, ist, daß die praktische Ausbildung im Rahmen der gesamten Psychopathenfürsorge erfolgen soll, nicht nur in der geschlossenen Fürsorge.

Damit komme ich auf die Betreuung außerhalb der Heime zu sprechen. Gestern wurde erwähnt, daß Übergangsheime notwendig seien; wie dringend notwendig sie sind, erleben wir an unserem eigenen Lehrlingsheim. Damit allein ist es aber nicht getan, sondern es ist notwendig, daß sich ein großer Kreis von Maßnahmen von Anfang an um das Kind schlingt: Unterbringung im Heilerziehungsheim, Erholungsheim, Spielnachmittag, Schutzaufsicht, gemeinsame Wanderungen, Berufsunterbringung. Diese fortgesetzte Betreuung unter einheitlicher Leitung über alle Einzelmaßnahmen hinaus ist das, was der Psychopathenerziehung erst einheitliche Kräfte gibt, und auch die Schwierigkeiten der Rückkehr ins alte Milieu werden gemildert durch die innige Verbindung zwischen Eltern, Kind und Beratungsstelle für Heilerziehung.

Ich habe bei meinem Referat eine doppelte Absicht gehabt: einmal war mir eine Auseinandersetzung mit den grundlegenden Fragen der Ausbildung im Sachverständigenkreise wichtig, daneben aber lag mit daran, zu zeigen, daß wir unsere psychopathischen Kinder als letztes Ziel nicht aus dem Leben, aus der Gemeinschaft, aus der Erziehung herausheben wollen, daß wir die Psychopathen nicht pflegen, „züchten" wollen, sondern, daß unser ganzes Bestreben unter Zuhilfenahme von Psychiatrie, Pädagogik und Jugendwohlfahrt darauf gerichtet ist, diese Kinder und Jugendlichen „normalgemeinschaftsreif" zu machen mit der einzigen, wenn auch schwerwiegenden Einschränkung: soweit das konstitutionell Gegebene das zuläßt. Unseres Weges Ziel ist nicht Pflege und Züchtung des Individuellen um des Individuellen willen, das Ziel ist: Ausbildung der gegebenen Persönlichkeit zum selbständigen und fruchtbringenden Dienst in einer Gemeinschaft.

Aussprache.

Die Diskussion gliederte sich in 2 Teile: in die Ausbildung der vorhandenen Praktiker und in die theoretischen Forderungen über die Art der Ausbildung.

Zu der Frage der Ausbildung der bereits praktisch tätigen Erzieher berichtet *Krebs*-Lindenhof (Untermaßfeld), wie er versucht habe, die Strafanstalts-Aufsichtsbeamten zu zweckmäßigem Umgang mit den Psychopathen, die zahlreich in der Strafanstalt sind, anzuleiten. *Krebs* betonte als erstes die Weckung des Erziehungswillens bei diesen Aufsehern. Man habe „Erziehungsinseln" geschaffen auf Grund der einzelnen Beobachtungen eines einzelnen Aufsehers etwa über Erregungszustände. In dem Augenblick, wo die Beamten gesehen hätten, daß man an die Bewältigung solcher Zustände überhaupt herangehen könne, sei auch der Wille hierzu erwacht, und so sei es langsam gelungen, schrittweise die Beamten mit diesem Erziehungswillen zu erfüllen. Erzieherkurse seien in großen Anstalten rein zeitlich unmöglich. Gebe man aber im Anschluß an die einzelne praktische Beobachtung einen theoretischen Hinweis, so leiste man damit auch die intensivste Ausbildungsarbeit, und ein Aufseher gewinne den andern durch die Mitteilung seiner Erfahrungen. — Daneben berichtet *Krebs* von dem Erfolg, den er in der Strafanstalt dadurch gehabt habe, daß er dem einzelnen Beamten gesagt habe: „wir können dir nicht sagen, wie du den Schulze behandeln sollst; aber sieh mal in dich hinein, wie möchtest du behandelt werden, wenn du so wütend bist? und nun kommt einer und schnauzt dich noch an, erstattet dann Meldung, die zum Hausarrest führt! — Da waren wir ganz ruhig und haben große Geduld mit dir gehabt als Beamte; — nun mach' das auch so! Da kamen unsere Beamten schließlich und sagten, das sei das Beste, was ihnen gegeben worden sei."

Ergänzend hierzu wies *Wetzel*-Stuttgart auf die Wichtigkeit der Selbsterziehung des Erziehers hin, die die Grundlage für die Einstellung zur Psychopathenerziehung bilde. — Von *Haase*-Jena-Sophienhöhe wurde der größte Wert auf Besichtigungen von Heilerziehungsheimen durch Lehrer und Erzieher gelegt, da die praktische Anschauung im wesentlichen auch die Anregung zu eigener Weiterfortbildung gebe. Die Anschauung sei wichtiger als das theoretische Studium.

Ein Ausbau der theoretischen Ausbildung in der Heilpädagogik wurde anschließend an das Referat zugesagt für die Jugendleiterinnenausbildung (*Lucy Corvinus*-Berlin, Pestalozzi-Fröbelhaus), ebenso wurde die Notwendigkeit der heilpädagogischen Zusatzausbildung für Lehrer aller Kategorien nachdrücklichst betont. Der Universitätsausbildung stand man, insbesondere von seiten *Cimbals*-Altona, skeptisch gegenüber; sie könne für die praktische Arbeit nicht das geben, was vom Psychopathenerzieher gefordert werde. Man war sich in der Diskussion einig über die unbedingte Notwendigkeit des Zusammenwirkens von theoretischen Kenntnissen und praktischer Anschauung für die Ausbildung des Psychopathenerziehers.

Wie erziehen wir die Öffentlichkeit zur Förderung der Psychopathenfürsorge?

Von

Dr. **Werner Villinger**, Hamburg,
Leitendem Oberarzt der Jugendbehörde (Landesjugendamt).

Wohlfahrtspflege und Fürsorgewesen stehen zur Zeit bei uns in einer Epoche rascher und allseitiger Entwicklung. Behörden und freie Organisationen wetteifern, die Wunden, die der Krieg und die Nachkriegszeit dem Volkskörper geschlagen, zur Abheilung zu bringen und die aus Not, Armut und den besonderen Verhältnissen einer immer mehr industrialisierten Bevölkerung erwachsenden Schäden zu mildern und ihrer Neuentstehung vorzubeugen.

Der Druck der Zeit verlegte das Schwergewicht der Fürsorge aus der privaten in die öffentliche Hand. Während die gesetzlichen Grundlagen unseres Fürsorgewesens vor dem Kriege im wesentlichen eine Art Armenrecht darstellten, das durch die öffentliche Hilfe den Hilfsbedürftigen lediglich das Minimum seiner Existenz sicherte, hat das Deutsche Reich im Anschluß an das Reichsjugendwohlfahrtsgesetz vom

Jahre 1922 sein Fürsorgerecht durch die „Verordnungen über die Fürsorgepflicht“ vom Jahre 1924 und durch die „Reichsgrundsätze über Voraussetzung, Art und Maß der öffentlichen Fürsorge“ vom Dezember 1924 auf einen neuen Boden gestellt. So wie das Reichsjugendwohlfahrtsgesetz es als Grundsatz des öffentlichen Rechts aufstellt, daß jedes deutsche Kind ein Recht auf Erziehung zur leiblichen, seelischen und gesellschaftlichen Tüchtigkeit hat, so bezweckt die gesamte Fürsorgegesetzgebung, allen wirtschaftlich oder gesundheitlich Fürsorgebedürftigen wirkungsvolle Hilfe und Unterstützung zu sichern. Das Ziel aller Fürsorge muß sein die Selbsthilfe; d. h. die Fürsorge hat ihr Hauptaugenmerk darauf zu richten, den Bedürftigen so weit zu bringen, daß er für sich selbst sorgen kann. Sie soll daher, und das gilt ganz besonders auch für die Gesundheitsfürsorge, rechtzeitig einsetzen, nachhaltig helfen und verhüten, daß vorübergehende Not oder Schwäche zu einer dauernden werde. Bei Minderjährigen soll sie namentlich dann eingreifen, wenn es gilt, Störungen der körperlichen, geistigen oder sittlichen Entwicklung zu verhindern.

Störungen der geistigen und vor allem der sittlichen, d. h. charakterlichen Entwicklung: das bedeutet gerade den Umfang des bedeutsamen Sektors psychohygienischer Fürsorge, den man als Psychopathenfürsorge herausgeschnitten hat aus dem Kreis der gesamten Jugendwohlfahrtspflege.

Somit ist die sachverständige Betreuung psychopathischer Kinder und Jugendlicher heute in Deutschland ein öffentlicher Rechtsanspruch dieser Individuen geworden.

Aber die Öffentlichkeit weiß davon sehr wenig. Sie kennt nicht die Gründe des Gesetzgebers, nicht die Bedeutung solcher Bestimmungen; sie ahnt kaum, was man unter einem Psychopathen verstehen könnte und hat keine auch nur einigermaßen zureichende Vorstellung von der Wichtigkeit einer richtigen, sachgemäßen Psychopathenfürsorge.

Weshalb aber ist die Psychopathenfürsorge eine öffentliche Angelegenheit, und wie können wir die Öffentlichkeit für diesen Zweig der Gesundheitsfürsorge gewinnen?

Bevor wir weitergehen, gilt es eine Vorfrage zu beantworten: *Was sind Psychopathen?*

Die Psychopathie ist zunächst einmal etwas Konstitutionelles. Dabei wird entsprechend dem sonst üblichen Sprachgebrauch Konstitution — übertragen auf das Psychische — als die in einer Persönlichkeit liegende vorherrschende Eigenart aufgefaßt, die mit dem Zusammentreffen der elterlichen Keime irgendwie gegeben ist. Aber diese anlagemäßige Gegebenheit bedeutet nicht eine Starrheit, eine rein durch die Erbfaktoren bestimmte mechanische Entwicklung, sondern eine *Entwicklungstendenz.* Es ist so wie bei einem Pfeil, den wir abschießen: Die allgemeine Richtung ist ihm gewiesen, aber Seiten-, Gegen- oder Rückenwind und Hindernisse, die sich ihm in den Weg stellen, bestimmen seinen tatsächlichen Flug durch die Luft und seine Flugweite erheblich mit. Oder wie mit einem Samenkorn: Immer wird es entscheidend sein für die spätere Pflanze, daß sie aus einem Weizenkorn entspringt, aber es macht einen gewaltigen Unterschied aus, ob das Samenkorn in fetten oder mageren Boden gelegt wird, ob die junge Pflanze in einem milden oder rauhen Klima, in einem guten oder schlechten Sommer, unter Gestrüpp oder unbehindert aufwächst.

Das heißt mit anderen Worten: Die in der Anlage gegebene Entwicklungsrichtung ist zwar wesentlich bestimmend, aber nicht allein ausschlaggebend und nicht unabänderlich, sie erfolgt nicht einfach zwangsläufig; vielmehr wird die konstitutionelle Eigenart des Menschen dauernd durch die Umweltbedingungen, die Schicksale und Erfahrungen beeinflußt und bis zu einem gewissen Grade umgestaltet.

Der ursprünglich die Anlage vielfach starr im Sinne der Präformationslehre betonende Begriff der *Konstitution* gewinnt für uns mehr die Bedeutung einer *Funktion*. So können wir absehen von dem Streit über den Anteil der einzelnen letzten Erbträger der Gene und ihrer Wechselwirkungen. Von Wichtigkeit ist uns aber die Art und Weise, wie sich die Gesamtpersönlichkeit der Außenwelt und ihren Reizen gegenüber verhält.

So erhalten wir auch den Gesichtspunkt, von dem aus die Entscheidung zu treffen ist, was wir unter die konstitutionellen Psychopathien einreihen dürfen. Wenn wir darunter krankhafte Dauerabweichungen vom Typus des Normalmenschen verstehen, so wird uns als Maßstab für die Krankhaftigkeit der Anomalien die Frage dienen können, inwieweit sie die Beziehungen ihres Trägers zum Leben in erheblichem Maße beeinflussen, sei es, daß er selbst unter seinen Eigenschaften mehr leidet, in seinem inneren Gleichgewicht leichter erschüttert, rascher aus dem Geleise geworfen wird, sei es, daß er infolge seiner seelischen Eigenart die Umwelt stört oder schädigt.

Wir haben es deshalb so schwer bei der Begriffsbestimmung, weil die Grenzen nach den eigentlichen Geisteskrankheiten hin ebenso wie nach der Seite des normalen Durchschnitts durchaus fließende sind. Außerdem aber ist es oft beinahe oder ganz unmöglich, die echte, das heißt die konstitutionelle, Psychopathie von den Folgezuständen vorwiegend oder ausschließlich exogen bedingter seelischer Fehlentwicklungen (Abnormisierungen, Neurosen) zu unterscheiden. Wir müssen uns daher begnügen mit den eben genannten Maßstäben, die *Kurt Schneider*[1] in seiner bekannten Monographie psychologisch-soziologisch faßt, wenn

[1] *Schneider*: Die psychopathischen Persönlichkeiten. Leipzig-Wien 1923.

er sagt: „Psychopathische Persönlichkeiten sind solche Persönlichkeiten, die an ihrer Abnormität leiden oder unter deren Abnormität die Gesellschaft leidet". Früher betrachtete man die Psychopathie fast ausschließlich unter dem Gesichtspunkt der Nähe der Psychosen und diese Auffassung gibt Ihnen vielleicht ein etwas anschaulicheres Bild. So verstand *Kraepelin*[1] unter Psychopathen teils „unterentwickelte Vorstufen wirklicher Psychosen", teils „mißratene Persönlichkeiten, deren Ausbildung durch ungünstige Vererbungseinflüsse, Keimschädigungen oder sonstige früh-einwirkende Hemmungen gestört worden sind. Wenn sich dabei ihre Mängel im wesentlichen auf das Gemütsleben und die Willensanlage beschränken, bezeichnen wir sie als Psychopathen". Andere Autoren betonen ebenfalls die Verwandtschaft mit den eigentlichen Psychosen. *Ziehen*[2] z. B., der wohl als erster Kliniker den Begriff der Psychopathie aufnahm, faßte die „psychopathischen Konstitutionen" auf als ein Grenzgebiet zwischen Nerven- und Geisteskrankheit, das bestehe in „Krankheitszuständen, welche nur äußere, wenn auch oft sehr mannigfaltige Krankheitssymptome darbieten und nur hin und wieder, und vor allem vorübergehend, zu schweren Krankheitssymptomen führen". *Gaupp*[3] gab folgende Definition: „Was nicht Symptome einer Geisteskrankheit und nicht rein körperliches Symptom eines Nervenkranken ist, sondern eine seelische Abweichung im Grenzgebiet zwischen geisteskrank und geistesgesund darstellt, wird als psychopathisch bezeichnet."

Genug der verschiedenen Begriffsbestimmungen. Was als Fazit für uns bleibt, ist ungefähr folgendes: *Wir wenden heute die Bezeichnung Psychopathen auf solche anlagemäßig abnormen Persönlichkeiten an, bei denen die emotionale Seite des Seelenlebens, die Gemüts- und Willenstätigkeit und die Triebe, das Temperament und der Charakter, in subjektiv und (oder) objektiv störender Weise unausgeglichen oder unzulänglich ist, ohne daß eine organische Erkrankung des Zentralnervensystems oder eine Geisteskrankheit im eigentlichen Sinne vorliegt.*

Zur Psychopathie im Sinne unserer Auffassung gehört auch das, was die *Kraepelin*sche Systematik als Hysterie mit ihren mannigfachen Erscheinungsformen bezeichnet, ferner die Nervosität, das impulsive Irresein und die Reihe der geschlechtlichen Perversitäten.

Eng verwandt mit ihr sind die psychogenen, d. h. seelisch bedingten Erkrankungen, die sehr häufig auf psychopathischer Basis entstehen.

Damit ist die *soziale Bedeutung* der Psychopathen auch schon einigermaßen umrissen. Und gerade in der sozialen Bedeutung dieser

[1] *Kraepelin*: Psychiatrische Klinik, 4. Aufl. Leipzig 1921.

[2] *Ziehen*: Zur Lehre von den psychopathischen Konstitutionen. Charité-Annalen Bd. 29 u. 31.

[3] *Gaupp*: Über den Begriff der psychopathischen Konstitution. Ztschr. f. ärztl. Fortbildung, Bd. 14, 1917.

Anomalien liegt die Antwort auf die Frage, weshalb ihre Befürsorgung eine öffentliche Angelegenheit sei und der Hinweis auf die Notwendigkeit der Gewinnung und Erziehung der Öffentlichkeit für diesen Zweig der Fürsorge.

Die Psychopathie ist, wie wir sahen, weder qualitativ noch quantitativ etwas Einheitliches. Es hat daher keinen Sinn, sie unter einen soziologischen Generalnenner bringen zu wollen. „Die" Psychopathen sind nicht „das" Salz der Erde, wenn auch nicht selten hochbegabte Künstlernaturen psychopathische Züge aufweisen. Ebensowenig sind sie die „geborenen Verbrecher", „die" Asozialen oder Antisozialen schlechthin. Man könnte am ehesten noch von einer *Risikoanlage* sprechen — wenigstens trifft das für einzelne Untergruppen zu — die späterhin ihren sozialen Wertakzent — positiver oder negativer Art — erhalten durch ihren Gehalt an Intelligenz und vor allem durch ihren individuellen, sehr stark milieubeeinflußbaren Entwicklungsgang.

Ganz allgemein läßt sich für fast alle Psychopathieformen dieses letztere Merkmal hervorheben: Die besonders starke Abhängigkeit von den äußeren Einflüssen, den Umweltbedingungen, unter denen sie aufwachsen, von den Situationen, denen sie gerade ausgesetzt sind.

Und ebenso ein zweites gemeinsames Kennzeichen: Sie neigen unter gleichen sonstigen Bedingungen in viel stärkerem Maße als der gesunde Durchschnitt zum äußeren und inneren Konflikt, also soziologisch betrachtet:

1. zur *Uneinfügsamkeit*, zum Zusammenstoß mit Sitte und Gesetz, zur Dissozialität, wie wir dieses Verhalten ohne Rücksicht auf die Einzelheiten hier nennen wollen;

2. zur gewollten oder ungewollten Abkehr von der Außenwelt und vom tätigen Leben und damit zur *Lebens- und Leistungsuntüchtigkeit*.

Ins Große gesehen, neigen die echten Psychopathen in ihrer Mehrzahl — sofern ihnen nicht sachverständige Betreuung zuteil wird — dazu, ähnlich wie die Schwachsinnigen und Geisteskranken zu Plagegeistern und Störenfrieden der menschlichen Gesellschaft oder doch mindestens zu einer Last für sich selbst und ihre — engere und weitere — Umgebung zu werden. Sehen Sie sich eine Bevölkerung einmal daraufhin an. Fangen Sie an bei den sogenannten nervösen Säuglingen und Kleinkindern und den schwererziehbaren Schulkindern und Jugendlichen, durchmustern Sie mit dem Blick des Nervenarztes die Schulen, die Erziehungsheime, die Fürsorgerziehungs-Anstalten, die Jugend- und Erwachsenengefängnisse, die Arbeitshäuser und Magdalenenstifte, die Kreise der weiblichen und männlichen Prostitution, der Landstreicher und Vagabunden, der ewig Arbeitslosen, der Revolutionäre: immer wieder stoßen Sie bei sorgfältiger Untersuchung auf dieselbe Tatsache: ein konstanter und außerordentlich hoher Prozentsatz dieser Dissozialen

— er schwankt aus verschiedenen Gründen zwischen etwa 40—70% — sind Psychopathen im Sinne unserer Begriffsbestimmung.

Hier liegt der wesentliche Grund für die Forderung einer systematischen Psychopathenfürsorge. Der Psychopath ist soziologisch als chronisch erhöht gefährdet zu betrachten, weil in Gefahr, dissozial und unwirtschaftlich zu werden.

Und wenn Sie die heutigen hohen Aufwendungen in Deutschland für Strafjustiz, Gefängnisse, Irrenanstalten, Korrektionshäuser, F.-E.-Anstalten, Versorgungsheime usw. berücksichtigen, so werden Sie mit mir zu dem Ergebnis kommen: wenn es auch nur gelänge, durch eine rationelle Fürsorge die Zahl der asozial werdenden Psychopathen um 20% oder 30% zu vermindern, so wäre sie schon finanziell reichlich lohnend. Wir müssen aber auch vor allem der ideellen Werte gedenken, die so gerettet werden können, Werte für den Psychopathen selbst wie für seine Umgebung; ich denke hier besonders auch an die durch ihn so oft untergrabene sozialethische Gesinnung und Handlungsweise.

Man wird einwenden: Psychopathen hat es doch wohl von jeher gegeben; warum schenkt man ihnen erst in letzter Zeit so große Beachtung? Warum bedürfen sie jetzt auf einmal einer besonderen organisierten und planvoll ausgebauten Fürsorge?

Darauf ist mehreres zu erwidern: Unsere wissenschaftlichen Erkenntnisse über die Psychopathie sind noch verhältnismäßig jung. Wenn wir als Geburtsjahr der Lehre von der Psychopathie das Erscheinen der berühmt gewordenen kleinen Arbeit *J. L. A. Kochs* über die „psychopathischen Minderwertigkeiten" ansetzen, so heißt das, daß dieser Begriff erst im Jahre 1891 geprägt wurde, nachdem er allerdings von *Lomberto* schon vorgebildet worden war. Wissenschaftliche Entdeckungen und Theorien brauchen bekanntlich Zeit, bis sie sich durchsetzen; sie werden kritisiert, erörtert, nachgeprüft und erst nach einer Reihe von Jahren, wenn sie sich bewährt und geläutert haben, gehen sie in den gesicherten Besitzstand der betreffenden Wissenschaft über. So war es auch mit der *Koch*schen Lehre. Erst in den beiden Anfangsjahrzehnten unseres Jahrhunderts setzte sie sich restlos durch. Dabei dürfen wir uns nicht verhehlen, daß zeitweise das Pendel nun nach der anderen Seite zu weit ausschlug, und daß die äußerst schwierige Diagnose Psychopathie von Ärzten und vor allem von Laien etwas verschwenderisch gestellt wurde.

Aber nicht nur die Tatsache, daß die Psychopathielehre noch verhältnismäßig jung ist, und daß die Ärzte infolgedessen erst seit kurzer Zeit auf diese eigenartigen Grenzzustände achten lernten, ist der Grund für die vermehrte Aufmerksamkeit, die diesen Abnormen heutzutage gewidmet wird. Diese wissentlichen Erkenntnisse und ihre allmähliche Verbreitung fielen in eine Zeit, die einerseits gerade begann, sich überhaupt intensiver mit der Jugend und deren körperlicher und psychischer Beschaffenheit und Entwicklung zu beschäftigen, und die andererseits für die Kinder und Jugendlichen durch die Industrialisierung, die Vergroßstadtung und dann durch Kriegs- und Nachkriegszeit immer nachteiliger, immer psychopathiefördernder wurde.

Für das Kind und erst recht für das psychopathisch veranlagte Kind und den Jugendlichen sind einfache, klare, übersehbare Lebensverhältnisse das Gemäßeste. Diese fehlen aber in der Großstadt. Vor allem fehlen in der heutigen Zeit mit ihrer Mechanisierung und Entseelung der Arbeit und mit ihrem aufreibenden Arbeitstempo und Arbeitsmaß bei einem sehr großen Bruchteil der Bevölkerung für die Kinder die gesunden, in sich ausgeglichenen, sicheren häuslichen Erzieherpersönlichkeiten, die gerade die Psychopathen so dringend als Ersatz für das brauchen, was ihnen sonst in der Groß- und Industriestadt abgeht. Wenn bei den Erwachsenen weder Verstand noch Gefühls- oder Willensleben bei der Berufsausübung sich in befriedigender Weise auswirken können, so muß das schließlich zu seelischer Verkümmerung und Verarmung oder zu Affektstauungen, zu inneren Konflikten und zu Spannungen führen. Und solche Erwachsene sind alles andere als gute Erzieher oder gar so verständnisvolle Erzieher, wie psychopathische Kinder sie brauchen.

Kommt endlich hinzu die wirtschaftliche Not. Sie ist geradezu ein Reagens auf schlummernde psychopathische Keime. Und wirtschaftliche Not, Armut und Bedrängnis mit dem Zwang für die Ehefrau und Mutter, außerhalb des Hauses mitzuverdienen, ist ein Kennzeichen unserer heutigen Lage in Deutschland.

Ähnlich wirkt vielfach die soziale Umschichtung; die Kinder aus den neureichen Familien sind meist ebenso gefährdet wie die aus den Häusern der Armut und Sorge.

Es sind also Gründe genug vorhanden, die es rechtfertigen, daß die Psychopathen heute eine andere Bewertung erfahren, und daß ihre Betreuung nach Art anderer Zweige der Fürsorge angestrebt bzw. durchgeführt wird.

Erfahrungsgemäß taucht bei allen Erwägungen über Psychopathenfürsorge immer wieder die kritische Frage auf: *Lohnt es denn, Psychopathenfürsorge zu treiben?* Konstitutionelle Abweichungen lassen sich doch nicht beseitigen; heißt es nicht einer Utopie nachjagen, Unerziehbare erziehen, biologisch Verankertes ausmerzen zu wollen?

Aus meinen Eingangserörterungen über den Begriff der Psychopathie geht die Antwort ohne weiteres hervor. Vor dem Fatalismus und therapeutischen Nihilismus vergangener Zeiten muß uns schon die erwähnte Unsicherheit der Unterscheidung echter Psychopathie und erworbener psychopathieähnlicher Zustände bewahren. Die schwersten

Fälle von echter Psychopathie sind der Behandlung wohl nur bedingt zugänglich; für die mittleren und leichten Fälle aber, und diese sind die weitaus zahlreicheren, spielt Erziehung und Umwelt eine außerordentlich große Rolle. Je nachdem diese sich gestalten, wird auch der nächst der Anlage wichtigste Faktor im Individuum selbst sich einstellen; die subjektive Erziehungsbereitschaft. In einer kleinen Arbeit über „die Grenzen der Erziehbarkeit"[1] habe ich auf seine Bedeutung besonders hingewiesen. Psychotherapie von seiten des Arztes, Heilpädagogik von seiten des Erziehers, Milieugestaltung im Sinne der Ausschaltung schädlicher und der Gewinnung günstiger, fördernder Einflüsse vermögen, wie ausgedehnte langjährige Erfahrungen uns gezeigt haben, selbst aus asozialen Psychopathen brauchbare, leistungsfähige und leidlich glückliche Glieder der Gemeinschaft zu machen. Daß manche Bemühungen fruchtlos geblieben sind, verschlägt nichts gegen diese Tatsache und ihre werbende Kraft. Wir geben ja auch die Tuberkulose- und Krüppelfürsorge nicht auf, trotzdem auch dort Fehlschläge keineswegs zu den Seltenheiten gehören.

Wie gewinnen und erziehen wir nun die Öffentlichkeit für diesen Zweig der Gesundheitsfürsorge?

Römer, der sich in dem ausgezeichneten Buch über „Die offene Fürsorge in der Psychiatrie und ihren Grenzgebieten"[2] auch mit der Frage der psychiatrischen Aufklärungsarbeit beschäftigt, stellt mit Bedauern fest, daß die Psychiatrie hinsichtlich ihres Wirkens in die breite Öffentlichkeit stark hinter den anderen Gebieten der Gesundheitsfürsorge zurückgeblieben sei. Er sagt wörtlich: „Die psychiatrische Aufklärung hat den Anschluß an die hygienische Volksbelehrung noch nicht gefunden, wenn auch bei der Reichsgesundheitswoche von den Irrenanstalten aus manche nützliche Arbeit geleistet worden ist. Eine engere Verbindung zwischen beiden wird aber nicht nur der psychiatrischen Aufklärung eine erhebliche Förderung in methodischer und taktischer Hinsicht, sondern auch der hygienischen Volksbelehrung eine unentbehrliche Ergänzung hinsichtlich belangreicher sozialpsychiatrischer und sozialpsychologischer Probleme bringen."

Unter diesem weiteren Gesichtswinkel müssen wir unsere Frage betrachten. Die Psychopathenfürsorge ist ein wichtiges Glied in der Kette der sozialhygienischen und der sozialpsychologischen Bestrebungen; sie in die Öffentlichkeit zu tragen, sie populär zu machen, ihr die heute noch so großen Hindernisse aus dem Wege zu räumen, heißt nichts anderes als Sozialhygiene und Sozialpsychologie treiben.

Die Hindernisse müssen erst klar erkannt werden, ehe sie erfolgreich beseitigt werden können. Sie liegen nicht nur darin, daß die Psychiatrie

[1] In *Frede-Grünhut:* Reform des Strafvollzuges. Berlin: Walter de Gruyter, 1927.
[2] Römer-Kolb-Faltlhauser: Berlin, Julius Springer, 1927.

als Wissenschaft noch verhältnismäßig jung ist, daß gerade diese Wissenschaft nicht mit so einprägsamen Begriffen wie etwa die Bakteriologie und Seuchenlehre und mit so handgreiflichen Erfolgen wie etwa die Chirurgie nach außen hin auftreten kann, auch nicht darin allein, daß sie mit Krankheiten und Kranken sich befaßt, die an sich schon vielfach Grauen oder doch Unbehagen einflößen und in der Laienwelt noch immer nicht von dem Kainszeichen des moralischen Minuswertes befreit sind.

Viel wesentlicher ist eine andere Tatsache:

Selbst unter den Gebildeten ist die Kenntnis wenig verbreitet, daß die Psychiatrie sich nicht nur mit unheilbaren Geistes- und Gemütskrankheiten, sondern auch mit heilbaren seelischen Störungen und Erkrankungen beschäftigt, daß ihr Gebiet außer den eigentlichen Geistes- und Gemütskrankheiten vor allem auch die abnormen Persönlichkeiten und die abnormen Reaktionen normaler und pathologischer Individuen, sowie die psychisch-nervösen Fehlentwicklungen, die aus seelischen Konflikten erwachsenden Neurosen, also gerade das, was der Laie als „nervöse“ Erkrankungen oder als „Nerven“ schlechthin bezeichnet, umfaßt, und daß ihr Tätigkeitsfeld sich ganz und gar nicht auf Kliniken und Irrenanstalten beschränkt, sondern sich vorbeugend und heilend mitten hinein ins Alltags- und Berufsleben, in die praktische Hygiene und in die allgemeine Fürsorgetätigkeit erstreckt.

Noch eins: Während auf dem Gebiet der Tuberkulose- oder Krüppel- oder Säuglingsfürsorge oder bei der Seuchenbekämpfung kein Laie es wagen würde, dem sachverständigen Fachmann vorzugreifen oder auf seinen Rat zu verzichten, ja unter absichtlicher Umgehung seiner Mitarbeit die Beurteilung und die Behandlung kranker Menschen selbst durchzuführen, war es in der Psychiatrie im allgemeinen und in der Psychopathenfürsorge im besonderen meist das entgegengesetzte Bild: Auf, wie man meint, „unartige“ oder „unerzogene“ Kinder, auf „entgleiste“ Jugendliche, auf „schwierige“ Erwachsene versteht sich jeder; nichts ist leichter als hier die Ursache zu erkennen und dann — oft aber auch ohne sich nur einen Augenblick mit Nachdenken über die Ursache zu quälen — mit naiv unbekümmertem Optimismus drauflos zu „behandeln“. Nichts ist aber, so müssen wir gleich hinzufügen, auf die Dauer nutzloser, kostspieliger und für den einzelnen wie für die Gemeinschaft gefährlicher, als eine solche von Kritik und Sachkenntnis unbeschwerte Pseudopsychopathenfürsorge.

Diesen Hemmnissen vorurteilsvoller Verkennung der Psychopathologie und Heilpädagogik und des naiven, oft geradezu unverantwortlichen Dilettantismus gilt es bewußt entgegenzutreten, damit die Bahn frei werde für eine planmäßige, sinnvolle, sachverständig geleitete Psychopathenfürsorge.

Was kann nun positiv geschehen, um die Öffentlichkeit zu interessieren und in die Probleme einzuführen? Zunächst einmal müssen wir uns selbst mit dem nötigen Wissen auf diesem Gebiet ausstatten. Nur wer mit der Psychopathie theoretisch und praktisch, und praktisch wieder womöglich als Diagnostiker *und* Psychotherapeut bzw. Heilpädagoge, durchaus vertraut ist, kann nach außen hin aufklärend, werbend, aufrüttelnd wirken. Die Psychopathie ist als Diagnose eines psychisch abnormen Zustandes ein medizinischer, und in seiner Abgrenzung gegen Psychosen und organische Nervenkrankheiten sehr schwieriger medizinischer Begriff. Die Psychopathologie ist ein Zweig der ärztlichen Gesamtwissenschaft. Die Propaganda für die Psychopathenfürsorge wird infolgedessen, soweit die medizinische Seite zu betonen ist, in der Hauptsache eine ärztliche Angelegenheit sein müssen. Soweit es sich mehr um die fürsorgerischen und heilpädagogischen Fragen handelt, sind aber ebenso geeignete Kräfte aus den Kreisen der Fürsorger und Heilpädagogen berufen, mitzuwirken an der Ausbreitung der Kenntnis solcher psychischer Grenzzustände und der Notwendigkeit ihrer sachgemäßen Behandlung und Versorgung.

Im einzelnen sind *drei Hauptwege* zu beschreiten: Der *erste ist der theoretische*: Darlegung des Wesens und der Gefahren der Psychopathie und Aufzeigung der Behandlungsmethoden und ihrer Erfolge; diese Propaganda muß in Wort und Schrift, durch Vorträge, Kurse und Einzelbelehrung wie durch Fachzeitschriften und in vorsichtiger Weise durch die Presse erfolgen. Sie will in erster Linie die Nächstbeteiligten erfassen; die Gesundheits-, Wohlfahrts-, Jugendämter, die Schul-, Gerichts- und Polizeibehörden, die Geistlichkeit sowie sämtliche in der Gesundheits- und Jugendwohlfahrtspflege tätigen Organisationen und deren Organe.

Hamburg hat, um kurz etwas aus der Praxis einzuschalten, dreimal in den letzten Jahren mehrmonatige Fortbildungskurse (offiziell „Nachschulungskurse" genannt) für männliche Sozialbeamte — Beamte und Tarifangestellte des mittleren Dienstes aus dem Gesundheits-, Jugend-, Wohlfahrts- und Arbeitsamt sowie aus der Gefängnisverwaltung — eingerichtet, also eine Art Analogon der Sozialen Frauenschule mit zwei Wochenstunden über Sozialpsychiatrie; dabei wurden alle Fragen der Psychopathenfürsorge eingehend erörtert, und es war reichlich Gelegenheit gegeben, gerade Irrtümer aufzuklären, Vorurteile zu beseitigen und Mißverständnissen vorzubeugen. Diese Beamten, die in engster Fühlung mit dem Publikum stehen und von deren Rat an das Publikum sehr viel abhängt, bilden mit den Fürsorgern und Fürsorgerinnen zusammen sozusagen die kämpfende Front. Es ist selbstverständlich, daß diese Front in erster Linie über Zweck, Ziel, Mittel und Wege der Psychopathenfürsorge genau unterrichtet sein muß. Ferner haben sich sehr bewährt, öffentliche Vorlesungen über Psychopathologie des Kindes- und Jugendalters, Vorträge vor sämtlichen Grundschullehrern und Volksschulleitern, Vorträge bei Jugendrichterkursen und vor den ehrenamtlichen Organen des Jugendamtes sowie Rundfunkvorträge über Einzelfragen dieses Gebietes.

Gelingt es, den ganzen vorher genannten amtlichen und halbamtlichen Apparat zu orientieren, so ist die Hauptarbeit geleistet. Diesem Ziel würde man sich zwar langsam aber sicher nähern, wenn genügend viele *spezifisch vorgebildete Ärzte* zur Verfügung ständen, die dann planmäßig den gesamten Nachwuchs jener Behörden und Organisationen in die Sozialpsychiatrie einführen könnten. Aber gerade daran mangelt es erheblich. Von zwei Seiten kann in dieser Hinsicht eine Besserung erhofft werden. Die offene Fürsorge in der Psychiatrie verlangt dringend eigene Fürsorgeärzte. Diese wären geeignet, in der Psychopathenfürsorge mitzuwirken. Andererseits bedürfen die großen Jugendämter hauptamtlich angestellter Jugendpsychiater. Einstweilen ist diese Forderung nur ganz vereinzelt erfüllt; sie wird sich aber allmählich aus der Logik der Dinge heraus ganz von selbst durchsetzen. Dann werden diese Jugendamtspsychiater selbstverständlich ganz allgemein auch für die offene Psychopathenfürsorge, ihre Propaganda und ihre Durchführung eingesetzt werden können (wie dies zum Beispiel schon jetzt in Hamburg der Fall ist).

Über diesen großen amtlichen und halbamtlichen Apparat hinaus sollen aber auch die Eltern und die ganze übrige Öffentlichkeit interessiert und aufgeklärt werden. Das kann indirekt durch die obengenannten Kanäle erfolgen und direkt durch Presse, Rundfunk und Elternabende, besonders durch persönliche Rücksprache bei gegebenem Anlaß. Auf diese letztere Möglichkeit kommen wir noch zurück.

Der *zweite Weg ist das enge Zusammenwirken* der vorher genannten Ämter, Behörden und Organisationen zum Zweck der Vermeidung von Reibungen, Doppelarbeit, unnützem Hin- und Her und unwirtschaftlichen Experimenten. Hier gibt es noch mancherlei zu bessern. Auf Einzelheiten soll hier nicht eingegangen werden. Je glatter die beteiligten Behörden, Organisationen und Persönlichkeiten Hand in Hand arbeiten, desto stärker ist der werbende Eindruck bei den Angehörigen der Psychopathen und beim weiteren Publikum, desto wahrscheinlicher ist der gute Erfolg, der seinerseits wohl den werbekräftigsten Faktor darstellt. Es erscheint dringend erforderlich, mindestens in allen Groß- und Mittelstädten gewisse Zentralen einzurichten, bei denen die Erfassung und Beurteilung der Psychopathen erfolgt und die weitere sachgemäße Versorgung, soweit sie mit öffentlichen Mitteln durchzuführen ist, in die Wege geleitet wird. Dazu eignen sich wohl für Kinder und Jugendliche am besten die Jugendämter, für die Erwachsenen die Wohlfahrtsämter.

Und damit kommen wir schon zu dem *dritten Hauptweg*: *Die Schaffung geeigneter Einrichtungen.*

Es ist immer wieder dieselbe Erfahrung: Ist für bestimmte Bedürfnisse die Möglichkeit ihrer Befriedigung gegeben, so wird davon auch Gebrauch gemacht, vorausgesetzt, daß die Bedürfnisse als solche klar empfunden werden und die Befriedigungsmöglichkeiten zweckmäßig und gut sind. Die Erholungsstätten und Kurorte, die Badeanstalten, die Tuberkulosefürsorgestellen, Eheberatungsstellen und hundert ähnliche Einrichtungen beweisen das. Das Vorhandensein geeigneter Beratungsstellen für Psychopathen ist ein Werbe- und Erziehungsmittel ersten Ranges. Wenn die in den beiden anderen Hauptwegen genannten Voraussetzungen einigermaßen erfüllt sind, so wird diese Beratungsstelle eine selbstverständliche Forderung. In ihr verwirklicht sich dann die Idee der Psychopathenfürsorge. Indem sie als der Ort der Erfassung und Sichtung aller auf Psychopathie Verdächtigen dient, wird sie durch jeden Einzelfall, mit dem sie sich befaßt, auch zur Stätte der Erziehung des Publikums zur Psychopathenfürsorge. Am Einzelfall läßt sich am deutlichsten demonstrieren, um welche Fragen und Aufgaben und um welche Methoden es sich handelt. Und so wird aus jeder Beratungsstunde eine Welle von Einsicht und Erkenntnis hinausgetragen in Schulen, Familien und Amtsstuben, die dann zurückbrandet in Form von Zutrauen, Verständnis und Unterstützung für diesen Zweig der Gesundheitsfürsorge.

Ein Punkt darf hier nicht unerwähnt bleiben: Das Wort „Psychopath" wird am zweckmäßigsten in der Bezeichnung dieser Beratungsstellen vermieden, denn es stößt die Angehörigen leicht ab und macht vor allem auch die zu Beratenden vor sich selbst interessant bzw. führt sie in ein unerwünschtes Gefühl des Krankseins oder doch Andersseins hinein. Man nennt sie daher besser: heilpädagogische Beratungsstelle oder sonstwie neutral.

Ähnlich wie die Beratungsstellen können die Besuche in den Psychopathenheimen, Jugendsanatorien, heilpädagogischen Erholungsheimen auf die Angehörigen wirken: auch da muß und kann Mißtrauen und Angst behoben, Verständnis und Mitarbeit errungen werden.

Mit einem Wort: Aufklärung und Propaganda einerseits und werktätige offene und geschlossene Fürsorge andererseits bedingen sich wechselseitig und unterstützen sich umschichtig; sie bilden zusammen eine lebendige organische Einheit, in der kein Teil ohne den anderen bestehen kann.

Es wäre verkehrt, achtlos an den *Gefahren* vorüberzugehen, die gerade in dieser Fürsorge und ihrer Propagierung liegen.

Psychopathenfürsorge will und darf nicht zur Quelle von Weichlichkeit, Sentimentalität und Hypochondrie werden; Psychopathenfürsorge will erst recht nicht Psychopathen züchten! Es darf nie darüber nach außen hin ein Zweifel offen gelassen werden, daß nicht ein letzten Endes zu asozialem Individualismus führender bequemer Schutz der Schwäche bezweckt wird, sondern Schutz vor Schwächung und vor allem Resozialisierung, Wiedereingliederung in Familie, Gemeinschaft und Beruf durch individualisierende methodische Anpassung an die Forderungen der Umwelt und durch entsprechende Milieugestaltung.

Überprüfen wir noch einmal die Propagandamethoden an Hand unserer praktischen Erfahrung, so ergibt sich folgendes:

In allen Fällen hat sich das gesprochene Wort der schriftlichen Vermittlung als weit überlegen gezeigt. Besser als bloße Vorträge sind Arbeitsgemeinschaften mit gemeinsamer Besprechung und kursmäßiger Unterricht. Hier findet ein eingehender Gedankenaustausch statt, bei dem keine Unklarheit zurückbleibt. Auch Vorträge mit Diskussion können ähnliches leisten. Die mühsame, geduldige, oft scheinbar so hoffnungslose Kleinarbeit in der Erörterung eines vorliegenden Einzelfalles mit den Beteiligten, seien es Angehörige, Erzieher, Lehrer, Fürsorger, Geistliche oder Richter ist aber das erfolgreichste, weil eindringlichst und effektiv ansprechendste Mittel der Erziehung zur Psychopathenfürsorge. Es findet seine Begrenzung leider in dem Zeitaufwand, den es erfordert und in der Beschränkung auf eine so außerordentlich kleine Zahl. Das letztere Bedenken wird allerdings gemildert durch die Erfahrungstatsache, daß jede Aufklärung, die wirklich erfaßt wird, gesetzmäßig wie der Stein, der ins Wasser fällt, immer weitere Kreise zieht.

Der heutige Mensch ist vielfach buchstabenmüde, über Vortrag und gedruckten Aufsatz geht ihm das Bild. Nicht umsonst wirkt das Kino und die Revue so anziehend, nicht umsonst hat die bildhafte Reklame so große Erfolge.

Der Kern der Psychopathenfürsorge entzieht sich naturgemäß der bildhaften Darstellung: Erkennung, Erfassung, Bindung, Klärung, Behandlung und Heilerziehung lassen sich nicht optisch anschaulich machen. Wohl aber könnte einiges mehr Periphere, für das große Publikum aber sehr Interessante, bildlich mitgeteilt werden, so z. B. das Leben und Treiben in den Heilerziehungsheimen, in der Beobachtungsanstalt die Spiel- und Arbeitsstunden der heilpädagogischen Beratungsstellen und ähnliches mehr. Andererseits können in gleicher Weise Führungen in solchen Heimen und Anstalten das Interesse wecken und das Zutrauen gewinnen.

Sinnvolle Ausgestaltung der Psychopathenfürsorge bedeutet persönliche „gesellschaftliche“, d. h. soziale Ertüchtigung, Verhütung von

Neurosen, Verhütung von Verwahrlosung, Dissozialität und Verbrechen. Diese Erkenntnis muß Allgemeingut werden. Und zweitens müssen alle irgendwie Interessierten und Berufenen Bescheid wissen über die Wege zur Fürsorge. Das sind die Hauptforderungen.

Soll die Psychopathenfürsorge aber sich durchsetzen und jene segensreiche Einrichtung werden, die wir von ihr erhoffen, so ist noch ein Drittes und Letztes erforderlich:

Diese Sonderfürsorge ist nicht nur eines der jüngsten, sondern auch eines der schwierigsten Felder sozialer Wohlfahrtsbestrebungen. Ab gesehen von der speziellen Schulung und Erfahrung setzt sie bei allen, die sich an ihr beteiligen, besonders geeignete Persönlichkeiten voraus, Menschen mit psychologischem Feingefühl und Takt, mit Menschenkenntnis und pädagogischem Talent, mit unendlicher Geduld und unverrückbarer Nächstenliebe. Wir erweisen der Sache der Psychopathenfürsorge den größten Dienst und gewinnen ihr am sichersten die öffentliche Zuneigung und das öffentliche Vertrauen, wenn wir dafür sorgen, daß Ungeeignete ihr fernbleiben, und daß alle, die für sie und in ihr arbeiten, nicht nur sachverständige und fachlich tüchtige, sondern vor allem auch menschlich wertvolle, unegoistische, warmherzige, charakterfeste, sachlich denkende, klare Menschen seien.

Die Psychopathenfürsorge hat bisher schon manches Nützliche geleistet; sie wird in verstärktem Maße imstande sein, ihre Aufgaben zu erfüllen, wenn sie das Vertrauen und die Mitarbeit der Öffentlichkeit hinter sich hat.

GPSR Compliance

The European Union's (EU) General Product Safety Regulation (GPSR) is a set of rules that requires consumer products to be safe and our obligations to ensure this.

If you have any concerns about our products, you can contact us on ProductSafety@springernature.com

In case Publisher is established outside the EU, the EU authorized representative is:

Springer Nature Customer Service Center GmbH
Europaplatz 3
69115 Heidelberg, Germany

Batch number: 10844655

Printed by Printforce, the Netherlands